Copyright © The Curators of the University of Missouri.
University of Missouri Press, Columbia, MO 65201.
Copyright © *From Enlightenment to Revolution*, 1975 by Duke
Copyright da edição brasileira © 2013 É Realizações
Título original: *The Collected Works of Eric Voegelin, Volume 21, History of Political Ideas, Volume 3, The Later Middle Ages*

Editor
Edson Manoel de Oliveira Filho

Produção editorial, capa e projeto gráfico
É Realizações Editora

Preparação de texto
William C. Cruz

Revisão de texto
Geisa Mathias de Oliveira e Thiago Blumenthal

DADOS INTERNACIONAIS DE CATALOGAÇÃO NA PUBLICAÇÃO (CIP)
(CÂMARA BRASILEIRA DO LIVRO, SP, BRASIL)

Voegelin, Eric, 1901-1985.
   A Idade Média tardia : história das ideias políticas, volume III / Eric Voegelin introdução à edição americana David Walsh ; tradução Mendo Castro Henriques. – São Paulo : É Realizações, 2013. – (Coleção filosofia atual)

   Título original: The Collected Works of Eric Voegelin, volume 21, History of Political Ideas, Volume 3, The Later Middle Ages.
   ISBN 978-85-8033-130-1

   1. Ciência política - Filosofia - História 2. Ciência política - História 3. Idade Média
I. Walsh, David. II. Título. III. Série.

13-05201   CDD-320.09

Índices para catálogo sistemático:
1. Ideias políticas : História   320.09

Reservados todos os direitos desta obra. Proibida toda e qualquer reprodução desta edição por qualquer meio ou forma, seja ela eletrônica ou mecânica, fotocópia, gravação ou qualquer outro meio de reprodução, sem permissão expressa do editor.

É Realizações Editora, Livraria e Distribuidora Ltda.
Rua França Pinto, 498 · São Paulo SP · 04016-002
Telefone: (5511) 5572 5363
atendimento@erealizacoes.com.br · www.erealizacoes.com.br

Este livro foi impresso pela Pancrom Indústria Gráfica em maio de 2021.
Os tipos são da família Minion Condensed e Adobe Garamond Regular. O papel do miolo é o Pólen Soft 80 g, e o da capa Cartão Supremo 300g.

Coleção FILOSOFIA ATUAL

HISTÓRIA DAS IDEIAS POLÍTICAS
VOLUME III

IDADE MÉDIA TARDIA

ERIC VOEGELIN

INTRODUÇÃO À EDIÇÃO AMERICANA
DAVID WALSH

TRADUÇÃO
MENDO CASTRO HENRIQUES

3ª impressão

Sumário

IDADE MÉDIA TARDIA

Introdução do editor.................................... 11

D – A Igreja e as nações

13. O caráter do período................................ 45
§ 1. Incertezas entre a Idade Média e a Renascença 45
§ 2. Mudanças políticas no Ocidente 47
§ 3. O confronto entre a Igreja e as nações 49

14. Egídio Romano – O papado absoluto................... 51
§ 1. A Unam Sanctam... 51
§ 2. Egídio Romano (Aegidius Romanus) 55

15. Monarquia francesa 65
§ 1. O problema do poder régio..................................... 65
§ 2. A independência diante do poder imperial 66
§ 3. João de Paris – Tractatus de Potestate Regia et Papali............. 67
§ 4. Monarquia taumatúrgica....................................... 69
§ 5. Carlos de Anjou 71
§ 6. Pierre Dubois 73

16. Dante... 79
§ 1. O isolamento do pensador político 79
§ 2. A separação entre espírito e política........................... 82
§ 3. Realismo espiritual – O paraíso terreno........................ 83
§ 4. Formas literárias e símbolos de autoridade..................... 86
§ 5. As Cartas... 88
§ 6. O De Monarchia... 89
§ 7. A visão do Purgatório 29-33 94

17. Marsílio de Pádua 99
§ 1. *Os primórdios do desenvolvimento constitucional germânico* 99
§ 2. *O Defensor Pacis* 100
§ 3. *A relação com Aristóteles* 103
§ 4. *Analogia orgânica* 104
§ 5. *O problema da autoridade intramundana representativa
– o* Legislator 106
§ 6. *Governo limitado – italianismo* 109
§ 7. *Naturalismo averroísta* 112
§ 8. *A Pars Principans* 113
§ 9. *A pluralidade de estados em guerra* 115
§ 10. *O direito* 115
§ 11. *Cristandade e Igreja* 116
§ 12. *O credo esotérico* 118
§ 13. *Tecnicismo político* 121

18. Guilherme de Ockham 123
§ 1. *Um padrão de teoria – o problema de Guilherme* 123
§ 2. *Nominalismo e fideísmo* 126
§ 3. *A civilização secular e o retraimento da Igreja* 131
§ 4. *A última fase de espiritualismo franciscano* 134
§ 5. *O método político de Ockham* 137
§ 6. *A teoria do direito* 139
§ 7. *A ordem do século e a ordem de pobreza* 141
§ 8. *O papa e a Igreja* 143
§ 9. *O império* 145
§ 10. *A redução da substância às relações* 147
§ 11. *O poder de decisão final – O Concílio* 148
§ 12. *Conclusão* 149

19. A politeia nacional inglesa 151
§ 1. *Insularidade – Ausência de fatores perturbadores* 152
§ 2. *Os sentimentos integradores – A Magna Carta* 155
§ 3. *As instituições* 160
§ 4. *Símbolos* 170
§ 5. *Representação* 172
§ 6. *Fortescue* 183

20. Da cristandade imperial à paroquial 193
   § 1. A transformação organizacional da Igreja 194
   § 2. A reação inglesa 198
   § 3. Wycliffe – Caráter geral 199
   § 4. Os movimentos espirituais regionais 202
   § 5. Espiritualismo inglês – Piers Plowman 207
   § 6. Wycliffe – Doutrinas 218

21. A região imperial 229
   § 1. Política subimperial 229
   § 2. A Bula de Ouro 241
   § 3. As cidades-estado 255
   § 4. Cola di Rienzo 274

22. O movimento conciliar 287
   § 1. O Cisma – Os concílios gerais 287
   § 2. Galicanismo – As concordatas nacionais 295
   § 3. Concordantia Catholica 300

Índice remissivo 313

IDADE MÉDIA TARDIA

Introdução do editor[1]

O estudo da Alta Idade Média realizado por Voegelin é, sem dúvida alguma, uma das preciosidades de seu vasto empreendimento histórico. Trata-se de um volume destinado a camuflar o juízo de seu autor a respeito dos méritos da publicação de sua *História das Ideias Políticas*. Longe de ser a construção inerradicavelmente falha de que Voegelin acusava sua *História*, a obra agora surge como uma das grandes realizações acadêmicas do nosso século. Elaborada no intuito de suplantar o tratamento-padrão encontrado em *History of Political Theory*, de George Sabine, obra que tem sido reexaminada desde 1937, mas que jamais veio a ser substituída, a pesquisa de Voegelin tem hoje condições de cumprir seu objetivo original. Desde aquela época, os teóricos políticos perderam tanto seu vigor quanto sua inclinação para escrever narrativas históricas de uma só autoria, de modo que a publicação tardia da monumental obra de Voegelin se apresenta como um divisor de águas. Mesmo aqueles que não estão acostumados com seus escritos tardios reconhecerão que esta obra pertence a um dos gigantes da área.

Talvez nada demonstre mais a estatura de Voegelin do que o supremo desapego com que ele descarta o trabalho de uma década inteira, declarando tê-lo fundamentado num equívoco

---

[1] Traduzida por Hugo Langone.

teórico. Após quase ter concluído sua enorme investigação da história das ideias políticas, Voegelin percebeu que a obra não passava de uma deformação ideológica da realidade. "Não haveria ideias", explicou ele, "se antes não houvesse símbolos de *experiências* imediatas".[2] Voegelin descobrira que a adoção da abordagem convencional o levara a narrar a história das ideias políticas como se esta fosse uma entidade fechada e plenamente inteligível por si só. Sua obra exemplificava a abordagem – desde então, aquela que se convencionou na área – que relacionava as ideias políticas à posição que ocupavam na história política.[3] Voegelin, porém, percebeu que isso não bastava. Nem a história nem as ideias políticas existem por conta própria. Elas só têm significado quando remetem a um contexto civilizacional mais amplo, no qual os conceitos fundamentais da ordem, do lugar do homem na ordem da realidade como um todo, ganham expressão. Mas em que se baseiam esses conceitos ordenadores? No final das contas, eles resultam do dinamismo vivo da existência humana à medida que esta se move sob o ímpeto das forças de ordem moral e espiritual que tocam imediatamente a experiência. É nos termos dessas fontes moventes da ordem que as ideias da ordem moral ou política reverberam. Uma vez alteradas as experiências subjacentes, as ideias deixam de exercer qualquer autoridade sobre a vida humana.

Poucos teóricos políticos contemporâneos perceberam isso, e é essa incapacidade que atrela uma sensação de incompletude a seus estudos históricos.[4] Ficamos com a impressão de que se trata de algo derivativo e secundário porque sua análise não se estende às fontes que motivam as ideias analisadas.

---

[2] Eric Voegelin, *Reflexões Autobiográficas*. Trad. Maria Inês de Carvalho. São Paulo, Editora É, 2008, p. 102.

[3] O tratamento histórico da teoria política é representado com maior destaque por Quentin Skinner. Para um exame do debate teórico que o circundava, ver James Tully (ed.), *Meaning in Context: Quentin Skinner and His Critics*. Princeton, Princeton University Press, 1988.

[4] Uma das interessantes exceções é Charles Taylor. Seu *Sources of the Self* (Cambridge, Harvard University Press, 1989) nos traz uma notável investigação das fontes de reverberação moral que não são abarcadas pelas formulações intelectuais.

A monotonia de suas narrativas é consequência direta da incapacidade que eles têm de explicar o que, em determinada época, tornou tão sedutora a ideia dos direitos subjetivos ou o *slogan* da liberdade. Eles explicam as condições e as mudanças ocorridas no ambiente histórico, mas são incapazes de penetrar nas mudanças que se deram no interior dos seres humanos que o habitavam. Sem dúvida, a tarefa mais importante é aquela de compreender a dinâmica dessas alterações interiores, o que só pode ser feito quando se alcança o nível das experiências imediatas da ordem que constituem o horizonte último da existência humana. Voegelin reconheceu a indispensabilidade de uma tal abordagem e, assim, pôs-se a escrever um tipo de estudo muito diferente, uma história das experiências e dos símbolos da ordem em diferentes tempos e lugares. Ao redigir seu *Ordem e História*, ele deixou muito para trás os historiadores contemporâneos que se dedicam às ideias políticas.

Porém, a brusquidão dessa transição na carreira do próprio Voegelin foi um erro de cálculo por parte do autor que teve importantes consequências para a forma como o restante de sua obra tem sido encarada. O primeiro erro é crer que a *História das Ideias Políticas* não era digna de publicação – visão a que o próprio Voegelin deu credibilidade ao recusar-se a publicá-la por inteiro durante sua vida. Sem dúvida, é possível entender que um autor queira garantir que apenas seus melhores trabalhos venham a público. Contudo, esse também pode ser um caso em que a avaliação do autor foi maculada por um grau desnecessário de preocupação autoral, o qual acaba por prejudicar a recepção de sua obra. Em retrospecto, a decisão de Voegelin nos parece um equívoco importante e estratégico. Esse não é apenas um caso de editores cujos padrões são baixos, muito embora isso também possa ser verdade. Afinal, a abordagem da teoria política à maneira da "história das ideias", prosperando hoje como nunca prosperou, continua sendo uma forma de análise viável, contanto que se reconheçam as limitações do contexto nessa empreitada. Não há nada que impeça que a vasta contribuição de Voegelin a esse gênero venha a público com essa abrangente advertência servindo-lhe de adorno.

No que diz respeito apenas à história das ideias políticas, esta obra nos presta um enorme serviço, uma vez que investiga o desenvolvimento da teoria política desde o período greco-romano até o século XIX. Embora não apresente o entendimento analítico das fontes da ordem que Voegelin alcançou em *Ordem e História*, ela nos oferece um compêndio de reflexões políticas que não encontra rivais nem em sua obra tardia, nem em qualquer outro autor deste século. Inserida num escopo histórico, a riqueza das minuciosas análises de pensadores individuais e de complexos ideológicos específicos é de tirar o fôlego. Isso é elaborado com uma erudição que vem respaldada pela nata da investigação histórica e que muitas vezes ultrapassa essa literatura em virtude da absoluta novidade dos materiais contemplados. A superioridade teórica da obra tardia de Voegelin não mitiga a necessidade de conhecermos detalhadamente a história do pensamento político, a qual em lugar algum é registrada tão a fundo como nas páginas da *História das Ideias Políticas*.

Uma consequência negligenciada dessa observação é o fato de seus estudos iniciais representarem uma das melhores portas de entrada para a profundidade teórica do Voegelin maduro. Apesar da abrupta declaração de descontinuidade por parte de Voegelin, isto é, da interrupção de sua empreitada, é um equívoco achar que esse esforço inicial advém de um espírito muito diferente. A maioria dos leitores provavelmente se espantará ante a continuidade de seu empenho e de sua orientação, do mesmo modo como haviam se espantado quando o único segmento então publicado da *História* foi lançado sob o título *From Enlightenment to Revolution* [Do Iluminismo à Revolução]. Voegelin de fato utiliza a linguagem das ideias nessa obra, mas seu interesse claramente já se volta à descoberta dos sentimentos que se encontram por trás delas. A estrutura que a organiza é composta pelas "ideias evocativas" que constituem as abrangentes convicções ordenadoras das épocas com que ele lida. E, no caso dos pensadores individuais, suas análises se voltam a todo momento aos centros que motivam o pensamento de cada um; é a capacidade de Voegelin de revelar a *anima animi* a partir da qual as obras foram escritas que constitui o segredo de seu brilhantismo exegético. Assim, longe de ser um antecessor em descontinuidade, a *História das Ideias Políticas* está fundamentalmente vinculada à obra posterior de Voegelin, formando um pano de fundo indispensável às análises oferecidas de modo demasiadamente elíptico naquele contexto. Quer partamos do valor inerente às análises, quer partamos do papel que elas desempenham na amplificação das complexas reflexões de sua obra tardia, não se pode mais deixar de publicar a *História das Ideias Políticas* de Voegelin.

O fator mais pungente nesse contexto é a estratégica consequência de sua decisão de adiar a publicação da obra. Ela fez com que a investigação histórica mais abrangente, acessível e impressionante de Voegelin fosse negada ao público durante a vida do autor. Em lugar disso, as conclusões crípticas e elípticas deste vasto estudo foram publicadas como conferências ocasionais,[5] ao passo que os volumes teoricamente mais desafiadores de *Ordem e História* desapareciam na estratosfera de reflexões que apenas poucos leitores estavam preparados para penetrar. Agora, enfim, o público terá a chance de explorar essa infraestrutura muito mais acessível. A rica investigação histórica em que se fundamentam as considerações teóricas posteriores agora se torna aparente. Sem dúvida, com o tempo isso fomentará uma percepção de Voegelin muito diversa da que vemos hoje. Não apenas consolidará sua reputação como um dos maiores teóricos políticos do século XX, mas pode até mesmo alterar o prestígio de que ele hoje desfruta na área. Com a publicação de *História das Ideias Políticas*, Voegelin pode deixar de ser a menos lida de todas as figuras relevantes e tornar-se aquela de maior público.

Sem dúvida, este volume dedicado à Idade Média tardia nos traz um magistral retrato de um dos períodos mais importantes da história do pensamento político. A análise de Voegelin

---

[5] Dois dos exemplos mais óbvios são as conferências que se tornaram *The New Science of Politics: An Introduction* (1952; Chicago, Chicago University Press, 1987) e *Science, Politics, and Gnosticism: Two Essays* (1968; reimp.: Washington, D. C., Regnery, 1997). [Em português: *A Nova Ciência da Política*. Trad. José Viegas Filho. Brasília, UnB, 1979 (2. edição de 1982); *Ciência, Política e Gnose*. Trad. Alexandre Franco de Sá. Coimbra, Ariadne, 2005.]

é incomparável na compreensão teórica do período, muito embora uma profusão de estudos tenha sido publicada desde a época em que sua obra foi escrita. Naturalmente, houve avanços no entendimento dos materiais empíricos, em especial devido à recuperação de textos críticos e à análise mais abrangente dos fatores econômico, social e político; porém, não houve ainda qualquer investigação do significado e da relevância desse período que se aproximasse das conclusões que Voegelin tira de seu estudo. Quando questionamos do que se trata o mundo do medievo, os especialistas ficam mudos e acabam por murmurar chavões sobre a integridade do espírito medieval que acabam obscurecendo mais do que revelando. A contribuição da obra de Voegelin não está apenas no fato de ele ter encontrado um sistema de ordenamento em que se pode compreender a ordem medieval, mas também no fato de ele explicar a crucial relevância dessa ordem para o mundo moderno que nasceu de sua desintegração.

A chave para o sucesso de Voegelin em desvendar essa relação complexa foi seu entendimento da autoconstituição interna do mundo medieval. Baseando-se sobretudo na obra de Alois Dempf, ele identifica o *sacrum imperium* como princípio organizador da civilização do medievo. À primeira vista, não há nada de excepcional numa concepção assim abrangente e familiar. Porém, nas mãos de Voegelin ela desvela uma nova profundidade e uma nova expansibilidade que revelam seu caráter como a autocompreensão que define o universo medieval. Como afirma o autor em *Idade Média até Tomás de Aquino*, nosso volume anterior, o *sacrum imperium* funciona como a grande simbolização evocativa pela qual a Idade Média se pautava. Isso permite que Voegelin organize brilhantemente o período a partir de dois grandes arcos de significado. Um é o movimento de integração que busca realizar o ideal do *sacrum imperium*; o outro é o movimento de desintegração que se estabelece à medida que o *sacrum imperium* deixa de funcionar como ideal dominante. Em nenhum desses casos o *sacrum imperium* existe como realidade. Trata-se de uma aspiração pura, e a medida de sua eficácia determina o desdobramento da civilização medieval.

Quando comparada com a perspectiva organizadora fornecida até mesmo pelos melhores historiadores do século XX, a abordagem de Voegelin se destaca por sua singular retidão teórica. Isso se dá sobretudo porque ela é, de todas, a mais fiel aos materiais históricos. Sua abordagem não insere interesses extrínsecos ou posteriores no mundo medieval. Antes, busca compreender a época tal qual ela era compreendida por aqueles que então viviam. O *sacrum imperium* fora por eles construído como o ideal definidor que, aos poucos, eles acabaram por abandonar. Ao lado dessa perspicuidade, a abordagem que encara o mundo medieval como precursor da modernidade – seja à luz do crescimento do constitucionalismo, do surgimento do secularismo ou da ascensão do espírito de autodeterminação – parece peculiarmente anacrônica. Mesmo um pesquisador da estatura de Walter Ullman se viu compelido a remendar um sistema provisório no qual a história medieval narra a transição de estilos descendentes e autoritários de governo a formas políticas ascendentes e democraticamente fundamentadas.[6] O único problema é que não era assim, ao menos não em geral, que os homens e as mulheres do medievo compreendiam o que estavam fazendo. Para eles, a luta enfrentada era essencialmente definida pela tentativa de consolidar uma única ordem de autoridade temporal e espiritual e pela tentativa de adequar-se aos movimentos e forças que tornavam essa aspiração impossível.

Antes de o colapso ocorrer, porém, a luta tinha como objetivo conservar o equilíbrio de duas jurisdições ou ofícios – o sacerdotal e o real – no interior da abrangente ordem pública que definia o *cosmion* medieval. Não houve "precursor" de coisa alguma. Todo o caráter do mundo medieval era formado pela convicção de que esses dois centros de autoridade podem se unir no interior de uma só ordem. Tinha-se a certeza de que há uma única ordem cuja fonte está em Deus; e, como consequência, todas as ordens inferiores devem ser capazes de

---

[6] Walter Ullman, *A History of Political Thought: The Middle Ages*. Harmondsworth, Penguin, 1970.

harmonizar-se no interior de um todo abrangente. Nesse sentido, o termo *sacrum imperium* não se refere a uma concepção meramente política. Não há nem mesmo a indicação necessária de que ele exige uma rigorosa direção central, seja de autoridades eclesiásticas, seja de autoridades imperiais. Em seu nível mais profundo, ele expressa tão somente a consciência de que se está vivendo sob uma ordem abrangente e de que é impossível separar suas partes. As autoridades papais e imperiais ocupam sua posição não por seu êxito na organização do todo, mas sobretudo porque existe um todo que deve ser expresso pelo reconhecimento de sua autoridade cooperativa. É essa integridade do *ethos*, e não do poder, que explica a peculiar tolerância da resistência e da diversidade na nação medieval. É também ela o que explica a diferença e a continuidade cruciais entre o mundo medieval e o mundo moderno que dele nasce.

A modernidade é definida pela diferença e pela separação. No entanto, essa é uma desassociação que existe na memória de sua integridade medieval, e não apenas em evocações passageiras, como "civilização ocidental" ou "civilização judaico-cristã". A modernidade é assombrada pela consciência da unidade entre os polos elementares da Igreja e do Estado, do público e do privado e do individual e do social, uma vez que tais distinções sequer podem ser conservadas sem que se faça referência a uma unidade preexistente. Sua separação pressupõe uma ordem comum que possibilite distinguir e relacionar esses polos. Nem mesmo o mundo moderno pode prescindir daquilo que era mais saliente no mundo medieval, a saber: uma compreensão comum da abrangente ordem espiritual em que os seres humanos existem e sob a qual a sociedade humana pode ser organizada. É porque sua análise se estende ao horizonte último da autocompreensão medieval que Voegelin também é capaz de encontrar os meios mais adequados de explorar a relação da Idade Média com o mundo moderno. Isso não significa que as continuidades de uma ordem constitucional e liberal emergente não sejam válidas; seu significado, porém, só pode ser adequadamente identificado se a cotejarmos com uma concepção abrangente da ordem da realidade.

Esse reconhecimento é a principal força da análise que Voegelin apresenta neste volume. É ele que lhe permite notar que a fonte da unidade medieval é sobretudo filosófica e que sua desintegração é filosófica também. A fragmentação política reflete a fratura simbólica interior. Em lugar algum essa dinâmica é esclarecida de modo tão brilhante quanto em sua análise de Guilherme de Ockham, por ele considerado o primeiro filósofo moderno.

> Ockham é o primeiro de uma distinta linhagem de filósofos modernos que não filosofam sobre problemas que se originam de uma experiência filosófica radical, mas, sim, sobre problemas que surgem no ambiente em torno e requerem uma solução intelectual.

O fato de a formidável perspicácia de Ockham ser empregada para defender a integridade das verdades reveladas pela fé não diminui nem um pouco o colapso da sensação de que há continuidade entre elas e as verdades reveladas pela razão. Seu estilo filosófico nominalista, reduzindo como faz todas as questões substanciais a problemas metodológicos e a poderosos problemas relacionais, anuncia o fim da confiança medieval na unidade de todas as coisas. Voegelin pondera corretamente a revolução que se dá nos escritos de Ockham quando a trata como um "cisma civilizacional". Essa é uma compreensão que escapa à maioria dos comentadores que se deixam distrair pela espiritualidade de orientação ockhamista. Em certo sentido, seu fideísmo é mais "medieval" que o de Santo Tomás, mas trata-se de uma fé que não confia mais em sua capacidade de integrar-se com a razão.

Essa é a divisão interior que encontra expressão na gradual divergência entre a Igreja e a esfera temporal. As tensões institucionais no seio do *sacrum imperium* não podem ser tratadas como processos autônomos, uma vez que seu desdobramento só é compreensível em relação aos deslocamentos mais profundos dados no interior da vida espiritual e intelectual da civilização do medievo. A análise de Voegelin tem plena ciência desse vínculo e, portanto, nos oferece o registro mais adequado da Alta Idade Média e de sua relação com o mundo moderno. Ela está arraigada em seu entendimento daquela ânsia por encontrar a unidade abrangente de todas as coisas – humanas e divinas, temporais e espirituais – que a abreviação *sacrum imperium* abarca. Da desintegração dessa unidade sempre implícita, mas raramente articulada, entre fé e razão surgem, como resultado de um longo processo de diferenciação, os componentes do mundo moderno. Como consequência, o que se negligencia na maioria das análises do mundo moderno é a antiga unidade a partir da qual suas partes asseveraram a própria autonomia. A superioridade da perspectiva de Voegelin está no fato de o autor nos permitir reconhecer que o pressuposto do caráter fechado das esferas da razão e da revelação, da política e da religião, é um conceito moderno. Pode-se supor que seu caráter jaz em igual medida na antiga unidade que faz delas partes de um todo.

O que de fato instiga no tratamento adotado por Voegelin neste volume é o fato de ele nos forçar a pensar nessas relações fundamentais – e isso não apenas à luz das continuidades mais restritas entre o pensamento constitucional do medievo e da modernidade. Ele nos revela onde se originam as lutas filosóficas mais profundas cuja insolubilidade define o mundo moderno. Nós reconhecemos nosso mundo na descrição que Voegelin faz da perda por que passaram a fé e a razão em sua bifurcação. A razão se afasta do objetivo substancial que a orientava e é dissociada da fonte de sua confiança na ordem que garantia sua eficácia. Em seu lugar, reconhecemos a ascendente razão instrumental que não mais conhece a si mesma ou seu objetivo. A estrutura da natureza não pode mais ser apreendida pela razão, uma vez que nem os universais nem a causalidade são válidos; o conhecimento do mundo externo é reduzido a um "problema de organização dos materiais empíricos por meio de instrumentos conceituais da mente humana". A fé não se sai muito melhor. Hoje ela existe sem qualquer referência ao controle racional, e cada vez mais a Igreja se vê privada do revigoramento proporcionado por sua participação num robusto debate intelectual. Reduzida aos elementos essenciais da autoridade dogmática e à vida mística e devocional privada, ela está a caminho de perder toda a autoridade que publicamente exerce sobre a vida humana.

Somente na Grande Reforma o agravamento deste hiato entre a esfera secular e a verdadeira vida cristã revela plenamente suas consequências. A ordem do século é determinada como uma esfera humana autônoma fora da ordem cristã, *stricto sensu*, e a ordem cristã se aproxima de uma conduta monástica e ascética. A dupla ordem temporal-espiritual medieval se divide em duas ordens: uma ordem político-econômica não cristã e uma disciplina ascética cristã. Como resultado, a partir de agora, a ordem do século seguirá os seus princípios sem dar atenção à ordem cristã da vida, ou tentará mantê-la dentro de limites por meio de regulamentações na perspectiva monástica.[7]

Ambas essas variações foram esboçadas – por Lutero e Calvino, respectivamente –, e desde então o mundo moderno tem oscilado entre o racionalismo e o fundamentalismo.

Voegelin explora brilhantemente o surgimento dessa tensão nas reflexões de Dante, que se vê diante do reconhecimento moderno da incapacidade de o âmbito político absorver o espírito do cristianismo. O cenário é dominado por realistas políticos, do tipo que enfim culminará em Maquiavel, e por reformadores religiosos, do tipo que vai de São Francisco em diante. O que falta é um pensador político que possa uni-los numa nova evocação institucional. Voegelin é capaz de compreender a qualidade romântica do pensamento de Dante, o qual remete ao império precisamente no interregno que revelou sua obsolescência. Ele é capaz de interpretar a visão de Dante não como se ela fosse uma resposta escapista ou utópica à realidade recém-surgida, e sim na qualidade de evocação deliberada de uma nova ordem civilizacional. Não é uma ordem social ou política específica que Dante tem em mente, mas um reconhecimento publicamente efetivo da abertura escatológica

---

[7] Ver adiante, p. 142-43.

que constitui a fonte de uma ordem humana comum. É o componente escatológico do todo medieval que agora busca uma nova expressão pública. Agora, assinala Voegelin, é o poeta, e não a Igreja, quem dá um passo à frente para evocar a consciência da finalidade transcendente da vida humana, e ele toma como base a autoridade pessoal de sua visão.

Com Dante, a dimensão escatológica do *sacrum imperium* está em busca de uma nova evocação institucional, mas ainda não a encontrou; além disso, segundo sugere Voegelin, ela talvez seja inencontrável. Ao invés disso, a escatologia muito provavelmente continuará a ser um movimento espiritual em busca de expressão política. É a sensibilidade de Voegelin diante desse nível de significado espiritual que permite a ele desvendar o peculiar desenvolvimento político dado no interior da região subimperial da Alemanha, da Boêmia e do *regnum* italiano. Em geral, essa é a área mais negligenciada da política e da teoria medieval porque parece fugir ao novo padrão do estado-nação. Ultimamente, mais atenção tem sido dada às cidades-estado italianas porque elas ao menos exemplificam as novas ideias de liberdade e o autogoverno republicano.[8] Ainda quando elas são examinadas, porém, não costuma haver qualquer referência ao contexto imperial em que sua existência se fizera possível. Voegelin é praticamente o único a atentar para os peculiares problemas daquele particularismo germânico que evitou que a Alemanha se tornasse um Estado e daquele caráter idiossincrático da política que inevitavelmente surgiu nessa região imperial. Um tal interesse não é apenas reflexo da experiência do próprio Voegelin como alguém que nascera na Europa Central. Trata-se sobretudo de uma consequência de seu entendimento da universalidade espiritual que continua sendo um traço constante das iniciativas políticas ocorridas nesse ambiente.[9]

---

[8] Um bom exemplo é Quentin Skinner, *The Foundations of Modern Political Thought*, vol. 1. *The Renaissance*. Cambridge, Cambridge University Press, 1978.

[9] Um dos episódios mais fascinantes certamente é a visão entusiasticamente otimista defendida por Pierre Dubois em *De Recuperatione Terre Sancte* (1306). O advogado francês elaborou o conceito de uma liga de nações, dotada de

Cola di Rienzo é a figura que desvela essa relação desconcertante. Após liderar uma revolta bem-sucedida em Roma (1347), Rienzo enviou uma série de cartas às cidades italianas, aos eleitores imperiais e ao imperador, tal como ao papa. Ele proclamava o advento de uma *reformatio et renovatio*, que seriam tanto espirituais quanto políticas, formando um novo cristianismo imperial que mais parecia olhar para o passado que para o futuro. Certamente, a retórica não aparentava ter qualquer relação com a intenção política de unir a Itália e restaurar o governo republicano. Mais uma vez, Voegelin é o único comentador a chegar ao âmago desse comportamento anacrônico. Trata-se, ele explica, do resíduo de uma consciência universalista que existe em perfeita continuidade no seio da região política imperial. Ao contrário do que ocorreu nas nações ocidentais, "na região imperial a transição da ideia de *corpus mysticum* para a ideia dos corpos nacionais não se mostrou tão suave". Antes, havia a tendência de sua aplicação ser estendida a toda a Europa – um sedimento universalista do passado imperial que se fazia presente, de modo mais silencioso, também nos estados-nações. Tratava-se de uma preocupação com a necessidade de renovação espiritual refletida em figuras tão diversas como Savonarola e Maquiavel, os quais eram praticamente desconhecidos nas cidades-estado. Explica Voegelin:

> Na Inglaterra, a nação cresceu sob a pressão de uma realeza forte. Na região imperial, as nações ganharam unidade política através do crescimento de um espírito nacional e, quando o espírito amadureceu suficientemente, através da ação militar que vence as resistências políticas particularistas.[10]

Do outro lado dessa dissociação do impulso escatológico, agora em busca de sua encarnação institucional, está o fato de

---

organizações destinadas à segurança coletiva, como parte de um projeto que visava a concretização de uma era de paz universal. As dimensões moderna e utópica dessa obra não são tratadas por Voegelin como elementos meramente fantasiosos, dado que ele reconhece sua fonte na incessante aspiração medieval por uma ordem que substituísse o *sacrum imperium*. Ver adiante, 73-78.

[10] Ver adiante, p. 279-86.

todas as entidades políticas recém-autônomas existirem sem qualquer referência a uma ordem universal existente para além de si mesmas. Num mundo definido a partir de organizações de poder rivais, assinala Voegelin, até mesmo a Igreja sentiu-se compelida a adequar-se às novas necessidades. Rompendo com a asserção hildebrandista da autoridade política universal do papado, os papas se empenharam para garantir as próprias bases territoriais, primeiro em Avignon e, depois, nos estados papais. Teoricamente, o fundamento foi muito bem preparado por meio da obra dos papistas radicais dos séculos XIII e XIV, os quais escreveram uma série de trabalhos cuja novidade na transformação da Igreja em Estado é reconhecida por Voegelin de modo particularmente perspicaz: Egídio Romano, por exemplo, é duramente tratado como um intelectual moderno cujo serviço bajulador prestado tanto a Filipe, o Belo, quanto à sua nêmese, Bonifácio VIII, demonstra sua absoluta obsessão pelo poder. Como resultado, o mundo ocidental perdeu a expressão institucional de seus interesses universais, e o papado passou a utilizar os acordos políticos como principal forma de enfrentar os desafios a ele impostos. No movimento conciliar, isso resultou numa vitória papal dada em aliança com os monarcas nacionais, mas também acabou por impedir, segundo Voegelin, que se desenvolvesse uma resposta aos pedidos de reforma que, no final das contas, acabaram por subjugá-la.

Para as novas entidades seculares, a situação não era muito melhor. Marsílio de Pádua é o teórico que articula a ascensão desse Estado secular supremo porque é também o primeiro a diferenciar a fonte de sua autoridade na comunidade como um todo. Voegelin mostra-se incessantemente sensível ao analisar o núcleo do pensamento de Marsílio, no qual se encontra a concepção do *legislator*, isto é, "a primeira construção consistente da unidade política intramundana, que deriva a autoridade governamental, não de uma fonte extrínseca, mas de um 'todo' da comunidade especialmente construído por trás das partes isoladas".[11] O problema é que a fonte da ordem realizada

---

[11] Ver adiante, p. 109.

pelo *legislator humanus* autogovernante não é esclarecida em parte alguma. Apesar da evocação de Aristóteles, o núcleo do *Defensor Pacis* não reside num conceito de *areté*. Do mesmo modo, não há um direito natural substancial que forneça tal orientação; afinal, embora o direito deva seguir a reta razão, ele continua sendo direito mesmo sem ela, contanto que venha respaldado pelo poder coercivo da comunidade. Essas são tensões comuns na literatura sobre Marsílio. O que Voegelin acrescenta é a sensibilidade ao componente averroísta do tratamento que o texto dá ao cristianismo enquanto "curiosidade cultural" e sua substituição por uma vaga sugestão de ciclos eternamente recorrentes. Para que se realize, a ordem depende em grande medida do governo: daí a preocupação com o respaldo coercivo do direito e com a necessidade do exercício monopólico da autoridade. Aquilo que deve formar a ordem interior dos cidadãos passa batido, exceção feita à sugestão de que, fora o *vulgus*, o cristianismo não chega a proporcionar tal ordem. A construção do Estado secular autônomo de Marsílio é espiritualmente niilista, e o estudo da política tornou-se uma análise "religiosamente imparcial, solene e artificial", bem ao estilo que outro pensador italiano tornou célebre.

O problema, é claro, está no fato de essa política secular e essa ciência política pragmática serem incapazes de caminhar por si só. Elas continuam assombradas pela consciência do quanto são incapazes das reais virtudes exigidas para a conservação de sua ordem; além disso, são ainda eclipsadas pela ausência da renovação espiritual interior que se apresenta como o único fator capaz de suscitar uma comunidade política duradoura. É por isso, assinala Voegelin, que tanto Maquiavel quanto Hobbes são analistas tão perspicazes da mendacidade moral de suas sociedades; é por isso também que ambos se entregam a esforços heroicos para construir uma ordem baseada nas expectativas mínimas da virtude humana. Independentemente do que se possa ganhar no refinamento de uma ciência de cálculos poderosos, a instabilidade das construções é uma fonte de instabilidade até o presente. A existência de ordens políticas cujas fontes morais já não podem mais ser discernidas ou articuladas com clareza praticamente assegura uma série infindável de tentativas de achar outras formas de renovar sua finalidade. Quase por definição, a política secular é acometida pela busca da virtude.

A análise da asserção da independência política secular segue uma linha convencional. O que Voegelin acrescenta a tal perspectiva é uma análise extraordinariamente sensível do impulso escatológico que perdurou em grande medida fora do controle institucional. Ele certamente foi o único a chamar nossa atenção às aspirações espirituais que encontraram nova válvula de escape numa época em que os portadores institucionais convencionais não eram mais satisfatórios. Foi no período imediatamente subsequente a seu trabalho na *História* que Voegelin encontrou os instrumentos teóricos que lhe permitiram analisar as nuanças quase religiosas dos movimentos sociais e políticos ativos desde a alta Idade Média. Ele descobriu a abrangente relevância do gnosticismo como forma espiritual e intelectual adotada pelo idealismo religioso fora do compromisso e das restrições institucionais. Em vários aspectos, a falta de identificação teórica desses fenômenos de perfeccionismo espiritual não reduz as análises individuais oferecidas no presente volume. Com efeito, é preferível que o impacto distrativo daquela caracterização frequentemente envolvente não obscureça a riqueza de detalhes concretos presente na análise que Voegelin faz de John Wycliffe ou do *Piers Plowman*. Voegelin se apresenta como um analista magistral da dimensão crítica, mas dificilmente quantificável, de entusiasmo espiritual que surge como fator independente na política após a desintegração do *sacrum imperium*.

O padrão tem início, tal como assinalou Voegelin no volume anterior, com a nova consciência evocada por Joaquim de Fiore. A especulação trinitária de Joaquim acerca da história explicava como à era veterotestamentária do Pai seguiu-se a era neotestamentária do Filho, a qual deveria agora ser superada por uma organização completamente nova na era do Espírito. Ao tornar obsoletas a revelação de Cristo e a estrutura sacramental da Igreja, Joaquim definiu o padrão que dominou a história subsequente, promovendo a visão de uma era de liberdade espiritual autônoma localizada além de todos os respaldos e restrições institucionais. A perfeição monástica da natureza humana permeara a sociedade como um todo, e uma nova era definitivamente estava despontando. A mediação e a remediação não seriam mais exigidas porque a plenitude da verdade espiritual já fora alcançada. O *insight* de Voegelin estava menos na identificação do caráter da construção de Joaquim do que no discernimento de seu significado representativo. Ele foi capaz, por exemplo, de reconhecer suas ressonâncias não apenas entre os franciscanos espirituais, que viam seu fundador como o profeta que inaugurava a nova era, mas também no caráter do próprio santo. O capítulo de Voegelin dedicado a São Francisco é, sem dúvida alguma, um dos capítulos mais densos de todo o seu *corpus*, visto que lá ele reconhece por inteiro as contribuições rejuvenescentes do fundador mendicante ao mesmo tempo em que não poupa de críticas as dimensões desequilibradas inerentes à ordem que ele inspirara.

Com São Francisco, a imitação de Cristo chegou de tal maneira à perfeição que se tornou tentador encará-la como forma de transfiguração social e política. Sem dúvida, tanto os próprios franciscanos quanto a Igreja como um todo deveriam seguir os conselhos evangélicos de aperfeiçoamento com um rigor que parecia sugerir que o compromisso institucional não seria mais necessário. Essa foi uma expectativa que quase destruiu a ordem franciscana, que se recusava a estabelecer estruturas e a realizar os ajustes pragmáticos exigidos. O debate acerca da pobreza e a exigência da abnegação completa de propriedades por parte da Igreja foram vivenciados como ameaças tão sérias que seus proponentes tiveram de ser reprimidos com vigor. Afinal, nenhuma ordem institucional poderia sobreviver a essa exigência espiritual pura, a qual se recusava a aceitar a fragilidade de todas as construções humanas mas insistia em que sua inspiração transfiguradora pudesse realizar seus milagres. Esse fator ainda fazia parte do pano de fundo de Guilherme de Ockham, sendo também importante em seu encarceramento com Miguel de Cesena na fundação papal em Avignon. Como indica Voegelin, a maior ironia do período medieval está no fato de terem sido os esforços para renovar sua espiritualidade a principal motivação das forças de independência secular. Se o mundo fora inteiramente santificado, não necessitava mais de uma perfeição que estava além de si mesmo.

Esse foi um processo que se iniciou no final da Controvérsia das Investiduras, quando "a espiritualização radical do mundo prenunciava a ascensão das forças intramundanas nos dois séculos seguintes". A definhante capacidade da Igreja de refrear os novos fermentos espirituais culminou numa expressão ramificada do cristianismo, processo que Voegelin identifica como a emergência do "cristianismo paroquial". Esse é um contexto propício ao reconhecimento da Reforma como mero ápice de um processo que já se arrastava em séculos precedentes. Enquanto os fatores políticos são habilmente dissecados, Voegelin conserva sua atenção nas transformações interiores que constituíam a realidade determinante. É por isso que uma análise de *Piers Plowman* é assim digna de atenção: nela, Voegelin encontra uma poderosa expressão do espírito escatológico que vai sendo transferido para o humilde arador nos confins do domínio da Inglaterra. Assim como na profusão de escritos místicos surgida no século XIV, Voegelin encontra uma ênfase na transfiguração escatológica que não sugere sua corporificação em instituição alguma. Esse foi o impulso por transformações que encontrou expressão nos movimentos revolucionários dos anarquistas místicos da Idade Média tardia. "A destruição civilizacional perpetrada por um grupo campesino que luta pelo reino perfeito não difere, em princípio, da aniquilação do conteúdo mundano do autor de *Cloud of Unknowing* [Nuvem do Desconhecimento]".[12]

A grande descoberta deste volume – e que em muitos aspectos constitui o centro do pensamento de Voegelin – é a descoberta de que a tensão entre o transcendente e o imanente

---

[12] Ver adiante, p. 210.

não pode ser abolida sem que se destrua nossa compreensão de ambos. O *sacrum imperium* possui duradoura importância porque se tratava de uma das evocações mais substanciais dessa tensão, e a história de suas vicissitudes tem para nós contínua relevância. O grande feito de Voegelin, aqui, é ter esclarecido a natureza da tensão entre uma ordem que está além deste mundo e a ordem mundana, isto é, entre as duas ordens cujo equilíbrio constituía o objetivo distintivo da civilização medieval. Seu estudo, porém, oferece mais do que uma mera descrição histórica da luta por esse equilíbrio esquivo. Ele está enraizado no reconhecimento de que a problemática medieval se vincula à nossa própria problemática e de que qualquer descrição conscienciosa deve tomar nota dessa continuidade. O pesquisador não pode deixar de tomar parte na própria problemática. O esclarecimento que Voegelin traz à tensão central é, por si só, um contributo ao desdobramento de uma ordem que está em continuidade com ela. Neste volume, nós reconhecemos a importante fase de um compromisso meditativo com o passado em que a busca por uma articulação equilibrada da ordem cada vez mais aparecia como o problema da ordem.

Os volumes medievais da *História* nos oferecem uma fascinante visão da luta por uma ordem imanente fundamentada na transcendência – luta que se dava num contexto em que esse era o objetivo explicitamente declarado. Talvez não seja exagerado sugerir que foi nesta obra que Voegelin desenvolveu os principais contornos de sua compreensão do problema que viria a modelar sua abordagem ao estudo da ordem e da história como um todo. Em alguns aspectos, as reflexões acerca do *sacrum imperium* o levaram a esclarecer fatores dessa relação infinitamente complexa que não são apresentados de maneira tão exaustiva em seus escritos posteriores. O que é especialmente claro no contexto medieval é a reciprocidade da relação entre o além espiritual e a corporificação temporal, uma vez que foi exatamente o esforço para estreitar o vínculo entre ambos que suscitou o colapso da ordem. Como fica claro neste estudo, a duradoura relevância do *sacrum imperium* reside no fato de sua preservação depender precariamente do reconhecimento de um equilíbrio entre o espiritual e o temporal que jamais poderia ser alcançado.

É exatamente o desejo que a Alta Idade Média nutria de abolir a tensão da ordem o que demonstra sua impossibilidade. A espiritualização do mundo foi tentada de diversas formas pelos papistas radicais e pelos espirituais sectários. Em cada caso, o projeto só conseguiu agravar a desordem do mundo; e, o que é mais importante, os esforços para inserir o espírito transcendente na existência só serviram para solapar sua autoridade transcendental. Ao ser levada à ordem existente das coisas, a realidade divina deixa de nos atrair com a influência de seu mistério inefável. Uma espiritualidade intramundana não é mais, em sentido decisivo, verdadeiramente espiritual. Até mesmo a resposta fideísta de Ockham e a *devotio moderna* correm o risco de reduzir a realidade divina à dimensão interior da fé, uma dimensão em que Deus se encontra inteiramente presente ou inteiramente ausente. No primeiro caso, o mistério da atração transcendente é abolido; no segundo, não é mais possível identificá-lo. Nós reconhecemos, no esforço dos espirituais para proteger a integridade da fé, uma resposta defensiva que veio a ser repetida mais amplamente na civilização moderna que os sucedeu. A absorção da realidade divina pela experiência humana se tornou indistinguível da asserção secular da independência do homem com relação a todo vínculo divino. Apenas a atração tensionalmente experimentada da realidade divina funcionava como fonte de ordem na existência humana.

Igualmente fútil foi o esforço das novas construções políticas seculares para abolir a luta tensional. Sua incapacidade de fundamentar-se fica evidente na tentativa de estabelecer a legitimidade divinamente autenticada dos monarcas territoriais. Eles tinham de se munir da autorização divina atrelada ao imperador, e os reis da França em particular procuraram revestir-se do manto da autoridade carismática e, até mesmo, santa. Os monarcas tinham uma aptidão mais segura para a natureza da ordem política do que os teóricos da soberania secular, uma vez que percebiam a insuficiência de sua autoridade caso ela se fundamentasse tão somente em si próprios e numa expressão vazia de assentimento. Eles podem ter se irritado com a existência de uma Igreja institucionalmente independente, mas reconheciam que eram incapazes de construir uma ordem política sem fazer referência a uma ordem espiritual que fornecesse a substância do elo comunitário que a sustentava. Tanto as suas ações quanto as reflexões de teóricos sociais como Nicolau de Cusa, com sua ênfase na *concordantia* divina, apontam para a dependência espiritual do secular. Um Estado inteiramente secular continua sendo uma impossibilidade.

A única alternativa à abolição da tensão é aceitar a luta para encontrar uma formulação adequadamente equilibrada de suas exigências. A consequência que Voegelin sugere, sem porém articular por completo, nessa conclusão é o reconhecimento de que a liberdade também não pode ser abolida. Traz uma espécie de alívio o fato de a ordem não poder ser definitivamente alcançada em nenhuma época histórica. Cada geração deve abraçar a luta e, nesse processo, exercer a liberdade, única forma de ter sua humanidade realizada. Nem a espiritualização do mundo nem a evacuação secular de toda espiritualidade pode nos livrar do fardo. Nas condições de nossa existência pragmática, somos compelidos a encontrar mais uma vez os meios de permanecermos fiéis à atração da bondade transcendente. A questão é que formular o problema não é o mesmo que oferecer uma solução, ainda que provisória. O cisma civilizacional entre fé e razão identificado por Voegelin na Alta Idade Média não desapareceu. A modernidade como um todo enfrentou suas consequências, as quais ainda nos são impostas. Numa época em que a crítica racional da ciência tem forçado a fé a migrar para o mundo privado da interioridade, numa época em que a razão secular permanece à deriva enquanto técnica sem orientação, o que pode ser feito para uni-las?

Em muitos aspectos, essa pode ser encarada como a pergunta central da obra de Voegelin. Voegelin é o curandeiro daquele cisma civilizacional, e não o defensor de um dos lados; além disso, é fascinante compreender as reflexões deste volume sobre a natureza da problemática suscitada naquela era. Todas as observações de Voegelin são modeladas pela consciência de que eram inadequadas várias das reações da Alta Idade Média ao cisma que acabou por tornar-se ruptura aberta no período moderno. Apenas Santo Tomás e Nicolau de Cusa surgem como figuras que compreenderam o desafio e se colocaram à altura dele. Segundo Voegelin, Tomás se encontra entre os mundos medieval e moderno; ele é o homem cuja filosofia sintética de tipo clássico preserva a essência do equilíbrio medieval e aponta para sua transmissão ao contexto moderno. Tomás, porém, não seria capaz de modificar o curso da história, e seu triunfo sintético ficou demasiadamente preso à linguagem de um mundo que logo seria superado. Como Voegelin observou alhures, ainda necessitamos de um novo Santo Tomás, e talvez não seja fantasioso encarar sua própria obra como um esforço do gênero. Em lugar da consolidação de um *cordon sanitaire* que separasse as esferas da fé e da razão como fizera Ockham, a solução para conflitos como aquele representado pelas visões divergentes da Criação estaria no reconhecimento de que elas advêm de "um problema-limite dialético que não permite uma resposta em categorias finitas inequívocas". Voegelin então explica que as verdades teológicas

> não têm sentido se compreendidas como proposições a respeito da estrutura empírica do mundo, extraindo sua validade de uma outra fonte. Kant denominou esta fonte de "interesse prático"; hoje preferimos falar da expressão de experiências religiosas fundamentais nos símbolos, símbolos que extraem sua força das experiências que exprimem.[13]

Essa, a propósito, é uma avaliação que indica que Voegelin já rompera com a abordagem fundamentada apenas na história das ideias e começava a debruçar-se sobre as experiências e os símbolos.

A grande ruptura teórica de Voegelin esteve intimamente vinculada à sua luta com o cisma civilizacional surgido no

---

[13] Ver adiante, p. 130.

período medieval tardio. Ele compreendeu que a restauração da ordem no mundo moderno dependia da descoberta de uma forma de preencher essa lacuna. O que em minha opinião ele deixou de perceber, porém, é que a ordem transmitida do mundo medieval ao mundo moderno era uma forma de integrar implicitamente o transcendente e o temporal, ainda que sem tornar a relação de ambos filosoficamente articulada. Essa é a tradição política constitucional e liberal cujo surgimento Voegelin, junto com a maioria da academia, fixa no mundo medieval. Sua incapacidade de reconhecer a transmissão da substância filosófico-cristã nessa tradição pode estar relacionada, em parte, com a reservada estima que ele nutria por suas conquistas e seus prospectos. Afinal, ele testemunhara a transmutação da República de Weimar no Terceiro Reich. Outra causa também pode ter sido a saliente falta de coerência filosófica que deu à tradição constitucional liberal a aparência de possuir uma instabilidade maior do que aquela que de fato tinha. De todo modo, a abordagem dada por Voegelin ao crescimento do constitucionalismo deixa claro que ele está arraigado na síntese medieval entre fé e razão e que se trata aí da maior conquista da ordem transmitida por aquele mundo.

A relação entre o constitucionalismo e a síntese filosófico-cristã só é esclarecida em sua análise de Santo Tomás. Em minha opinião, Voegelin não conhece suficientemente o grau em que, implícita, a síntese se conserva na tradição posterior, mas ainda assim formula o princípio daquela relação com espantosa impetuosidade ao lidar com o Doutor Angélico. Voegelin reconhece na síntese tomista a principal constelação de fontes que tomam parte na formação do indivíduo livre e autogovernante cuja reivindicação de uma forma política correspondente constitui o centro da tradição constitucional liberal. Voegelin lista como fontes principais "a teoria política aristotélica, a constituição romana, a democracia original e a monarquia de Israel, a experiência de democracia das cidades italianas e o sentimento da liberdade cristã". Elas coexistem numa contiguidade assistemática, obtendo sua coesão da confiança na participação de todos e na liberdade do indivíduo maduro. A conjunção de fontes políticas, reconheceu Voegelin, continuou sendo uma combinação evocativa que pode ter exercido a maior parte de sua influência no interior da própria ordem dominicana. "Ainda assim, representa a síntese de natureza e espiritualismo cristão na política, e, como símbolo desta síntese, dominou, com ou sem referência explícita ao seu autor, a evolução da política ocidental, até hoje."[14] A integração política efetuada por Santo Tomás, claro, é um reflexo daquela ampla síntese entre a liberdade do intelecto racional e a iluminação da fé que ele alcançara por meio da abrangente formulação de sua crença em que "a ordem das coisas na Verdade é a ordem das coisas no Ser". Fé e razão não podem estar em conflito porque refletem a única fonte divina, e Tomás descobrira a forma de preservar a autonomia de ambas no todo. Segundo Voegelin, esse exemplo, muito embora não tenha sido seguido, "influenciou decisivamente (...) o destino da ciência no mundo ocidental".

O exemplo da síntese tomista serviu como estimulante prova de que a integração entre fé e razão é possível. Aos olhos de Voegelin, Santo Tomás não poderia ter ido muito além. As forças de desintegração eram demasiadamente fortes, e, por mais penetrante que fosse, a compreensão intelectual de um único indivíduo não poderia reverter a direção da história. "O literalismo histórico do cristianismo" não era páreo para a "crítica racional" que despontava. Como reconheceu Ockham, ele só poderia ser preservado se fosse firmemente imposta sua separação. O que Voegelin um dia reconheceria é que o equilíbrio brilhantemente articulado pelo próprio Tomás equivocava-se ao tender a uma resolução literal ou proposicional. As fontes últimas da razão e da revelação na experiência continuam ocultas, e como resultado a síntese tomista se entregou àquele mesmo colapso que tentava evitar.

A teologia cristã desnaturou o *nous* platônico degradando-o imaginativamente numa "razão natural", uma fonte da verdade

---

[14] *História das Ideias Políticas*, vol. II, *Idade Média até Tomás de Aquino*. Trad. Mendo Castro Henriques. São Paulo, Editora É, 2012, p. 259.

subsidiária da fonte preponderante da revelação; mediante um ato de esquecimento imaginativo, a tensão revelatória na visão platônica do *nous* como o "terceiro deus" foi eclipsada, a fim de obter para a Igreja o monopólio da revelação. Mas a história teve a sua vingança. A razão não revelatória, imaginada pelos teólogos como uma serva, tornou-se uma mestra não assertiva. Na sequência histórica, a razão não revelatória imaginada tornou-se a razão antirrevelatória da revolta iluminista contra a Igreja.[15]

Apenas um misticismo não dogmático é capaz de apreender a unidade das duas formas em sua única fonte, e é essa busca que marca os heróis intelectuais de Voegelin no mundo moderno.

Em contraste com a desintegração teórica da visão de mundo medieval, vemos o surgimento paralelo de uma nova unidade no âmbito da prática política. O desenvolvimento da tradição constitucional que acabou por formar a ordem democrática liberal da modernidade há muito vem sendo reconhecido, na narrativa do medievo, como um episódio crucial. Poder-se-ia até mesmo dizer que, na visão que hoje domina da era medieval, ele representa um prelúdio ao *constitucionalismo*. Voegelin apresenta essa dimensão com uma perspicácia e uma profundidade que muito se equiparam às dos relatos mais recentes. Sem dúvida, muito mais se sabe hoje acerca do surgimento do cânone e do direito civil no medievo, tal como acerca da formação das instituições e ideias de natureza constitucional. Contudo, as linhas gerais da análise de Voegelin ainda são válidas e, em geral, superiores às que temos hoje à disposição. Seu defeito, partilhado pelas pesquisas prevalecentes, está em sua já mencionada incapacidade de reconhecer a tradição constitucional liberal como evocação publicamente eficaz das fontes de ordem filosófico-cristãs.

No entanto, sua incapacidade de identificar toda a relevância que há no surgimento da tradição constitucional liberal não obscurece a análise do processo propriamente

---

[15] Voegelin, *Order and History*, vol. V, *In Search of Order*. Baton Rouge, Louisiana State University Press, 1987, p. 43. [Em português: *Ordem e História*, vol. V, *Em Busca da Ordem*. Trad. Luciana Pudenzi. São Paulo, Loyola, 2010, p. 65.]

dito. A superioridade da descrição de Voegelin existe porque ele reconhece a relação que há entre as ideias republicanas e a formação de uma substância ou identidade comunitária. A maioria dos pesquisadores contenta-se em rastrear o desenvolvimento das ideias da liberdade e do autogoverno constitucional.[16] Voegelin, por sua vez, insiste em que as ideias só são inteligíveis em relação a uma realidade política que tenha motivado sua articulação. Nesse sentido, sua análise é historicamente mais afinada do que as de quem estuda o ambiente histórico das ideias políticas; Voegelin, afinal, reconhece um vínculo mais estreito entre as ideias históricas e a realidade política que elas constituem. "O termo *constitucionalismo*", observa ele, "não é um conceito, mas um símbolo que significa um sistema de articulação como um todo, porquanto absorve em seu conteúdo explícito somente as características acidentais do sistema".[17]

Como consequência dessa profunda análise dos símbolos constitucionais, Voegelin nos propicia uma rica compreensão do desenvolvimento institucional que torna os símbolos politicamente eficazes. Trata-se de uma lição brilhante acerca dos processos políticos concretos que constituem a democracia liberal. Por exemplo, tendo notado, após o século XII, o surgimento de assembleias representativas na Espanha, na Sicília, na Inglaterra e na França, ele questiona o significado desse fenômeno – significado que, para ele, deve ser encontrado nos mandados citatórios. Neles, é possível notar uma consciência comunitária em formação. A novidade não está apenas no envio de delegados, mas no surgimento de comunidades cuja autoarticulação exige esse envio. Não se trata mais do monarca que representa virtualmente o todo; as comunidades individuais

---

[16] Ver, por exemplo, Brian Tierney, *Religion, Law, and the Growth of Constitutional Thought, 1150-1650*. Nova York, Cambridge University Press, 1982; Richard Tuck, *Natural Rights Theories: Their Origin and Development*. Nova York, Cambridge University Press, 1979; e os relevantes capítulos de J. H. Burns (ed.), *The Cambridge History of Medieval Political Thought, c. 350-c. 1450*. Nova York, Cambridge University Press, 1988.

[17] Ver adiante, p. 170.

devem agora representar a si próprias. Mais tarde, é claro, o processo alcançou seu limite na representação individual. Tanto a esfera espiritual quanto a esfera secular testemunharam o nascimento desse "novo tipo de comunidade, composta por indivíduos espiritualmente ativos e maduros, tinha de se articular por meio de processos eletivos" dados em suas sociedades.[18]

A representação e os requisitos que lhe estão atrelados se tornaram características tão logo a autoconsciência da formação comunitária se consolidou. A análise de Voegelin tem o mérito de chamar nossa atenção para o processo que originou o senso de participação numa comunidade cívica ou nacional mais ampla. A representação só é significativa quando se aceita que um membro tome decisões em nome de todos. Voegelin dá considerável ênfase à prática cumulativa e expansiva da deliberação comunal enquanto incubadora do desenvolvimento institucional do autogoverno.

> Esta formação de comunas capazes de deliberação e decisão é consideravelmente mais importante do que o muito discutido desenvolvimento acidental da representação; as comunas eram a sociedade formada para a ação, enquanto a representação dos condados e dos burgos por delegados consistia numa técnica que se desenvolveu assim que a substância a ser representada foi sentida como tal.[19]

Como resultado, a continuidade bem-sucedida dessas instituições depende crucialmente da presença de indivíduos maduros que se vejam como membros de uma totalidade. O autogoverno começa na comunidade, e não em indivíduos dispersos.

O questionamento histórico daquilo que ajuda a formar a consciência das responsabilidades e prerrogativas comunitárias é trabalhado de modo mais hábil por Voegelin em sua análise do exemplo paradigmático da Inglaterra. Contrário à difundida concepção da "tradição inglesa" de liberdades civis, ele demonstra que tais asserções são antes o resultado, e não a

---

[18] Ver adiante, p. 181.
[19] Ver adiante, p. 163.

fonte de um longo processo que já estava em formação antes mesmo de se tornar intelectualmente explícito. Isso não significa que os ingleses eram melhores do que a maioria na asserção de seus direitos, mas apenas que o desenvolvimento de uma monarquia forte permitia a preservação de uma gama de liberdades feudais que, no futuro, poderiam ser asseguradas como direitos contra os requerentes absolutistas. Segundo a interpretação de Voegelin, mesmo a célebre *Magna Carta* esteve menos preocupada com os direitos dos barões revoltosos do que com a consolidação real do poder que surgia da ordem feudal e que apontava para uma ordem constitucional nacional. Um processo de obsessão real pela participação na tomada de decisões inculcou o costume do autogoverno que acabou por resultar na asserção dos direitos e privilégios que impediam intrusões ulteriores do poder real.[20]

A transformação de um *dominium regale* num *dominium politicum et regale* é muito bem analisada na obra tardia de Sir John Fortescue. "O sistema constitucional moderno não evoluiu num plano institucional", conclui Voegelin:

> mas numa sobreposição de ideias a instituições que cresceram num campo inteiramente distinto de sentimentos e ideias. Podemos estabelecer uma relação entre instituições medievais e modernas de modo simplificado afirmando que as instituições que cresceram no campo do poder feudal constituíram um fato novo, e que este fato contribuiu para o despontar de sentimentos e ideias que determinaram o posterior crescimento e interpretação das instituições numa direção constitucional.[21]

A relação entre o crescimento intuitivo do pensamento institucional e a ampla ordem metafísica da realidade continuou sendo uma das questões mais prementes até hoje. Apenas um pensador neste volume se esforça para refletir sobre

---

[20] Cf. James C. Holt, *Magna Carta*. 2. ed. Cambridge, Cambridge University Press, 1992, caps. 10-11.

[21] Ver adiante, p. 161.

ela: trata-se de Nicolau de Cusa, abordado por Voegelin em seu culminante papel cronológico e filosófico. Mais uma vez, o tratamento de Voegelin se faz único ao detectar a relevância política da dimensão mística da obra de Nicolau. Seu papel no movimento conciliar é bastante conhecido, assim como são as consequências dele para o desenvolvimento das ideias do governo representativo. Menos célebre é o reconhecimento, por parte de Nicolau, da inadequação das formas meramente institucionais de representação e consentimento. Sem o espírito subjacente de uma ordem comum, de uma responsabilidade coletiva e de uma *concordantia*, as formas externas têm pouca serventia, como bem demonstrou o Concílio de Basileia. Nicolau de Cusa pôs-se a buscar deliberadamente a fonte dessa concórdia universal, da *concordantia catholica* que preencheria os vazios vasos do procedimento constitucional. Isso o remeteu à harmonia da ordem em que o homem se encontra e que, portanto, deve ser a única fonte de harmonia que ele é capaz de achar em si. Assim como o cosmos está organizado numa hierarquia em que cada nível se liga por um vínculo de simpatia mútua aos níveis circundantes, também o cosmos social deve ser ordenado à luz da relação recíproca do amor pela qual os diferentes papéis são aceitos na ordem do todo. Assim como o nível mais alto de unidade concordante é a Trindade, na qual seus membros formam uma unidade perfeita, também é a graça da vida divina o que atrai todos os níveis inferiores ao grau correspondente de harmonia mútua. Trata-se de uma nova evocação do *corpus mysticum* enquanto unidade divina, cósmica e humana de todas as coisas em Deus. Politicamente, isso é traduzido na visão de uma ordem em que as diferenças entre o sábio e o tolo são subordinadas à realidade de sua comunidade mais profunda. A importantíssima sensação de confiança está no centro do governo de consentimento. Em virtude dessa confiança, torna-se razoável o consentimento dado por aqueles que não têm participação direta àqueles que estão no comando. Sem ela, a jurisdição não passa de uma jurisdição de poder.

A *concordantia* é a inspiração que possibilitou que Nicolau escrevesse a descrição até então mais completa de uma ordem institucional representativa. Sobrepujando o processualismo e a religiosidade fideísta de Ockham, Nicolau de Cusa viu-se mais uma vez capaz de integrar as partes porque estava em posse de uma visão integradora do todo. Tratava-se, como demonstra Voegelin, de uma fé substantiva que, precisamente por estar enraizada no reconhecimento da abertura transcendental da fé e da razão, era também capaz de afirmar uma metafísica realista. É difícil não reconhecer, em seu tratamento da integração mística de Nicolau, o caminho que o próprio Voegelin insistentemente seguiria nas décadas posteriores. Não mais encontrada na formulação de um sistema especulativo, a unidade entre fé e razão estaria agora na única realidade em que ela poderia ser achada, isto é, na unidade pré-reflexiva da própria vida. Lá, na unidade primordial que a alma humana alcança na abertura ao transcendente, a unidade subjacente de todas as coisas poderia ser vislumbrada, fornecendo a base de uma visão do futuro retorno de todas as coisas à sua fonte comum. Voegelin chama a atenção para essa visão mística, histórica e cósmica de Nicolau nas páginas finais de seu estudo sobre o mundo do medievo. Ele descobre:

> Precisamente no momento em que o *sacrum imperium* medieval se dissolvia nas *societates perfectae* da igreja e das nações, precisamente nesse tempo em que a categoria do corpo místico foi transferida da cristandade universal para os corpos nacionais particulares, a nova *concordantia* da humanidade é evocada pelo cusano a partir das forças do novo misticismo intelectual. As nações que emergem do *sacrum imperium* não se tornaram uma pluralidade de fatos brutos de poder sem a graça: a fé mística na *concordantia* da humanidade ainda se estendia sobre elas como o arco eterno, por cima da discórdia dos tempos.[22]

Ao preparar o manuscrito de Voegelin para a publicação, eu segui a abordagem da série como um todo. Na medida do

---

[22] Ver adiante, p. 311.

possível, o estilo do autor foi preservado por acharmos que a maioria dos leitores gostará de ouvir a voz do próprio Voegelin. As alterações se resumem sobretudo a pequenos ajustes de revisão, tarefa pela qual eu gostaria de agradecer a Jane Lago, da University of Missouri Press. Procurei tornar o texto mais útil aos leitores contemporâneos atualizando a literatura mencionada nas notas, traduzindo as citações que não estavam em inglês e empregando formas nominais mais padronizadas. Em geral, Voegelin realizava as próprias traduções, as quais não foram substancialmente modificadas. Onde ele deixou passagens não traduzidas, recorri às traduções publicadas; quando indisponíveis, tomei para mim a responsabilidade. Gostaria de expressar minha gratidão a David McGonagle, da Catholic University of America Press, por seu auxílio nas passagens latinas mais difíceis. Do mesmo modo, agradeço a Ellis Sandoz por seu aconselhamento e encorajamento infalíveis. Em momentos cruciais, Tom Lordan deu assistência à pesquisa.

David Walsh

D – A Igreja e as nações

13. O CARÁTER DO PERÍODO

§ 1. Incertezas entre a Idade Média e a Renascença

A obra de Santo Tomás representou uma vitória do espírito e do intelecto sobre as forças da época, mas esta não mudou seu curso. Os sentimentos e as ideias após Santo Tomás estão em perfeita continuidade com os que havia antes dele. No entanto, marcou-se uma época. Não em função de um fator radicalmente novo que entrou em cena, mas graças ao efeito cumulativo das mudanças que estavam ocorrendo ao longo do século; os contemporâneos mal estavam cientes do caráter revolucionário das novas forças e sentimentos porque estes se desenvolveram paulatinamente.

A lentidão das mudanças, a falta de um evento decisivo que constituísse um símbolo da época e a ausência de autointerpretações agudas neste período deram ocasião a uma variedade de opiniões a respeito de sua caracterização peculiar. Alguns historiadores tendem a atribuir-lhe, pelo menos na fase inicial, um caráter claramente medieval; outros falam, em termos gerais, de um renascimento político. Na seção "A Estrutura do *Saeculum*",[1]

---

[1] *History of Political Ideas*, vol. II, *The Middle Ages to Aquinas*. Ed. Peter von Sivers. Columbia, University of Missouri Press, 1997, p. 103-204 (*The Collected Works of Eric Voegelin*, vol. 20) (doravante CW). [Edição brasileira: *História das Ideias Políticas*, vol. II, *Idade Média até Tomás de Aquino*. Trad. Mendo Castro Henriques. São Paulo, Editora É, 2012, p. 121-237.]

apresentamos as razões que nos levaram a estabelecer tais periodizações. O que importa é a estrutura dos sentimentos e sua meticulosa descrição. Podemos, naturalmente, classificar Dante como uma figura medieval porque seu pensamento estava voltado ao império e à igreja espiritual na tradição de Joaquim de Fiore. Mas foi também o primeiro homem desde a Antiguidade a falar ao público europeu com a autoridade de um poeta; e, em virtude dessa autoridade, pode ser considerado uma figura da Renascença. Se, além disso, considerarmos que o período do império e da igreja espiritual já tinham passado quando ele os evocou em sua obra, podemos reconhecer nele as características de um conservador e de um romântico, características que não pertencem ao período elevado de uma evocação, mas, antes, aparecem quando esta é vencida pelo crepúsculo das mudanças revolucionárias.

Problemas similares surgem quando abordamos a figura de Bonifácio VIII. O rótulo de "último papa medieval" ainda goza de algum prestígio, o que é justificável, na medida em que Bonifácio VIII pensava em si mesmo como um misto de Gregório VII e Inocente III. Contudo, quando tentou agir segundo esta convicção, encontrou a resistência francesa. Descobriu que era apenas Bonifáco VIII, o dirigente de uma poderosa organização burocrática e financeira em conflito com os interesses de uma organização francesa igualmente poderosa; profundamente ressentido, queixou-se da *superbia Gallicana*. Além disso, o caráter de seus inimigos e a forma final do conflito dificilmente podem ser chamadas de medievais. Guilherme de Nogaret – o curioso mestre francês de direito e administrador régio que assaltou o palácio de Anagni com um grupo de soldados, em companhia do cardeal Colonna, e ameaçou o papa doente e acamado – não era uma figura típica da estrutura medieval da sociedade. O "dia terrível de Anagni" foi um episódio selvagem, no melhor estilo renascentista. A reação pública diante dos protagonistas, por outro lado, foi tipicamente medieval. Poucos foram tão vilipendiados como Bonifácio VIII. O exame mais cuidadoso das evidências mostra que ele era idoso, doente, mal-humorado, impulsivo, ganancioso, desmesuradamente preocupado com o bem-estar da sua família e vaidoso; enfim, um sujeito antissocial. Mas a quantidade de acusações a respeito de seus vícios, heresias e qualidades anticristãs prova, se tanto, que era uma personalidade "demoníaca", talvez comparável em alguns aspectos com Frederico II. A grande personalidade ainda não era publicamente aceita, menos ainda no trono papal; ainda não chegara o tempo dos papas Bórgia, Rovere e Médici. Nogaret, entretanto, tinha ido longe demais. O ataque ao papa foi maior do que a opinião da época podia digerir; ele gastou o resto de sua vida se explicando e justificando o que tinha acontecido.

§ 2. Mudanças políticas no Ocidente

Considerando essa complexidade de atitudes e sentimentos, qualquer categorização unívoca do período como medieval ou renascentista parece irrelevante. Temos de analisar os elementos constitutivos da situação. A partir da periferia do campo das forças políticas, temos de observar a deterioração do espírito das Cruzadas. A queda de Acre em 1291 não despertou para a ação os poderes europeus; a riqueza dos príncipes e os interesses dos povos estavam focados na política nacional e europeia de poder; havia ainda algumas Cruzadas menores, mas o grande fôlego expansivo das Cruzadas tinha terminado. No Oriente, começou o avanço dos Turcos. Em 1354, eles atravessaram a Europa; no fim do século, tinham se expandido até a Bulgária e a Sérvia; em 1453, ocorreu a queda de Constantinopla; e, no final do século XV, a Península Balcânica e a Costa Adriática eram turcas.

No centro, o império desaparecera. Mais importante como sintoma do que o interregno propriamente dito é o fato de nenhum grande príncipe alemão estar interessado em se tornar imperador. Somente sob a ameaça de o papa nomear um imperador se procedeu à eleição de Rodolfo I em 1273. O novo imperador prontamente abandonou todas as pretensões ao controle da Itália. Depois do curto interlúdio italiano de Henrique VII em 1310-1313, que despertou as esperanças de Dante, e da expedição de Luís IV (1327-1330), a política dos imperadores alemães seguiu o estilo dinástico da expansão interna (Hausmacht).

No Ocidente, predominava o poder da França após a queda dos Hohenstaufen; o interregno parecia favorecer as aspirações francesas de assumir a função imperial, que escapara aos alemães. Após as batalhas de Benevento e de Tagliacozzo, Carlos de Anjou, como rei de Sicília, pôde continuar a política de supremacia europeia dos Hohenstaufen através da posse simultânea das regiões do norte e do sul, com a França assumindo o lugar da Alemanha. Tinha planos ousados de criar um Império Mediterrânico a expensas dos gregos e, em 1273, pressionou, embora sem sucesso, a eleição de seu sobrinho, o rei da França, para imperador alemão. A política imperial da França ainda era uma força no início do século XIV, quando se expressava nos planos de Pierre Dubois de uma organização do mundo ocidental e do Oriente Próximo sob hegemonia francesa. Em meados do século, contudo, os recursos franceses foram consumidos pela Guerra dos Cem Anos com a Inglaterra (1338-1453), resultando na consolidação do território nacional francês. A essa altura, em paralelo com a Guerra dos Cem Anos, ocorreu o avanço turco no Oriente, que terminou no ano da queda de Constantinopla.

Por fim, temos de prestar atenção ao grande movimento que, em última instância, levou a civilização ocidental por todo o mundo, com as descobertas do século XV. Estas se relacionam diretamente com as Cruzadas, pois o infante D. Henrique, de Portugal, como mestre da Ordem de Cristo, usou os fundos da Ordem para equipar expedições a fim de descobrir as rotas marítimas pelas quais os flancos árabes e turcos pudessem ser atingidos pelos ataques cristãos ao sul e pela retaguarda. Essas tentativas suscitaram a série das expedições durante as quais a costa da África era explorada e, em 1487, o Cabo da Boa Esperança foi contornado. Desde 1410, a esfericidade da Terra se tinha tornado atual com a tradução da *Geografia* de Ptolomeu, levando às tentativas de alcançar a Ásia pela rota ocidental e à descoberta da América em 1492.

Nos dois séculos entre 1300 e 1500, a influência do mundo ocidental, em termos de poderes econômicos e políticos, foi transferida do centro e do Mediterrâneo para o oeste, e a dinâmica política passou da expansão oriental das Cruzadas para a expansão oceânica das rotas marítimas da América, da África e da Ásia. De 1500 a 1900 assentaram-se as bases do domínio político das potências marítimas do Atlântico.

§ 3. O confronto entre a Igreja e as nações

Em capítulos anteriores, salvaguardamo-nos do erro comum de confundir o poder temporal com o poder político no sentido moderno. No período romano-cristão, assim como no *sacrum imperium,* o poder temporal é sempre entendido, de modo implícito ou explícito, como o poder imperial. A Controvérsia das Investiduras não foi um conflito entre a Igreja e o governo secular, mas entre as duas ordens de uma unidade imperial única, representadas pelo papa e pelo imperador. Temos de estar particularmente cientes de que o poder temporal, não sendo especificamente espiritual, era um poder carismático no *corpus mysticum.* A grande transformação do poder temporal carismático no interior do *imperium* em poder político no sentido moderno teve um paralelo na Igreja com a transformação do poder espiritual papal, dentro da ordem imperial, na organização eclesiástica como uma unidade de poder distinta, lado a lado com unidades políticas seculares. Observamos que com São Francisco o termo *ecclesia* fica restrito ao sentido de hierarquia e, com Santo Tomás, o retraimento do poder espiritual numa organização acima das inúmeras unidades políticas. Com os papas juristas, a formulação das pretensões da Igreja tinha mudado lentamente, mas de modo indelével, das pretensões de uma ordem espiritual para pretensões jurisdicionais. No final do século XIII, a própria Igreja transformara-se numa unidade de poder organizada como uma monarquia absoluta. A manutenção física desta organização de poder em grande escala e a perpetração de seus respectivos objetivos políticos exigiam um sistema internacional de impostos e uma administração financeira que colidia com os interesses das unidades políticas nacionais protecionistas e em expansão. A história da Igreja no período posterior a Santo Tomás é a história do conflito com os poderes políticos e das tentativas de encontrar relações eficazes entre a Igreja e as forças políticas nacionais.

A primeira fase deste conflito foi o confronto aberto entre Bonifácio VIII e a França, que levou ao confronto de Anagni (1303). A segunda fase é marcada pela transferência do papado de Roma para Avignon em 1305 e pelo Grande Cisma de 1378 a 1417. A terceira fase é caracterizada pelo movimento conciliar com três alvos principais: restaurar a unidade da Igreja; reformar a Igreja em direção a uma monarquia limitada; e resolver o problema das novas heresias. O século XV é o século dos grandes Concílios: Pisa em 1409, Constança em 1414-1417, Basileia em 1431-1449. O primeiro problema, a unidade da Igreja, foi resolvido com a eleição e o reconhecimento geral de Martinho V em 1417. O segundo problema, a organização interna da Igreja, avançou consideravelmente com o mesmo procedimento dos Concílios. A técnica parlamentar, a evolução para um sistema de comissões, a composição das comissões por delegações nacionais, e assim por diante, foram etapas para a evolução do governo representativo e parlamentar com efeitos na esfera da política secular, muito embora a reforma do governo da própria Igreja tenha falhado. As negociações sobre a questão hussita resultaram nos *Compacta* de 1433, o primeiro pacto da Igreja com uma seita herética. A questão hussita, entretanto, tinha uma relevância relativamente menor, e as negociações a respeito da questão grega, muito mais importante, falharam. As potencialidades dos *Compacta* eram imprevisíveis, uma vez que teriam aberto o caminho para uma forma de tratar as sempre crescentes ondas heréticas como uma federação da substância da Igreja cristã. O movimento conciliar, entretanto, tinha perdido sua força. No Jubileu de 1450, o papado comemorava o triunfo sobre a tentativa de reajustar a Igreja à nova situação; estava fixada a estagnação política que, finalmente, foi quebrada com o impacto de Lutero e Calvino no século XVI.

14. Egídio Romano – O papado absoluto

§ 1. A Unam Sanctam

A ocasião para o choque entre o papado e a França é sintomática do novo universo de sentimentos em que nos movemos. Bonifácio VIII tentara sem sucesso apaziguar os confrontos dinásticos entre a França e a Inglaterra. Como o confronto contínuo prejudicava os interesses financeiros da cúria, o papa emitiu a bula *Clericis Laicos*, em 1296, proibindo o clero da França e da Inglaterra de pagar impostos. A resposta da França foi a proibição régia de exportar ouro e prata, o que privava a cúria do rendimento francês. Chegou-se a um acordo nos anos seguintes, mas em 1302 seguiu-se um novo choque acerca de um privilégio real relativo às nomeações episcopais, o qual levou à famosa bula *Unam Sanctam*, de 1302, que afirma a supremacia do poder espiritual papal sobre todos os poderes temporais. A declaração decisiva diz: "Declaramos, dizemos, definimos e pronunciamos que é necessário para a salvação que todas as criaturas humanas se submetam ao pontífice romano". As duas espadas, a espiritual e a temporal, estão nas mãos do poder espiritual: a espiritual será usada por si mesma; a temporal será usada pelos príncipes conforme a vontade e a tolerância (*nutus et patientia*) do poder espiritual. Quando o poder temporal se desviar, será julgado pelo espiritual. As fórmulas gerais não são exemplificadas, de modo que é impossível saber seu significado com precisão caso fossem traduzidas em jurisdições institucionalizadas. No entanto, é indubitável a pretensão papal a um poder praticamente ilimitado sobre os detentores do governo temporal.

a. Política imperial e política externa

A interpretação da *Unam Sanctam* sempre foi toldada por emoções políticas, em seu tempo e ainda hoje. A interferência papal em assuntos financeiros franceses era, indiretamente, uma interferência na política externa francesa, já naquela época claramente marcada pelo sentimento nacional. Em sua resistência, o rei teve o apoio da opinião pública. As bulas *Clericis Laicos* e *Unam Sanctam* têm de ser vistas juntas como uma evolução da interferência indireta para a direta em assuntos políticos temporais. A bula sempre foi popularmente compreendida neste sentido e ainda é caracterizada como uma prova evidente da arrogância sacerdotal. Este julgamento é aceitável da perspectiva de governos soberanos que não estão dispostos a aceitar interferências externas na política nacional; a pretensão eclesiástica de determinar a política de uma grande potência moderna seria, com toda certeza, politicamente impraticável. Mas o historiador não pode permitir que os sentimentos políticos modernos obscureçam a avaliação.

Na época de Bonifácio VIII, o estado nacional soberano fechado ainda não existia; estava apenas emergindo de entre os poderes feudais. O choque entre o papa e a França foi a ocasião em que se revelou o problema da política nacional secular sem relação com os interesses do papado. Até então, os interesses políticos dos poderes espiritual e temporal eram, em geral, paralelos. Ao estabelecimento e expansão do Império Ocidental seguira-se o imperialismo ocidental das Cruzadas. A política de poder ocidental começara a lançar suas sombras com a organização anti-imperial gregoriana dos estados periféricos e com a contrapolítica imperial de cerco. Nesta fase do poder político, no entanto, o papado era ainda um parceiro na luta. Bonifácio VIII deparou-se com a situação inteiramente nova de um papado excluído da grande política do mundo ocidental. Os interesses papais ainda seguiam a velha rotina de uma política ocidental unida contra o oriente muçulmano, enquanto os interesses da política secular já apontavam para a particularização do Ocidente. O confronto franco-inglês absorveu internamente os recursos ocidentais a ponto de impossibilitar uma política externa eficaz do Ocidente como um todo, cujo único portador era agora somente o papa. O vocabulário da *Unam Sanctam* ainda era o dos poderes espiritual e temporal, mas o problema subjacente era a transição de uma política comum do Ocidente cristão para a política secular de unidades particulares. Começava a tomar forma "a política externa" no sentido moderno, como a primazia do interesse sobre as relações políticas entre unidades de poder dentro do Ocidente. Sob a forma já gasta da primazia espiritual, Bonifácio VIII tentou conservar a primazia dos interesses ocidentais comuns contra a política particularista dos poderes atlânticos. Por esta razão, pode-se dizer que ele foi mais que o último papa medieval: foi a última grande figura política medieval depois que os imperadores deixaram de ser os condutores da política ocidental.[1]

b. *A hierarquia dos poderes*

A agitação em torno da interferência do poder espiritual em assuntos temporais também obscureceu o fato de as orientações da *Unam Sanctam* não serem feitas à revelia, mas de modo deliberado. Mesmo as melhores apresentações da *Unam Sanctam* negligenciam o fato de que a bula é mais do que um documento diplomático – contém um desenvolvimento importante da lógica ocidental do poder. Partindo do dito paulino

---

[1] Sobre a mudança política e sua relação com o problema do imposto, ver T. S. R. Boase, *Boniface VIII*. Londres, Sherrer Ross, 1933, p. 131 ss. Sobre o contexto geral, ver K. Pennington, *Pope and Bishops: A Study of Papal Monarchy in the Twelfth and Thirteenth Centuries*. Filadélfia, University of Pennsylvania Press, 1984.

de que todo o poder é "ordenado" por Deus (Romanos 13,1),[2] a bula analisa o significado da "ordem". Uma "ordem" de poderes quer dizer que diversos poderes têm de estar em relação hierárquica. O poder inferior tem de derivar, através de poderes intermediários, de um poder supremo que, em última instância, deriva de Deus. A teoria das hierarquias, formulada por Pseudo-Dionísio, vem apoiar esta interpretação. "De acordo com a ordem do universo, as coisas não podem ser iguais ou imediatas, mas a mais baixa deve ser ordenada pela intermediária e a inferior pela mais elevada." Da premissa, aceita como evidente, de que o poder espiritual é superior em dignidade ao temporal segue-se – em combinação com a teoria da hierarquia dos poderes, de Pseudo-Dionísio – que o poder espiritual institui e modera o poder temporal.

Encontramos a teoria da hierarquia de Pseudo-Dionísio no tratado de Bertrand de Bayonne, que a usou para construir o absolutismo papal dentro da hierarquia eclesiástica. A interpretação da *Unam Sanctam* não faz mais do que expandir o argumento de Bertrand para além da ordem eclesiástica até chegar a uma teoria geral do poder, que inclui o poder temporal. A crítica de Gérard de Abbeville mantém-se válida contra esta teoria ampliada: a teoria constitucional do *corpus mysticum* é substituída por uma nova doutrina do poder. Na teoria do *sacrum imperium*, os *charismata* são dados diretamente por Deus; as funções dentro do *corpus mysticum* são exercidas livremente; os membros são mantidos juntos pelo amor mútuo, no sentido paulino (1Cor 13). A teoria hierárquica do poder é um elemento novo, incompatível com a doutrina de Paulo e de Gelásio. Ela racionaliza a evocação cristã antiga no sentido de um sistema hierárquico com um poder absoluto no topo da pirâmide.

O insucesso político desta tentativa não deve iludir-nos quanto a sua função na história da teoria constitucional ocidental. A teoria dos *charismata* e do equilíbrio gelasiano de poderes

---

[2] "Cada um se submeta às autoridades constituídas, pois não há autoridade que não venha de Deus, e as que existem foram estabelecidas [ou ordenadas] por Deus." (N. T.)

só foi aplicável enquanto o poder temporal era representado por um único dirigente imperial mais ou menos incontestado. Quando a unidade da humanidade cristã se fragmentou em corpos políticos nacionais, a leitura absolutista da hierarquia do poder era um dos possíveis meios para conservar a unidade espiritual da humanidade ocidental. Se a tentativa falhasse, a alternativa seria uma desintegração do poder espiritual em paralelo e seguindo a desintegração do poder imperial. As diversas unidades políticas temporais tenderiam a adquirir o *status* de unidades espirituais separadas, como de fato sucedeu com a ascensão do nacionalismo na qualidade de determinante espiritual das comunidades políticas ocidentais.

§ 2. *Egídio Romano* (Aegidius Romanus)

As ideias da bula têm de ser contextualizadas no ambiente do debate intelectual cujo documento mais importante é o tratado *De Ecclesiastica Potestate*, de Egídio Romano.[3] Em geral, admite-se que o tratado deste conselheiro papal, que antecedeu a bula em apenas alguns meses, teve uma grande influência sobre a *Unam Sanctam*. A maioria das fórmulas decisivas da *Unam Sanctam* parecem literalmente tiradas do capítulo de abertura do tratado. Pela obra de Egídio, ficam claras as origens e as implicações da teoria absolutista. Podemos distinguir entre duas raízes principais: o misticismo de Hugo de São Vítor e uma nova concepção de poder com origem no *pathos* do intelectual que, como conselheiro do poder, está disposto a arcar com o fardo de governar súditos subalternos simplórios.

a. *O misticismo de Hugo de São Vítor*

De Hugo, um místico alemão que se destacou na escola de São Vítor em meados do século XII, parecem provir duas das

---

[3] A edição usada é Giles of Rome, *De Ecclesiastica Potestate*. Ed. Richard Scholz. Weimar, Böhlau, 1929.

ideias centrais de Egídio Romano e, consequentemente, da *Unam Sanctam*. Em *De Sacramentis Fidei Christiana*, Hugo tinha evocado a ideia do povo cristão militante, a *ecclesia* de Cristo, unido pela fé e pela dispensação sacramental e dividido nas ordens material e espiritual dos leigos e do clero, cabendo ao *sacerdotium* a supremacia espiritual, sacramental e jurisdicional sobre o *regnum*. A evocação é simbólica e não visa a delimitação institucional dos dois poderes. Esta evocação de uma supremacia espiritual simbólica indeterminada é acompanhada pelo interesse de Hugo no tratado de Pseudo-Dionísio sobre a hierarquia dos anjos.[4] A aplicação da ideia

---

[4] Hugh of Saint Victor, *De Sacramentia Christianae Fidei*. In: Migne, *Patrologia Latina*, vol. 176. A passagem decisiva deste tratado, que influenciou o *De Ecclesiastica Potestate* de Egídio e determinou as formulações da *Unam Sanctam*, é a seguinte:
 Quanto autem vita spiritualis dignior est quam terrena, et spiritus quam corpus, tanto spiritualis potestas terrenam sive saecularem potestatem honore ad dignitate praecedit.
 Nam spiritualis potestas terrenam potestatem et instituere habet, ut sit, et judicare habet si bona fuerit. Ipsa vero a Deo primum instituta est, et cum deviat, a solo Deo judicare potest, sicut scriptum est: spiritualis dijudicat omnia, et ipse a nemine judicatur (1Cor 2). Quod autem spiritualis potestas (quantum ad divinem institutionem spectat) et prior sit tempore; et major dignitate; in illo antiquo veteris instrumenti populo manifeste declaratur, ubi primum a Deo secerdotium institutum est; postea vero per sacerdotium (jubente Deo) regalis potestas ordinate (Livro II, parte II, cap. IV, p. 418, C, D).
 [Assim como a vida espiritual tem maior dignidade do que a terrena, e o espírito do que o corpo, assim também o poder espiritual precede em honra e dignidade o poder terreno ou secular.
 O poder espiritual também tem de estabelecer o poder terreno para que este possa existir, e tem de julgá-lo, se não for bom. De fato, ele próprio foi estabelecido primeiramente por Deus e quando se desvia pode ser julgado apenas por Deus, como está escrito: O homem espiritual julga a respeito de tudo e por ninguém é julgado (1Co 2,15). Ora, está manifestamente declarado entre os povos antigos do Velho Testamento, onde o sacerdócio foi estabelecido por Deus pela primeira vez, que o poder espiritual, na medida em que olha a instituição divina, era anterior no tempo e maior em dignidade. Posteriormente, com efeito, foi organizado o poder régio pelo sacerdócio por ordem de Deus. Portanto, na dignidade sacerdotal da igreja ainda se consagra o poder real, santificando-o por bênção e formando-o por meio institucional (*Hugh of Saint Victor on the Sacraments of the Christian Faith*. Trad. Roy J. Deferrari. Cambridge, Medieval Academy of America, 1951, p. 256).]
Hugh of Saint Victor, *Expositio in Hierarchiam Coelestem S. Dionvsii Areopagitae*. In: Migne, *Patrologia Latina*, vol. 175. O caráter místico e institucionalmente indeterminado da teoria da hierarquia aparece na seguinte passagem, na p. 931:

hierárquica à relação de supremacia do poder espiritual sobre o temporal tem o efeito, já observado antes, de transformar a supremacia simbólica institucionalmente indeterminada numa relação de delegação e controle.[5]

b. O intelectual e a sua vontade de poder

A outra raiz do absolutismo de Egídio é a vontade de poder do intelectual. Este elemento novo na doutrina política é bem exemplificado por Egídio, pois em seus primeiros anos, quando era tutor de Filipe, o Belo, escrevera seu *De Regimine Principum* (1285), no qual a monarquia absoluta é apresentada como a mais desejável das formas de governo, enquanto a questão da submissão do poder temporal ao espiritual mal

---

Summa ergo potestas, et prima secundam, et tertiam potestatem post se constituit in angelis, et hominibus, ut ei et conformes participatione virtutis, et cooperatrices consortio potestatis sint. Et divisit dona virtutum, et secundum divisiones donorum distribuit officia potestatum; et omnia dona de uno, et omnia potestas sub uno; et unum in omnibus, et omnia ad unum, et in uno, [Portanto, o poder mais elevado, e o primeiro, estabelece depois de si o segundo e o terceiro poder nos anjos e nos homens, a fim de que se conformem a ele pela participação na virtude e participem dele numa associação de poder. E dividiu os dons das virtudes, e de acordo com as divisões dos dons distribuiu as funções dos poderes; e deu muitos dons e estabeleceu muitos poderes, e todos os dons eram de um, e todo o poder estava abaixo desse; e esse estava em tudo, e todos estavam nele e para ele].

A divisão trinitária de toda hierarquia, que domina o debate da época, é discutida em I.IX, cap.10: "Synagogae angelicae ordinationis repetitio" ["As sinagogas dos anjos são divididas numa repetição da ordem"]. O texto de Dionísio aí citado, na p. 1099, continua: "Et omnem hierarchiam videmus in primas, et medias, et ultimas virtutes divisam" ["E vemos cada hierarquia dividida nas mais altas, médias e baixas virtudes"]. Recordamos que essa ideia determina também a concepção tomística das três ordens necessárias da sociedade. Quando é transferida para o problema dos poderes espiritual e temporal e de sua ordem relativa numa hierarquia, a divisão não se ajusta muito bem porque, apesar de tudo, há somente dois poderes. A dificuldade é evitada por Egídio Romano e por Bonifácio VIII com a classificação do poder temporal como o mais baixo, as funções espirituais mais baixas como o meio, e o papa como o grau supremo na hierarquia.

[5] Neste contexto não posso fazer mais do que tocar a complexidade do problema. A meu ver, a questão nunca foi tratada, embora as origens de nossa ideia moderna de hierarquia do poder, de delegação do poder e do controle do alto de uma pirâmide governamental certamente merecessem uma monografia.

era tocada. Os Carlyle surpreendem-se com a diferença entre as duas obras:

> A primeira obra é especialmente significativa (...) devido à afirmação anormal do princípio de que o monarca deve estar acima da lei. A obra posterior ocupa-se quase completamente com a superioridade do poder espiritual sobre o temporal, em termos que não são apenas extremos, mas, nalguns aspectos, contrariam a avaliação dos mais importantes autores eclesiásticos. (...) Deve-se confessar que se trata de um desenvolvimento inesperado e até surpreendente.[6]

O desenvolvimento perde seu caráter enigmático se reconhecermos que Egídio estava menos interessado no poder espiritual ou temporal do que no poder como tal. Estava disposto a defender o poder absoluto desde que a ele estivesse associado. Em termos contemporâneos, teríamos que o chamar "um fascista por temperamento". Talvez sua posição fundamental se revele melhor nesta observação: "É natural que os superiores em intelecto e os melhores em engenho governem". É a confissão de um intelectual militante.[7]

Usamos o termo *fascista* conscientemente para caracterizar uma atmosfera intelectual que parece ter confundido os intérpretes anteriores aos quais faltava a experiência dos eventos

---

[6] R. W. e A. J. Carlyle, *A History of Medieval Political Theory in the West*, vol. 5, *The Political Theory of the Thirteenth Century*. Edimburgo, Blackwood, 1950, p. 403.

[7] *De Renuntiatione Papae* XVI.1. Ed. Roccaberti. Bibliotheca maxima Pontificia, vol. II. Roma, 1698. Deve-se notar, contudo, que nem todos estariam inclinados a concordar com a interpretação dada no texto. Jean Rivière – em seu *Le Problème de l'Église et de l'État au Temps de Philippe le Bel*. Lovain e Paris, Spicilegium Sacrum Lovaniense, 1926, p. 226 – não vê nenhum conflito entre o trabalho mais recente e mais antigo. O professor C. H. McIlwain – em *The Growth of Political Thought in the West*. Nova York, Macmillan, 1932, p. 257 ss. – concorda com Rivière e argumenta que Egídio pode ter suprimido suas opiniões a respeito da supremacia espiritual em sua primeira obra precisamente porque eram as mesmas que ele publicara mais tarde. Há uma certa razão no argumento, mas eu prefiro a interpretação dada no texto porque se enquadra mais no estilo geral da política de Egídio como apresentado nos parágrafos seguintes, e porque o absolutismo contido nos primeiros trabalhos se encaixa bem na atmosfera política do tempo de Carlos de Anjou, da qual falarei mais no capítulo seguinte.

contemporâneos. Encontramos expressões de surpresa similares àquela que acabamos de citar na obra dos Carlyle no que diz respeito a diversos princípios teóricos: "A posição de Egídio Colonna [Egídio Romano] é notável, e diferente da tradição medieval normal" (p. 71); "É curioso que Egídio se tenha afastado tanto da concepção medieval normal" (p. 406); etc. A causa comum das diversas características que fazem as teorias de Egídio parecerem "anormais" segundo os padrões da tradição medieval é o novo sentimento de poder. Assim que a ideia da unidade espiritual da humanidade é transformada, da livre coexistência dos cristãos como membros do corpo de Cristo, em unidade espiritual controlada pelo poder supremo, surge a forma de governo a que hoje chamamos totalitária. A obra de Egídio tem particular importância histórica porque a opinião popular da Idade Média como uma época de trevas e opressiva da liberdade é determinada principalmente por essas novas atitudes, que *não* são medievais, mas, antes, modernas.

c. A teoria do poder

A teoria medieval tinha uma doutrina dos poderes, no plural, mas nenhuma doutrina do poder, no singular. O *De Ecclesiastica Potestate* é o primeiro tratado ocidental sobre o poder como tal. O poder é definido como a capacidade de um agente de produzir determinados efeitos (II.6, p. 61).[8] Há quatro tipos de poder: forças naturais, artes, ciências e domínio sobre os homens. As forças naturais vêm primeiro; com o começo da ciência natural, o universo se transforma no modelo de um sistema de poderes com causas e efeitos. A posse do segundo poder, a *potestas artificialis*, permite ao proprietário produzir artefatos; a terceira, a *potestas scientifica*, é a posse da reta razão em considerações especulativas. Mediante a *potestas principatum*, por fim, os príncipes se tornam espiritual

---

[8] "Quod nihil aliud est potestas, nisi per quam aliquis dicitur esse potens" ["Descrevendo o poder, então, deixem-nos referir que o poder não é outra coisa senão aquilo pelo que se diz que alguém é poderoso". *Giles of Rome on Ecclesiastical Power*. Trad. R. W. Dyson. Woodbridg, Suffolk, Boydell, 1986, p. 57.]

e materialmente poderosos para exercer domínio sobre os homens. Nega-se expressamente uma distinção entre poderes materiais e espirituais com exceção da subordinação de um ao outro (II.6, p. 62).

Em correspondência com o governante poderoso, aparece no extremo oposto da escala o súdito impotente, obediente e completamente subserviente, sem direitos naturais, mas somente derivados de seu estatuto na organização de poder e concedidos pelo detentor absoluto de todo poder. Os súditos são *servi ascripticii, servi empticii, censuarii, tributarii*; vivem em estado de servidão (*servitus*); não têm propriedade total de bens terrenos, mas somente um *dominium particulare* com obrigação de tributo ao poder (II.10, p. 95). Essa doutrina implacável é agravada pela teoria de que Deus, que podia exercer o domínio do mundo sem governantes terrenos, deu o poder aos príncipes porque quis que as criaturas participassem de sua dignidade; as criaturas não devem ser ociosas, mas ter uma esfera de poder e ação própria (II.15, p. 137). Essa dignidade humana – à imagem da divindade onipotente – só é dada a governantes. Não fica claro se os súditos partilham desta dignidade; a criação do homem à imagem de Deus parece quase um privilégio dos poderosos.

d. O poder papal

A teoria geral do poder, hipoteticamente aplicável a qualquer poder político, discorre sobre o poder do pontífice romano. A plenitude dos poderes espirituais e materiais pertence ao papa. Ambas as espadas estão nas mãos da Igreja, mas não são usadas da mesma maneira. A Igreja tem a espada espiritual para usar por si mesma e tem a espada material para ser usada às suas ordens (*ad nutum*) pelos príncipes seculares. O poder dos príncipes está completamente subordinado ao poder papal (I.1-9).[9] O poder secular tem a função de "ordenar

---

[9] A simbolização dos dois poderes pelas duas espadas remonta a Bernardo de Claraval, que usou o símbolo em seu *De Consideratione Libri V ad Eugenium*

as coisas segundo a disposição do poder eclesiástico" (II.6). Todos os órgãos e instrumentos de governo, as armas, os bens terrenos e as leis têm de ser administrados em obediência à Igreja e confome a vontade dela (II.6, p. 69). Todas as leis, tanto as imperiais quanto as dos demais príncipes, são inválidas se estiverem em conflito com as leis eclesiásticas; para serem válidas, precisam de confirmação pelo poder espiritual (II.10, p. 92). Essas regras técnicas transformam a humanidade cristã num sistema governamental fechado no que se refere à legislação, administração e ao uso dos instrumentos de coerção.

Na hierarquia eclesiástica, o poder se concentra no ápice da estrutura – no papa. A Igreja praticamente desaparece por detrás do pontífice. "O que o papa faz, diz-se que é feito pela Igreja" (II.12, p. 109). Estamos muito perto do *"L'État c'est moi!"*. A substância da Igreja se transformou em organização governamental hierárquica com um cabeça absoluto a representar o todo.

e. O Sacrificium Intellectus

A mesma tendência a um sistema político rigidamente controlado e fechado aparece na teoria a respeito das matérias a que hoje chamaríamos ideológicas. Egídio tem o mérito duvidoso de ter desenvolvido a teoria de uma hierarquia das ciências. A hierarquia como categoria geral da ordem social se estende às várias ciências, sendo a teologia a mestra de todas as ciências (*domina scienciarum*) e a ciência, incluindo a filosofia, a serva da teologia (*ancilla et famula*). Os filósofos não devem destruir o castelo da teologia com seus argumentos, mas têm de adaptá-los ao serviço da teologia e da Igreja (II.6, p. 64). Uma geração após Santo Tomás, que estabeleceu a liberdade e a

---

Tertium. Na atmosfera espiritual do século XII, contudo, a espada material é apenas talvez *ad nutum* (pelo assentimento) do poder espiritual e, se assim for, ao mesmo tempo *ad jussum imperatoris* (pela ordem do imperador). A coordenação de Gelásio é preservada. Ver J. A. Watt, "Spiritual and Temporal Powers". In: J. H. Burns (ed.), *Cambridge History of Medieval Political Thought*. Nova York, Cambridge University Press, 1988, cap. 14.

independência do intelecto porque era um grande espiritualista, apareceu em Egídio o primeiro intelectual político moderno a usar o intelecto como instrumento subserviente de uma posição dogmática, tal como os intelectuais de direita e de esquerda contemporâneos. Considerando a popularidade atual das opiniões grosseiramente incorretas sobre a Idade Média, vale a pena demonstrar que o *sacrificium intellectus* (verbalmente repudiado pelos mesmos intelectuais que o aplicam da forma mais abjeta) não é exigido pela espiritualidade cristã livre, de Santo Tomás, mas, sim, do intelectual na política de poder.

f. Totalitarismo eclesiástico

Finalmente, temos de considerar uma doutrina que ilustra a nova atitude muito bem, pois não resulta dos axiomas das teorias do poder e da hierarquia, mas de um aditamento voluntário que contraria as tradições do pensamento cristão. A ideia de Hugo de São Vítor, modelada nos eventos da história hebraica – segundo a qual a autoridade real tem de ser instituída pela sacerdotal – é interpretada como significando que nenhum poder principesco pode corretamente ser chamado real a menos que seja assim instituído. Nenhum governo pode ser justo a menos que tenha sido instituído pela Igreja. Os reinos pré-cristãos, por assim dizer, nada eram senão *magna latrocinia*, no sentido de Agostinho. Essa doutrina é uma flagrante má interpretação de Santo Agostinho, e rompe com a tradição de que os governos pagãos pudessem ter um elevado grau civilizacional, como Roma na discussão de Santo Agostinho, apesar de serem deficientes na justiça no sentido cristão, porque não pagavam a sua dívida a Deus. Tais governos não cristãos são organizados, segundo Egídio, somente "pelo poder civil" e não têm nenhuma pretensão de serem reconhecidos como organizações políticas legítimas (I.5, p. 15). Essa teoria política se estende a uma doutrina de direitos de propriedade. Somente quem vive em obediência a um poder temporal, que por sua vez é obediente ao poder espiritual cristão, pode justamente possuir qualquer propriedade; os pagãos e os cristãos excomungados não têm direitos de propriedade. Nenhum título de propriedade pode ser estabelecido naturalmente por ocupação ou herança; o suposto proprietário também deve ser um membro da Igreja. Com a Queda, os homens perderam todos os seus direitos; a detenção de tais direitos foi recebida por meio do seu *status* na ordem sacramental da Igreja, que tem o domínio total sobre todas as coisas. Todo o campo da lei natural foi abolido, e o *status* legal dos homens está na dependência de uma integração obediente na máquina governamental absoluta dirigida pelo papa. É o esboço de uma organização totalitária.

Os principais elementos de uma teoria política são assim desenvolvidos no caso da igreja absolutista; esses elementos poderiam ser transferidos para a esfera da política secular quando as unidades nacionais particulares tivessem alcançado um grau de concentração que permitisse o surgimento de pretensões espirituais aliadas às reivindicações legais. A primeira grande teoria deste gênero aparece na esfera nacional após a Reforma com o *Leviatã* de Hobbes. De modo mais direto, a obra de Egídio teve efeitos de longo alcance no curso da história porque ele era o general da Ordem Agostiniana, e o seu papismo extremo transformou-se na doutrina escolar da ordem. Dentro da ordem, a oposição à doutrina deu forma ao ambiente intelectual que apoiou Martinho Lutero.

15. Monarquia francesa

§ 1. O problema do poder régio

Não é fácil descrever de modo claro e satisfatório a posição francesa no conflito com o papado. A causa da dificuldade é óbvia. Os símbolos dos poderes espiritual e temporal referem-se ao papa e ao imperador como representantes das duas ordens da cristandade. A transferência desse sistema de símbolos, e do universo de argumentos a ele ligado, para a relação entre o papa e um reino particular da cristandade deve conduzir a questões complexas. Do lado do *sacerdotium*, nada de essencialmente novo ocorreu; mas do lado do *regnum*, um esclarecimento do significado do poder temporal exigia uma teoria do poder régio que tratasse não só de sua relação com o poder espiritual, mas também com o poder temporal imperial. Além do mais, a transferência da discussão da esfera da humanidade cristã para uma entidade política particular levanta a questão espinhosa da relação da organização eclesiástica dentro da unidade particular com o centro da organização eclesiástica, situado geograficamente fora da unidade particular. A teoria do poder régio temporal terá de tratar de três questões principais: (1) a relação entre o poder régio e o poder papal; (2) a relação do poder régio com o poder imperial; e (3) a relação da Igreja no interior do reino com a organização central da Igreja – as questões galicana e anglicana. Se acrescentarmos às questões centrais os problemas especiais da pobreza cristã e da propriedade da Igreja, e consequentemente da propriedade do cidadão e dos impostos do poder régio, estamos diante de um conjunto de problemas que só podem ser sistematicamente ordenados por um pensador político de estatura superior. Mas na época não apareceu tal pensador. As principais questões foram habilmente tratadas por advogados e clérigos capazes, mas não de modo sistemático. A produção literária do período tem o aspecto de panfletos políticos de ocasião, escritos durante conflitos específicos com vistas a atingir objetivos políticos determinados. Talvez se possa mencionar João de Paris como o único pensador que se aproxima de uma análise penetrante de pelo menos algumas questões; sua posição privilegiada se deve ao fato de que ele podia ter o *De Ecclesiastica Potestate* como alvo de ataque, introduzindo assim a ordem de Egídio Romano em sua própria obra. Para não submergirmos no oceano de materiais relevantes para um ou outro dos problemas, temos de nos impor uma economia severa e limitar-nos a um esboço das forças históricas e dos tipos de argumentos por elas apresentadas.

§ 2. A independência diante do poder imperial

O argumento mais simples diz respeito ao caráter do poder régio da França em relação ao poder imperial. No princípio, o problema surgira com o aumento de poder dos estados fronteiriços do império, favorecido por Gregório VII. A primeira indicação de que a França tinha pretensões ao poder independente do império está no decreto *Per Venerabilem*, de Inocente III (1202), o qual declara que o rei da França não reconhece um superior em matérias temporais. Ao mesmo tempo, o canonista Alano formulou o princípio geral de que cada rei tem em seu reino os mesmos direitos que o imperador tem no império; ele remonta à origem da regra no direito internacional do período na medida em que a divisão dos reinos (*divisio regnorum*), introduzida pelo *ius gentium*, é aprovada pelo papa.[1] Em meados do século, a pretensão foi expressa por Luís IX na fórmula "o rei recebe o poder só de Deus e de si mesmo", a qual, com alguma variação, ainda é o símbolo da soberania principesca da França na teoria de Bodin.[2] A respeito das variações da fórmula no final do século XIII, podemos remeter à excelente bibliografia sobre o assunto.[3]

§ 3. João de Paris – Tractatus de Potestate Regia et Papali

O problema da independência francesa foi tratado sistematicamente por João de Paris no *Tractatus de Potestate Regia et Papali*, de 1303.[4] O título indica as duas frentes políticas: o tratado não aborda o poder secular em geral, mas especificamente o poder régio da França; a independência do poder régio secular tem de ser preservada diante do império e do papado. Vivia-se o clímax da luta entre a França e Bonifácio VIII, no período da convocação dos Estados Gerais, como resposta a Egídio Romano.

---

[1] Rivière, *Le Problème de L'Église et de L'État*, apêndice IV.
[2] *Les Établissements de Saint Louis*. Ed. Paul Viollet. Paris, 1881, 2, p. 135.
[3] Hellmut Kaempf, *Pierre Dubois und die Geistigen Grundlagen des Französischen National Bewusstseins um 1300*. Beiträge zur Kulturgeschichte des Mittelalters und der Renaissance. Ed. Walter Goetz. Leipzig e Berlim, 1935, vol. 54, e as obras aí citadas. Ver também McIlwain, *Growth of Political Thought*, p. 268, e a bibliografia aí citada.
Uma fórmula de relevo deve ser mencionada. Encontra-se no *Speculum Judiciale*, de Guilherme Durant, datado dos primeiros anos de Filipe III (1270-1285). No livro IV, p. V, par. 2, a soberania absoluta do rei é afirmada na fórmula *princeps in regno suo*. O tratado continua uma obra de referência até o século XVII. Para um levantamento do contexto do crescimento do poder real, ver o clássico de Ernst Kantorowicz, *The King's Two Bodies*. Princeton, Princeton University Press, 1957; para um resumo mais recente, ver K. Pennington, "Law, Legislative Authority and Theories of Government, 1150-1300". In: *Cambridge History of Medieval Political Thought*, cap. 14.
[4] In: Melchior Goldast, *Monarchia Sancti Romani Imperii, 1612-1614*. Frankfurt, 1614. Reedição fac-símile: Graz, 1960, 2, p. 108 ss.

Como no caso de Egídio, temos de aprofundar o argumento formal sobre os direitos dos poderes espiritual e temporal, revelando os sentimentos subjacentes, de pouca relação com os problemas gelasianos imperiais. Pois os próprios sentimentos tornaram-se seculares, no sentido de que tendem a eliminar o poder espiritual da substância da politeia e não apenas limitá-lo numa comunidade mista em termos espirituais e temporais. Encontrou-se o instrumento para expressão deste sentimento na teoria política de Aristóteles. João era um dominicano – consequentemente, influenciado por Santo Tomás –, mas pequenas mudanças de ênfase possibilitaram-lhe utilizar o engenhosamente equilibrado sistema de Santo Tomás em favor do governo nacional secular. Santo Tomás não se pronunciara sobre o tipo de politeia que tomaria o lugar da pólis como *communitas perfecta*; João de Paris decidiu-se pelo *regnum* como o tipo perfeito; uma unidade menor não seria suficiente, uma unidade maior dificultaria o controle governamental e a coercibilidade da lei. Para ele, a comunidade perfeita não surge, como em Tomás, a partir da livre cooperação de homens espiritualmente maduros, mas requer o poder ordenador do rei para dar coesão social às inclinações e capacidades humanas compreendidas de modo naturalista. A ideia da superioridade dos objetivos espirituais sobre os temporais é refutada mediante a afirmação de que o próprio rei tem um poder espiritual, pois não só comanda os homens fisicamente, mas guia-os para o "bem civil comum", que consiste numa vida virtuosa. A fim de evitar equívocos sobre o termo *espiritual*, podemos dizer que João desenvolve a ideia de uma politeia culturalmente fechada sob a liderança régia, relegando a vida religiosa a um departamento separado que pode ser adicionado à politeia secular, mas que não é parte essencial dela. A clara separação entre a esfera secular e a religiosa é elaborada então por uma disposição dos argumentos que afirmam o poder régio como imediatamente abaixo de Deus e que refutam todas as pretensões do papa a um direito de interferir em assuntos temporais em função de uma subordinação hierárquica do poder temporal ao espiritual.

Os argumentos específicos sobre o *regnum* francês revelam como foi destruída a ideia do *imperium* misto espiritual-temporal. João tenta mostrar que a Doação de Constantino não sustenta qualquer pretensão de superioridade papal sobre a França. A Doação não transferiu para o papa nem o Império Ocidental nem as insígnias imperiais, mas tão somente territórios provinciais que não incluíam a França. A Doação era, além do mais, juridicamente inválida. E, sob nenhuma circunstância, um título poderia ser decretado sobre os francos porque estes nunca estiveram submissos ao império. A discussão prova que o significado original da *translatio imperii* tinha se perdido por completo. A transição do *imperium* da humanidade cristã para o Ocidente, desejada por Deus, reduz-se a um debate de advogados sobre territórios e sobre a validade dos atos. A ideia imperial está morta, e o reino e sua cultura nacional secular sob o comando régio erguem-se como novo centro político.

§ 4. Monarquia taumatúrgica

Embora o problema do poder régio seja um problema geral europeu, sua formulação se deu pela primeira vez na França. Na Inglaterra, apareceu somente no fim do século XIV, no reino de Ricardo II.[5] Por várias razões, o rei da França tornou-se o modelo da monarquia nacional independente do império, e a França, o modelo de nação soberana. As causas gerais do desenvolvimento peculiar francês foram analisadas no capítulo sobre a migração.[6] A evolução contínua e relativamente estável do reino dos francos, a distância do controle bizantino, o fortalecimento cristão da dinastia sagrada merovíngia pela conversão de Clóvis à cristandade ortodoxa, a aliança dos carolíngios com o papado e a transferência da dignidade imperial para Carlos Magno,

---

[5] McIlwain, *Growth of Political Thought*, p. 268.
[6] Ver vol. II, *The Middle Ages to Aquinas,* cap. 2, p. 41-51. [Edição brasileira: *Idade Média até Tomás de Aquino*, vol. II, p. 49-58.]

o *rex et sacerdos*,⁷ deitaram as bases sobre as quais os reis capetíngios puderam assumir o papel de governantes sagrados do seu reino, rivalizando com os imperadores.⁸

Um dos fatores mais importantes que contribuíram para a distinção dos capetíngios como *reges Christianissimi* consistia no poder de curar doenças, em particular a escrófula. Não se sabe ao certo desde que reino se pode rastrear de modo contínuo este "poder miraculoso". Está atestado com Roberto II (996-1031), mas ele era um santo e podia fazer milagres sendo ou não um rei da França. Do seu sucessor, Henrique I (1031-1060), nada sabemos. Quanto a Filipe I (1060-1108) e Luís VI (1108-1137), há relatos de que a cura das escrófulas era uma realização costumeira da Casa Real. Desde essa época até à Revolução Francesa, a tradição não parece ter sofrido qualquer interrupção. O momento em que o costume se consolida é significativo: trata-se do período entre a organização anti-imperial gregoriana dos estados fronteiriços e a primeira expressão do sentimento nacional francês de Suger de Saint-Denis em 1124.⁹

---

[7] Denominado assim no Sínodo de Frankfurt, 794, pelos bispos da Itália do norte. MGH, *Conc.* II.i.142.

[8] Na rivalidade entre franceses e alemães, o destino de Carlos Magno merece atenção especial. Os dados do período crítico estão reunidos em Gaston Zeller, "Les Rois de France Candidats a l'Empire". *Revue Historique*, n. 173, 1934. O epíteto *rex Francorum*, indicando a herança de Carlos Magno, foi utilizado pelos imperadores germânicos até Henrique IV (1056-1106), enquanto o título de *imperador*, aposto por Carlos Magno ao de *rex Francorum*, foi atribuído pelos cronistas a alguns dos primeiros capetíngios. No século XII houve certa propensão a incluir Carlos Magno na linhagem da realeza francesa. Luís VII (1137-1180) em 1160 estava casado com a filha do conde de Champagne, descendente dos carolíngios. Seu filho, Filipe Augusto, é conhecido como *Carolide*. Filipe Augusto (1180-1223) se casou com a filha do conde de Hainaut; sendo, em termos genealógicos, pertencente à descendência de Carlos de Basse-Lorena, o carolíngio substituído por Hugo Capeto. Com seu filho, Luís VIII (1223-1226), a coroa da França retornou, de acordo com os cronistas coevos, aos carolíngios. Neutralizando esta política, Frederico Barba-Ruiva canonizou Carlos Magno em 1165, o ano do nascimento de Filipe Augusto, com o objetivo de o integrar ao império. Até esse tempo, Carlos Magno simbolizou, relativamente à tradição germânica, o "carniceiro dos Saxões". Esta tradição antiga, contudo, nunca cessou completamente fora da Alemanha e era suficientemente sólida para transformar-se num objeto importante de discussão com o advento do nacional-socialismo.

[9] Deriva daqui o costume inglês correspondente. O poder curativo do rei parece ter sido estabelecido na época de Henrique II (1154-1189), embora Henrique I

A sagrada monarquia taumatúrgica efetivou-se de modo pleno com Luís IX (1226-1270), o santo. Ao poder curativo como emanação da linhagem carismática, parece ter-se anexado o tempero de um milagre não cristão. Godfort de Beaulieu, biógrafo de São Luís, enfatiza que o rei acrescentou o sinal da cruz à pronunciação da fórmula mágica usada por seus predecessores "de modo que a cura deve ser atribuída antes ao poder da cruz do que à majestade do rei".[10] O carisma do rei tornou-se cristão mesmo na esfera fisiológica. Dificilmente se poderá hiperestimar a função de São Luís no crescimento da consciência real e nacional francesa; a França era simbolizada por um santo no tempo em que o império foi dirigido pela personagem anticristã de Frederico II. A influência do rei piedoso – morto em 1270 enquanto conduzia uma Cruzada – na formação da monarquia francesa aumentou no final do século XIII com a sua canonização em 1297. Temos de entender o reagrupamento da nação em torno de Filipe, o Belo, na luta com Bonifácio VIII no contexto do prestígio carismático da casa régia.

§ 5. Carlos de Anjou

Um fator adicional para a ascensão do predomínio da França sobre a Europa foi a personalidade e a política de Carlos de Anjou, irmão de São Luís. A fórmula legal segundo a qual "o rei que não reconhece um superior é imperador no seu reino" nasceu com os advogados italianos no século XIII,

---

(1100-1136) possa ter realizado as primeiras tentativas. As curas ainda eram praticadas por Jaime II; Guilherme II recusou executar o rito; a rainha Ana recomeçou-o; a última cura ocorreu em 27 de abril de 1714. O *Livro de Orações* abandonou o rito somente após 1732, na edição inglesa; na versão latina, após 1759. Para detalhes sobre o poder curativo e sua história, ver o estudo de Marc Bloch, *Les Rois Thaumaturges: Etude sur le Caractère Surnaturel Attribué à la Personne Royale, Particulièrement en France et en Angleterre*. Strasbourg, Publications de la Faculté des Lettres de l'Université de Strasbourg, 1924. Edição em inglês: *The Royal Touch: Sacred Monarch and Scrofula in England and France*. Trad. J. E. Anderson. Londres, Routledge and Kegan Paul, 1973.

[10] *Histoire de France*, citado por Kaempf, *Pierre Dubois*, p. 37.

mas foi cunhada sob o impacto da posição imperial *de facto* de Carlos de Anjou.[11] Sua fantástica ascensão foi possível graças às amplas e sólidas bases criadas pela infiltração francesa no Mediterrâneo oriental após a Quarta Cruzada. Balduíno, o conde de Flandres, tornou-se imperador em 1204; os condes de Flandres foram seguidos pelos Courtenays em 1216. Os La Roches tornaram-se duques de Atenas; Acaia foi conquistada pelos Villehardoins. A ocasião para Carlos de Anjou embarcar em sua política mediterrânica foi desencadeada pelo papa Clemente IV com a Cruzada contra Manfredo de Sicília. As batalhas de Benevento (1266) e Tagliacozzo (1268) estabeleceram o poder dos Anjou na Sicília e em Nápoles. Da posição italiana, Carlos conquistou Corfu em 1267 e, a partir de uma nova base militar, começou a estender sua influência no Despotado de Épiro e proclamou-se rei da Albânia após a morte de Miguel II de Épiro, em 1271. Pelo Tratado de Viterbo (1267), ele adquiriu os direitos de Balduíno II ao Império Bizantino; pela união do seu filho com a herdeira dos Villehardouins, tornou-se suserano da Acaia; pela união de um outro filho com a herdeira dos Árpáds, estabeleceu a casa real na Hungria; alianças com os sérvios e os búlgaros estenderam sua influência sobre os Balcãs; a última Cruzada de São Luís a Túnis em 1270 integrou a sua política geral, revelando os planos a respeito da África do Norte e talvez do Egito. A culminação desta política de expansão imperial francesa foi a candidatura de seu sobrinho, Filipe III, à dignidade imperial, em 1273. As razões proclamadas por Carlos de Anjou em favor do projeto revelam o *pathos* adquirido pela monarquia francesa com São Luís. A dinastia régia da França foi tão visivelmente favorecida por Deus através do rei Luís que a partir de então ele devotar-se-ia completamente ao serviço de Deus e ao aumento do seu poder. O filho viria a ser o verdadeiro herdeiro do grande pai, morto como um mártir. A única maneira de servir a Deus era sustentar a dignidade do

---

[11] Ver Francesco Ercole. In: *Archivio Storica Italiano*, ser. VII, vol. XVI; Rivière, *Le Problème de l'Église et de l'État*, p. 424 ss.; Kaempf, *Pierre Dubois*, p. 23-26. Para um aprofundamento do debate italiano, ver Quentin Skinner, *Foundations of Modern Political Thought*, vol. I, *The Renaissance*. Cambridge, Cambridge University Press, 1978.

império; o *rex Christianissimus* precisava do poder unido da humanidade cristã para cumprir o seu serviço.[12] A união dos impérios do Ocidente e do Oriente nas mãos da casa régia da França era um grande sonho.

§ 6. Pierre Dubois

Esta política recebeu seu primeiro grande revés nas Vésperas Sicilianas, em 1282; em 1285, morria Carlos de Anjou. Embora seu programa nunca tenha sido inteiramente realizado, o ímpeto dado por Carlos à política francesa sobreviveu a ele. A expansão na Itália e no Mediterrâneo continuou; renovaram-se as pretensões ao trono de Bizâncio e as aspirações à dignidade imperial do Ocidente. A transferência do papado para Avignon em 1305 pode ser compreendida como uma conclusão formal das relações próximas entre os príncipes e os papas franceses do século XIII.

Nessa atmosfera de exuberância imperial cresceu a curiosidade literária da obra *De Recuperatione Terre Sancte*, de 1306, do advogado francês Pierre Dubois.[13] O tratado é uma peça curiosa porque não tem suas raízes numa posição filosófica ou teológica nem num partidarismo político realista, mas na mente de uma personalidade intelectual e politicamente irresponsável, com uma impressionante sensibilidade ao clima da época e uma igualmente impressionante insensibilidade

---

[12] MGH, *Constitutiones et Acta Publica Imperatorum et Regnum,* vol. I. Hanover, Hahn, 1893, p. 585 ss. Ver a relação e interpretação de Kaempf, *Pierre Dubois*, p. 47 ss.

[13] Pierre Dubois, *De Recuperatione Terre Sancte.* Ed. Ch. V. Langlois. Paris, 1891. Sobre Dubois, ver, Kaempf, *Pierre Dubois;* Richard Scholz, *Die Publizistik zur Zeit Phillipps des Schoenen und Bonifaz VIII.* Stuttgart, Enke, 1903; Fritz Kern, *Die Anfänge der Französischen Ausdehnungspolitik bis zum Jahre 1308.* Tübingen, 1910; Eileen E. Power, "Pierre Dubois and the Domination of France". In: F. J. C. Hearnshaw, *The Social and Political Ideas of Some Great Medieval Thinkers.* Londres, 1923; reedição: Nova York, Barnes and Noble, 1967; Peter Klassen, *Zur Geschichte der Europaischen Idee I.* Die Welt als Geschichte, Zeitschrift für Universalgeschichtliche Forschung, vol. 2. Stuttgart, 1936.

às forças mais estáveis que determinam o curso constante da história e só muito lentamente são influenciadas por tal clima. Como consequência, a obra de Dubois foi, algumas vezes, levada a sério demais como expressão das ambições hegemônicas francesas, e outras tantas foi subestimada e considerada como utópica. Langlois provavelmente está certo quando diz: "Não surpreende que, no começo do século XIV, algumas pessoas na França virassem a cabeça com todos estes eventos. (...) Conselheiros inconsequentes sentiram-se impelidos a chegar a uma espécie de intoxicação otimista e a visões de uma monarquia universal francesa em benefício da humanidade".[14] A inviabilidade política da maioria das ideias de Dubois não afeta, contudo, a sua capacidade de apreender as tendências da época. Se está "intoxicado" no que diz respeito aos seus projetos, é perfeitamente sóbrio na sua percepção quanto a tudo que é "progressista" em seu ambiente. Graças a seu construtivismo lúcido, desembaraçado de sentimentos da tradição, implacável na busca de uma política, ele representa o novo tipo dos advogados reais como Nogaret e Flotte.[15]

O título indica a finalidade principal da obra – a reconquista da Terra Santa. Reinicia-se a ideia política universal do Ocidente cristão expansionista, mas agora terá de ser conduzida pelo rei da França, pois o império está em decadência, e o papa, pela natureza das suas funções, não pode ser o líder da guerra na Cruzada. Em termos de inspiração, a política é medieval, mas logo será totalmente substituída pelo esforço nacional de luta pela sobrevivência na Guerra dos Cem Anos; todavia, os meios para sua perpetração, como previsto por Dubois, são distintamente pós-medievais. O antigo sentimento imperial cessou. O imperador é visto como um rei alemão que terá de receber uma compensação em termos de realeza hereditária e independência relativamente

---

[14] Ch. V. Langlois. In: *Medieval France*. Ed. Arthur Tilley. Cambridge, 1922, p. 102.

[15] Pierre Flotte, um dos apologistas reais na disputa de Filipe com Bonifácio VIII, rejeitou as reivindicações papais replicando: "O vosso poder é verbal; o nosso, contudo, é real". Citado em Burns (ed.), *Medieval Political Thought*, p. 347.

aos eleitores no que diz respeito ao assentimento do predomínio francês na Itália. O papado terá de ser despojado de seus domínios temporais. As possessões da Santa Sé na Itália assim como a suserania na Inglaterra, Sicília e Aragon terão de ser cedidas à França. A riqueza das grandes ordens, e particularmente a dos Templários, tem de ser confiscada para o rei como prêmio de guerra pelos grandes feitos. A Igreja será sustentada pelo Estado; o papa será um pensionista francês. A rendição do poder temporal confinará o papado em suas funções espirituais; e esta limitação contribuirá substancialmente para uma purificação e uma espiritualização da Igreja.

Quando a questão eclesiástica fica decidida e a posição francesa é garantida pela dominação da Itália e pelo estabelecimento de um secundogênito francês para o Oriente, em Chipre, a Europa estará pronta para uma nova ordem política, assegurando a paz interna e a concentração de poder necessárias para as conquistas no Oriente. A estrutura proposta por Dubois é uma confederação de Estados europeus soberanos, constituídos por um conselho de príncipes temporais e espirituais, convocado pelo rei e pelo papa em Toulouse. Os conflitos entre os membros serão arbitrados por um tribunal apropriado: o conselho apontará um quadro de juízes, e os juízes escolherão seis entre si para deliberar sobre os casos.[16] Uma apelação pode ser

---

[16] Esta formulação disfarça uma obscuridade da fonte que assume alguma importância para os estudantes de organizações internacionais. Dubois se expressa nos seguintes termos a respeito da composição do tribunal arbitral (*De Recuperatione Terre Sancte*. Ed. Langlois, 11):
 Sed cum iste civitates et multi principes superiores in terris non recognoscentes, qui justiciam faciant de ipsis secundum leges et consuetudines locorum, controversias movere captabunt, coram quibus procedent et litigabunt? Responderi potest quod concilium statuat arbitros religiosos aut alios eligendos, viros prudentes et expertos ac fideles, qui jurati tres judices prelators et tres alios pro utraque parte (*eligant*) locupletes, et tales quod sit verisimile ipsos non posse corrumpi amore, odio, timore, concupiscentia, vel alias, qui convenientes in loco ad hoc aptiori, jurati strictissime (...) testes et intrumenta recipiant, diligentissime examinent. [E quanto às cidades e príncipes que não reconhecem nenhuma autoridade superior na terra com o poder de os julgar de acordo com as leis e os costumes locais? Quando essas cidades e príncipes se envolvem em controvérsias, diante de quem devem mover uma ação e conduzir a litigação? Pode-se responder que cabe ao conselho decidir a escolha de

entregue ao papa, assegurando assim a influência final da França. Nos casos de perturbação da paz ou de uma recusa a aceitar a decisão do tribunal, as sanções tomam a forma de embargo de alimentos e suprimentos ao infrator e, em casos extremos, de guerra. O violador da ordem derrotado e os seus apoiadores serão enviados para a Terra Santa, onde suas energias de combate poderão ser empregadas de forma útil contra os infiéis.

Este mecanismo tem atraído muita atenção por causa da óbvia semelhança com as ideias modernas de uma liga de nações. A importância da ideia e do paralelo não deve ser menosprezada nem hiperestimada: se o problema técnico consistisse na elaboração de uma constituição de princípios ordenadores das relações entre Estados soberanos, qualquer bom jurista poderia desenvolver tal modelo; ele dificilmente

---

árbitros, religiosos ou não, com base na prudência, experiência e credibilidade dos homens, os quais, depois de empossados, selecionarão três prelados como juízes e outros três para cada parte litigante. Devem ser homens de posses, e de caráter tal que seria improvável serem corrompidos pelo amor, rancor, medo, cobiça ou por outros meios. Devem reunir-se num lugar adequado à situação, e serem obrigados pelos juramentos mais exigentes. Os diversos artigos de queixa e de defesa devem ser-lhes apresentados de forma breve e simples antes que se reúnam. Depois de filtrarem o supérfluo e irrelevante, devem registrar o testemunho e evidências documentais, examinando-as cuidadosamente. Pierre Dubois, *The Recovery of the Holy Land*. Trad. Walther I. Brandt. Nova York, Columbia University Press, 1956, p. 78-79.]
A palavra *eligant*, colocada em parênteses, está ausente no texto de Dubois; e, mesmo se acrescentada, a passagem não fica com um sentido claro. As seguintes conjecturas a respeito das intenções de Dubois são possíveis: (1) o conselho ou apontará um quadro de árbitros próprio, ou procederá para que seja apontado por algum outro órgão; (2) o quadro de árbitros será constituído por pessoas religiosas e seculares, indiferenciadamente, ou terá de ser composto por um júri do grupo eclesiástico e outro do grupo arbitral secular; (3) os árbitros selecionarão os juízes entre si, selecionarão pessoas não pertencentes ao quadro dos árbitros ou escolherão livremente; (4) os árbitros não selecionarão os juízes, mas as partes contenciosas selecionarão juízes do quadro dos árbitros, ou os juízes serão selecionados mediante acordo entre os árbitros e as partes, pertencentes ao quadro ou não; (5) o tribunal consistirá em doze juízes, seis eclesiásticos e seis seculares. Ou consistirá em nove juízes, três eclesiásticos e três seculares para cada uma das partes do conflito. Ou consistirá em seis juízes, três eclesiásticos e três seculares. A respeito das variadas interpretações, ver Jacob Ter Meulen, *Der Gedanke der Internationalen Organisation in Seiner Entwicklung, 1300-1800*. Haia, Nijhof, 1917, p. 104; Christian L. Lange, *Histoire de l'Internationalisme*. Oslo, Aschehoug, 1919, 1, p. 104; Frank M. Russell, *Theories of International Relations*. Nova York, Appleton-Century, 1936, p. 108.

conseguiria fazer qualquer outra coisa além disso. O paralelo deve servir de advertência para o fato de que a elaboração de uma constituição internacional é a coisa mais fácil do mundo e não tem qualquer ligação com a exequibilidade do projeto. Mais importante do que o conteúdo dessa estrutura é o fato de naquele tempo já existirem jurisconsultos intelectuais progressistas, para quem a ideia cristã imperial tinha perdido sua força evocativa tão completamente que parecia aconselhável uma reconstrução da Europa a partir das forças das nações particularizadas sob uma hegemonia. A ideia de uma liga hegemônica das nações e o credo intelectual de que a unidade da humanidade ocidental pode ser obtida artificialmente por juristas permanece desde então uma questão essencial nas ideias políticas do Ocidente. Pode-se sentir a alvorada de uma nova era nas razões práticas proclamadas por Dubois em defesa do seu projeto e no corolário de seus argumentos. A paz mundial é desejável para o fluxo tranquilo do comércio. A Cruzada representa, no espírito autêntico das guerras mercantilistas tardias, um instrumento da política econômica e colonial; os produtos orientais caros vão ficar mais baratos, e as rotas comerciais do Mediterrâneo serão mais seguras. A cunhagem deverá ser monopólio régio e o valor do dinheiro deve ser estabilizado. Propõe-se um sistema de educação pública, sob a supervisão do Estado; a escolarização tem de ser sobretudo prática, a fim de aumentar o poder econômico da nação. Os livros escolares terão de concentrar e simplificar os conteúdos demasiado extensos do conhecimento. As mulheres são admitidas nas escolas. O procedimento judicial tem de ser simplificado; a lei, codificada; e os tribunais ficam acessíveis à população em geral mediante a redução das custas processuais.

As considerações econômicas, as propostas pedagógicas e a reforma judicial revelam os mesmos sentimentos que a estrutura política geral: a austeridade do racionalismo político e administrativo e a disposição para abolir as instituições tradicionais em proveito de uma reorganização do serviço da monarquia nacional. Não será necessário entrar numa discussão detalhada dos princípios expostos; os paralelismos e as antecipações dos desenvolvimentos posteriores são óbvios. Mas devemos estar cientes de que a obra de Dubois como um todo representa um sintoma convincente da nova força da monarquia nacional impulsionadora da reforma política dos séculos subsequentes, a qual culmina no absolutismo da Renascença.

16. Dante

§ 1. O isolamento do pensador político

Com Dante, entra em cena no Ocidente um novo tipo de pensador político; e com a atitude expressa em sua obra, uma nova dimensão foi adicionada ao padrão de pensamento político ocidental. Dante (1265-1321) foi o primeiro pensador ocidental que não pertencia a qualquer grupo social que revestisse de autoridade representativa a sua palavra e formasse a audiência para o que ele tinha a dizer. Não era clérigo – secular ou monástico –, nem advogado – papal, imperial ou régio. Tentou ser um homem da política, mas foi vítima das querelas de Florença, pois estava até as raízes de sua personalidade em desacordo com a luta passional que era a substância da política das cidades italianas. Era um partido de um homem só, falando com a autoridade dos *majestas genii*.

O isolamento do pensador político que ficou patente em Dante estivera em gestação durante os dois séculos anteriores. Durante a Controvérsia das Investiduras, os participantes estavam firmemente ligados pela estrutura social do *sacrum imperium*. Pouco depois teve início a perda dos laços sociais. A visão de Joaquim de Fiore clamava por uma nova dispensação, fora da estrutura da sociedade feudal; mas o abade de Fiore entrou na estreita realidade social da ordem cisterciense e mais tarde da ordem florenciana. São Francisco teve de romper com a realidade social de suas origens; e mesmo a ordem franciscana que ele criara ficou eclipsada, à época de sua morte, pelo problema da institucionalização em conflito com as ideias de seu fundador. Santo Tomás pôde crescer no ambiente da ordem dominicana, mas a ressonância da sua obra política no palco mais amplo dos assuntos europeus foi praticamente nula. Sigério de Brabante era um clérigo, mas suas ideias o levaram para além do aprisco institucional e à sua morte na prisão.

Egídio Romano mostra a alternativa ao isolamento ameaçador do espírito livre. Não corria risco de isolar-se nem de ser preso, pois depositara seu peso intelectual deliberadamente do lado do poder. Como consequência, suas ideias ecoaram na bula *Unam Sanctam* que nada deixou a desejar. Mas seu sucesso revela o preço que o pensador tem de pagar pelo *status* público na nova ordem da política do poder: teve de sacrificar a independência espiritual e intelectual, cara tanto a Santo Tomás quanto a Sigério de Brabante. Para um homem como Dante, que experimentou intensamente a realidade do espírito, essa alternativa era inaceitável. Com um golpe seguro que atesta a distância pessoal que adquirira, ele colocou Sigério e Tomás, os dois antagonistas da geração anterior, lado a lado no Quarto Céu, porque as *veri* de Sigério, embora *invidiosi*, nasciam, assim como a ortodoxia de Santo Tomás, de uma honesta busca da verdade e estão justificadas diante de Deus, se não diante dos homens.[1] Em sua própria

---

[1] *Paraíso* X.136 ss: "Essa é la luce eterna di Sigieri, / Che, leggendo nel vico degli strami, / sillogizzò invidiosi veri" ("Essa é a luz eterna de Suger, / Que, na rua da palha a dar ditame, / silogizou verdade a desprazer") [Citado conforme a edição brasileira: *A Divina Comédia*. Edição bilíngue italiano/português. Trad. Vasco Graça Moura. São Paulo, Landmark, 2011, p. 683. Todas as citações da *Divina Comédia* serão feitas conforme esta edição (N. T.)]. A justaposição de Tomás e Sigério na *Divina Comédia* é um dos problemas mais espinhosos da interpretação de Dante. Duas contribuições recentes sobre a questão merecem atenção especial: Herbert Grundmann, "Dante und Joachim von Fiore". *Dante-Jahrbuch*, vol. 14, 1932; e Martin Grabmann, "Siger von Brabant und Dante". *Deutsches Dante-Jahrbuch*, vol. 21. Weimar, Böhlaus Nachfolgr, 1939, p. 109-30. Grundmann demonstra de modo

época, tinham desaparecido os guias transcendentais do espírito e do intelecto. E ele, que por sua natureza sentia-se impelido a segui-los, achou-se perdido nas florestas escuras das paixões. Este é o tema de abertura da *Divina Comédia*:

> Nel mezzo del cammin di nostra vita
> Mi ritrovai per una selva oscura
> Ché la diritta via era smarrita.
> [No meio do caminho em nossa vida,
> Eu me encontrei por uma selva escura,
> porque a direita via era perdida][2]

É preciso uma longa jornada para ver outra vez as estrelas-guias, a palavra-chave que encerra cada uma das três partes da *Divina Comédia*, e que Deus move com o seu amor (*Paraíso*. XXXIII.145).

---

convincente que Dante procurou harmonizar as tendências conflitantes da época, não tentando provar sua compatibilidade, mas compreendendo os conflitos de doutrina e de atitude como a superfície de uma unidade subjacente de espírito e intelecto. Grundmann analisa especificamente as justaposições de Joaquim de Fiore e São Boaventura, de Tomás e Sigério, e os elogios mútuos entre Boaventura e Tomás. Grabmann, no último artigo, apresenta uma súmula dos resultados da obra de Fernand Van Steenberghen, *Siger de Brabant d'après ses Oeuvres Inédites*. Lovain, Editions de l'Institut Supérieur de Philosophie de l'Université, 1931 (Philosophes belges, textes et études, vol. 12-13). Van Steenberghen defende que o conflito pessoal entre Tomás e Sigério não foi tão intenso como às vezes se supõe: existia um grande respeito mútuo. As posteriores *Quaestiones de Anima* de Sigério revelam uma tendência a aproximar-se da teoria tomística da alma. No tratamento da questão, parece-me que se assumiu como demasiadamente certo que o próprio Dante era incondicionalmente ortodoxo e que Sigério tinha de parecer-lhe um herético que de forma alguma podia ser posto lado a lado com o pilar da doutrina ortodoxa. As recentes mudanças no quadro geral de Dante, e a melhor compreensão de suas tendências joaquimitas e averroístas, fazem surgir a questão Sigério-Tomás sob uma luz diferente. A respeito dessas questões, veja nossa abordagem de *Monarquia* e da *Divina Comédia* neste mesmo capítulo. Em geral, ver Etienne Gilson, *Dante the Philosopher*. Trad. David Moore. Nova York, Sheed and Ward, 1949; Giuseppe Mazotta, *Dante's Vision and the Circle of Knowledge*. Princeton, Princeton University Press, 1993; Alison Morgan, *Dante and the Medieval Other World*. Nova York, Cambridge University Press, 1990. [Sobre Sigério, ver *HPI*, vol. II, *The Middle Ages to Aquinas*, p. 178-204.] [Edição brasileira: HIP, vol. II, *Idade Média até Tomás de Aquino*, p. 209-37]

[2] *A Divina Comédia*. Edição bilíngue italiano/português. Trad. Vasco Graça Moura. São Paulo, Landmark, 2011, p. 31. (N. T.)

§ 2. A separação entre espírito e política

Desde a época de Dante, o realista espiritual se defronta com o problema de que a realidade política circundante no mundo ocidental não absorve adequadamente o espírito nas instituições públicas. Esta incisão na história ocidental corresponde ao tempo de Heráclito na civilização helênica. Podemos discernir três fases principais no processo de separação entre espírito e política. O início da primeira fase é marcado por Dante e por sua descoberta da nova solidão espiritual. Os dois séculos posteriores a Dante caracterizaram-se pela "fenecência" ou "declínio" da Idade Média, porque todos na Europa mostravam sinais de decomposição, em alguns países mais cedo, noutros mais tarde; em alguns mais graves, noutros um pouco menos. A desordem interna na França terminou após a derrota das batalhas de Créci (1346) e Poitiers (1356) e durou até à reforma do exército em 1445. A desordem correspondente na Inglaterra – com a revolta dos camponeses, congênere da *Jacquerie* francesa de 1358 – se deu pouco depois no reino de Ricardo II (1377-1399); após uma curta recuperação sob os Lancasters, a ruptura completa seguiu-se nas Guerras das Rosas (1455-1485). Somente na segunda metade do século XV se alcançou um novo grau de consolidação dinástica e de domínio sobre as forças internas conflitantes: na França, no período de Luís XI (1461-1483); na Inglaterra, pelos Tudors (1485); e de modo equivalente na Espanha, durante o reinado de Fernando de Aragão e Isabel de Castela (1479); em Portugal, com D. João II (1481); na Rússia, com Ivan, O Grande (1462); nas terras germânicas, com a ascensão de Maximiliano I (1493). Durante o período de decadência da sociedade medieval, entre o período de Dante e o século XVI, não surgiu nenhum pensador político de primeira linha para pôr ordem no caos.

A segunda fase é marcada pelo surgimento dos reformadores religiosos e dos realistas espirituais seculares. Os reformadores religiosos, representados por Lutero e Calvino, tentaram recriar as instituições políticas espiritualmente determinadas fora da substância devanescente da Igreja. A tentativa, que resultou na divisão da Igreja, fracassou completamente; os movimentos espirituais foram absorvidos nas esferas políticas particulares do Ocidente. Os realistas espirituais seculares – Maquiavel, Bodin, Hobbes, Espinosa – tentaram, cada um a seu modo, encontrar o lugar do espírito num mundo de unidades políticas particulares. Maquiavel tentou a evocação do líder demoníaco; Bodin idealizou o Estado como ponto de partida para a contemplação que levaria à *fruitio Dei*; Hobbes criou a análise psicológica das paixões políticas e evocou o poder espiritual totalitário para as dominar; Espinosa tentou encontrar uma análise do governo que tornasse o mundo habitável para o intelectual místico. Todos eles foram isolados como pensadores políticos, vilipendiados por seu ateísmo, por sua imoralidade ou por sua imparcialidade.

A terceira fase novamente leva os dois tipos de pensadores a um novo nível. Aos primeiros reformadores corresponde o ativista político-religioso, representado por Marx, que tentou reunir o espírito e as instituições sociais através da destruição revolucionária da sociedade existente, a fim de dar guarida ao Novo Homem sem culpa, o proletário. Aos realistas espirituais dos séculos XVI e XVII corresponde o espírito livre e completamente isolado de Friedrich Nietzsche, cuja análise do niilismo europeu é o último juízo do mundo ocidental pós--medieval, tal como a *Divina Comédia* foi o primeiro.

§ 3. Realismo espiritual – O paraíso terreno

Esta perspectiva mais ampla permite uma melhor compreensão dos problemas de Dante. As duas abordagens do problema de uma humanidade ocidental que está perdendo sua unidade espiritual – reforma e revolução, de um lado, e a tentativa de encontrar a relação adequada do realista espiritual individual à estrutura política da sua época, do outro – ainda estão indiferenciadas em Dante. Ele tem a esperança de uma nova igreja espiritual de tradição joaquimita, tal como expressa na *Divina Comédia*. Este mesmo tipo de esperança reaparece em Lutero e nos revolucionários do século XIX. A profunda experiência da realidade do espírito que Dante tinha, por outro lado, determina sua atitude pessoal negativa diante do campo da política, que vê dominado pela paixão destrutiva e estúpida do poder material. É o tipo de negativismo que reaparece na atitude dos realistas de Maquiavel a Espinosa e, mais tarde, em Nietzsche.

Estamos usando o termo *realismo espiritual* a fim de designar o sentimento próprio de Dante e de outros pensadores posteriores. O uso é necessário para evitar uma terminologia capaz de tocar apenas em fenômenos secundários em torno da atitude primordial. Dante tem sido chamado de idealista porque acreditava nos ideais de ordem espiritual, paz e bem comum do povo cristão como princípios norteadores da política. Não há nenhuma objeção a essa categorização, excetuando o fato de que "acreditar em ideais" é um fenômeno secundário que requer uma análise ulterior da estrutura dos sentimentos que determinam essa crença. Um pensador pode expressar uma crença em certos ideais porque são convencionais em sua época e ele não tem substância pessoal suficiente para fazer outra coisa senão seguir a convenção; pode fazê-lo porque tem uma percepção ativa dentro de uma hierarquia de valores éticos legados pela tradição; ou pode fazê-lo porque é movido pelo espírito e capaz de produzir uma ordem de valores a partir de sua experiência espiritual imediata. A distinção entre a esfera primária de sentimentos e a esfera secundária de ideais tem especial importância porque a sensibilidade espiritual e a força necessária não se expressam de maneira alguma na defesa do que comumente se chama de ideais. Exceto por seu sonho de uma nação italiana, poucos historiadores estariam inclinados a chamar Maquiavel de idealista; mas, por certo, o homem que compreendeu o problema da reforma religiosa e evocou o mestre demoníaco da política como substituto, o qual ao menos criaria uma ordem externa foi fortemente tocado pelo espírito. Hobbes, do ponto de vista metafísico, era um materialista; mas ninguém consegue desvendar o falso espiritualismo de certos tipos de sectarismo político do século XVII a não ser que uma genuína experiência espiritual o capacite a enxergar a diferença. Assim, usaremos o termo "realismo espiritual" para designar a atitude do pensador político, dos séculos XIV e posteriores, que tem de se distanciar sozinho em termos intelectuais, e às vezes também em termos práticos, das instituições políticas circundantes porque não atribui a elas funções representativas da vida do espírito que ele vivencia como real em si mesmo. Dante é o primeiro pensador a estar claramente consciente do abismo que separa o espiritualista das formas de existência política pós-medievais.

Além disso, Dante é identificado como romântico e conservador. E, mais uma vez, essa classificação tem sua parcela de razão, se refletirmos a respeito do conteúdo público de sua teoria política isoladamente e não levarmos em conta os sentimentos determinantes. Evocar a ideia de uma monarquia mundial como a forma constitucional de um mundo cristão pacífico certamente contém um toque romântico numa época em que a continuidade do império tinha sido interrompida pelo Interregno e em que o poder imperial restaurado caminhava rumo à política de Hausmacht. No entanto, perderemos o ponto essencial da *Monarquia* se não vermos em Dante nada além de um imperialista extemporâneo, assim como perdemos em Egídio Romano a nova filosofia do poder se extrairmos de sua obra apenas as passagens que o fazem parecer um papista tardio.

Pusemos Dante no início de uma evolução que chega até Nietzsche, passando pelos realistas da Renascença, e temos de salientar que seu projeto de uma *monarchia temporalis*, de uma monarquia temporal, não era medieval, em princípio, mas, antes, parece vislumbrada no futuro: funda o início de um conjunto de projetos que tentam construir uma organização política do mundo ocidental como uma superestrutura sobre as unidades políticas particulares. A fórmula de uma monarquia temporal não é uma herança medieval, mas foi evocada por Dante; ele estava consciente e orgulhoso deste feito, pois cria ter encontrado um símbolo convincente para a nova ordem de paz perpétua que deveria superar a miséria política da época. A ideia que Dante tinha da monarquia não é uma ideia de restauração. Ele não pretende trazer de volta uma dispensação de forças anterior, mas, antes, olha para uma nova dispensação, ainda que também tenha forma imperial. Sua monarquia possui os laivos escatológicos do Terceiro Reino de Joaquim de Fiore; está relacionado a ideias posteriores a respeito da organização de uma ordem pacífica ainda que apenas por seu vocabulário: o estado de felicidade temporal que pretende efetivar é simbolizado (*figuratur*) pela concepção mítica do Paraíso Terreno, o símbolo que foi utilizado por Lênin para designar o Reino Comunista (*Mon.* 3.16). A *Divina Comédia* afirma explicitamente que o Paraíso Terreno é o mesmo símbolo que foi expresso pelos poetas antigos com o mito da Idade de Ouro (*Purgatório* XXVIII.139-41). Considerando o elemento escatológico da monarquia de Dante, que se opõe ao compromisso cristão medieval com o mundo, temos de identificar sua posição, pelo menos neste aspecto, com os planos de uma reorganização do Ocidente após o colapso do império. Não devemos esquecer que é contemporâneo ao plano de Dubois de uma organização europeia sob hegemonia francesa.

§ 4. Formas literárias e símbolos de autoridade

Para expressão pública de um indivíduo privado, Dante teve de desenvolver formas literárias e símbolos de autoridade adequados à nova função. Na primeira fase de seus escritos políticos, adotou as cartas como seu modo de expressão literária, já desenvolvidas por Frederico II e usadas por São Francisco. A carta aberta, na qualidade de manifesto político, torna-se o instrumento de expressão do indivíduo que não tem público institucional, mas que apela à "opinião pública".

A questão da autoridade com que escreve suas *Cartas* é respondida por Dante por meio de variados papéis que ele desempenha nesses manifestos.[3] Na *Carta V*, endereçada aos príncipes e povos da Itália, designa-se a si mesmo como *humilis Italus*; na *Carta VI*, endereçada aos florentinos na cidade, fala como o *Florentinus*; na *Carta VII*, ao imperador Henrique VII, como o *Florentinus* acompanhado pelos toscanos que desejam a paz. Nas três cartas, designa a si mesmo como o "imerecidamente exilado". Na *Monarquia*, que elabora de modo sistemático a doutrina das *Cartas*, ele regressa à forma convencional de um tratado político.[4] Mas, finalmente, na *Divina Comédia*, atinge a grande inovação de um poema político em *lingua volgare*, dirigindo-se, assim, ao povo italófono em geral.[5]

Os símbolos de autoridade não aparecem numa sequência temporal, mas têm de ser discernidos como elementos simultâneos num todo mais complexo. Três fontes de autoridade têm de ser identificadas. A primeira é indicada pelas autodesignações das *Cartas* e pelo uso da *lingua volgare* na *Divina Comédia*. Dante fala como italiano e florentino a seu povo; seu distanciamento de grupos partidários não o priva

---

[3] Dante Alighieri, *Epistolae*. Ed. Paget Toynbee. Oxford, Oxford University Press, 1920. A respeito da relação de Dante com a ordem política, ver Donna Mancusi-Ungaro, *Dante and the Empire*. Nova York, Peter Lang, 1980; Joan M. Ferrante, *The Political Vision of the Divine Comedy*. Princeton, Princeton University Press, 1984; C. Grayson (ed.), *The World of Dante: Essays on Dante and His Times*. Oxford, Oxford University Press, 1988; Alessandro Passerin d'Entrèves, *Dante as a Political Thinker*. Oxford, Oxford University Press, 1952; John A. Scott, *Dante's Political Purgatory*. Filadélfia, University of Pennsylvania Press, 1996.

[4] Dante Alighieri, *De Monarchia Libri III*. Ed. Ludovicus Bertalot. Gebennae, 1920. Edição bilíngue inglês/latim: *Monarchia*. Ed. Prue Shaw. Nova York, Cambridge University Press, 1995.

[5] Tommaso Casini e S. A. Barbi, *La Divina Commedia di Dante Alighieri*. 6. ed. Florença, Sansoni, 1926. Edição em inglês: *The Divine Comedy*. Tradução e comentários de C. S. Singleton, 6 volumes. Princeton, Princeton University Press, 1970-1975. Estudos recentes relevantes incluem: Ferrante, *Political Vision*; Jeffrey Schnapp, *The Transfiguration of History at the Center of Dante's Paradise*. Princeton, Princeton University Press, 1986; Richard Kay, *Dante's Christian Astrology*. Filadélfia, University of Pennsylvania Press, 1994; e Steven Botterill, *Dante and the Mystical Tradition: Bernard of Clairvaux in the Commedia*. Nova York, Cambridge University Press, 1994.

inteiramente de *status* político; como membro da comunidade política, pôde atribuir a si mesmo a função representativa de um porta-voz. A segunda fonte de autoridade é o espiritualismo joaquimita. Como espiritualista cristão, Dante assume em relação ao reino de paz futura uma função semelhante à de Joaquim. E, por fim, Dante fala em nome do seu gênio poético, sua fonte de autoridade mais pessoal, mas, ao mesmo tempo, mais problemática. A fonte é problemática porque, na ordem cristã, o poeta não tem autoridade divina específica para falar como vidente. Dante estava consciente do problema e apoiou sua própria autoridade em Virgílio e quatro outros poetas pagãos no limbo, os quais o recebem honrosamente como o sexto companheiro (*Inferno* IV.64-105). A autoridade de Virgílio assume especial importância porque é o autor da *IV Écloga*, que prevê a Idade de Ouro e a criança divina, e da *Eneida*, que anuncia a missão imperial de Roma. No entanto, o poeta que é tocado pelo deus, nunca foi uma autoridade convincente no mundo cristão, com exceção da Alemanha, onde, desde Hölderlin, o poeta, na qualidade de voz divina da nação, cumpre uma função que é estranha e praticamente ininteligível para as nações ocidentais.[6]

§ 5. As Cartas

As *Cartas* são importantes na obra de Dante porque revelam a orgia de símbolos que refletem a atmosfera escatológica da sua política. O tempo urge, tal como a Idade de Ouro dos antigos e o *tempus acceptabile* do Dêutero-Isaías e de 2 Coríntios. Dante aparece como João Baptista, que anuncia o *agnus Dei*; como Virgílio, que anuncia a criança e a idade de Saturno; e como Samuel, que aconselha Saul a liquidar os amalecitas. O imperador, Henrique VII, é César desbaratando seus inimigos; é Augusto, introduzindo a *pax romana*; é Eneias,

---

[6] Ver Max Kommerell, *Der Dichter als Fuehrer*. Berlim, Klostermann, 1928.

fundando a nova Roma; é o segundo Moisés, conduzindo o povo a Canaã; e é Davi, derrotando Golias. Os italianos são exortados a abandonar a teimosia; os lombardos, especificamente, são aconselhados a lembrar de sua ascendência troiana e a aceitar o imperador, esquecer o barbarismo de sua ascendência escandinava e a submeter-se ao príncipe da paz que se levanta como o Sol e vem como o apocalíptico leão de Judá. A riqueza de símbolos é avassaladora; indica que não estamos mais no tempo da laboriosa e conscienciosa arte simbólica de Joaquim. Os símbolos não perderam sua força, mas seu uso é distintamente literário e a serviço de uma nova evocação de um mundo pacífico bem além dos problemas gelasianos do *sacrum imperium*.

§ 6. O De Monarchia

A dificuldade de distinguir entre a linguagem medieval de Dante e os sentimentos de um contexto novo, pós-medieval, já foi mencionada anteriormente. Ela constitui um obstáculo importante à interpretação adequada do *De Monarchia*. Isolamos anteriormente a concepção da *temporalis monarchia* e seu papel na concretização do paraíso terreno. O conteúdo do tratado é menos relevante, uma vez que projeto potencial, a restauração de um imperador no Ocidente, era, de fato, um anacronismo. Neste sentido, a avaliação crítica da obra que a apontou como conservadora, reacionária e romântica é plenamente justificada.

a. O intelecto universal: o averroísmo

Há, entretanto, alguns pontos especiais que merecem atenção numa história das ideias. O livro I da *Monarquia* trata de uma estrutura geral da sociedade – a qual deriva da natureza humana – que demanda a monarquia temporal como a forma adequada da ordem comunitária. A teoria parte de uma base aristotélica, mas as conclusões diferem em grande medida das da *Política*. A transformação pela qual a teoria passa nas mãos de Dante revela as limitações da teoria política helênica bem como a especificidade dos problemas cristãos. A questão básica que surge quando se analisa a política aristotélica em contextos não helênicos relaciona-se com o critério da *societas perfecta*. Para Aristóteles, é axiomático que a pólis seja perfeita. Já no sistema tomista, observamos o surgimento do *regnum* como a sociedade perfeita. Dante pela primeira vez levanta a questão teórica do princípio. A estrutura da sociedade política tinha o propósito de servir como o campo de ação das faculdades humanas plenamente desenvolvidas. Para Dante, a faculdade especificamente humana é a *potentia intellectiva* universal. Segundo o autor, é incompatível com a universalidade da natureza humana que o homem encontre uma existência plenamente satisfatória num reino particular (*regnum particulare*). À universalidade do intelecto, corresponde a *universitas hominum* organizada sob um mundo monárquico. Assim, a cadeia das formas sociais aristotélica tem de ser um *continuum* desde a família, a aldeia, e a cidade até ao reino e ao império mundial antes de se atingir a forma perfeita coerente com a natureza do homem. A respeito da origem da concepção de Dante, um indício é fornecido pelo fato de que na passagem decisiva (*Mon.* I.3) sobre a *virtus intellectiva* como a essência do homem, Dante menciona o comentário de Averróis ao *De Anima* de Aristóteles para apoiar sua posição. Como esta é a única fonte mencionada naquele contexto, podemos supor que as ideias averroístas eram a influência predominante na visão de Dante. Derivar a monarquia mundial da universalidade do intelecto adequar-se-ia, de fato, ao sistema político desenvolvido por Sigério de Brabante.[7]

---

[7] Acho que o indício no texto concorda com uma opinião, expressa sem reservas, de Karl Vossler:
    Den "möglichen Verstand" in seiner ganzen Ausdehnung, das heisst bei der Gesamtheit der Menschen, zu aktualisieren, die Mitteilung and Verwirklichung der überweltlichen Universalintelligenz in weitestem Masstab zu organisieren, aus der ganzen Menschheit einen einzigen, kollektiven averroistischen Philosophen zu machen, darauf läuft schliesslich alle politische und ausserkirchliche Anstalt und Arbeit hinaus.
    (Efetivar a "potência intelectiva" em sua total extensão, isto é, na

b. Organização mundial intelectual e hegemônica

O argumento de Dante em defesa da monarquia mundial é irrefutável, se a abordagem antropológica da ciência política for levada a sério e se a essência do homem for colocada na *virtus intellectiva*. Neste ponto, como teórico, Dante é superior a Santo Tomás e a Aristóteles. Uma discussão terá de encontrar seus argumentos no próprio terreno da antropologia. A visão de Dante já não é mais aceitável – não porque a ideia de um imperador do mundo é medieval e, portanto, obsoleta, mas porque nossa antropologia moderna enriqueceu-se com a percepção da estrutura histórica da mente humana. Já não é possível compreender a essência do homem como um intelecto a--histórico – embora frequentemente se encontre quem pratique isto. A unidade da humanidade não é intelectualmente estática; é um campo aberto em que as possibilidades da mente humana se desdobram historicamente e se manifestam na sequência de civilizações e nações. É insustentável parar a história num momento qualquer e erigir um recorte civilizacional, ou mais frequentemente um fragmento desse recorte, como absoluto e

---

universalidade da humanidade, organizar a comunicação e a percepção da inteligência universal global no mais amplo sentido, criar a partir do todo da humanidade um único filósofo averroísta coletivo seria, em última instância, apresentar aquilo de que fluem todas as instituições e esforços políticos e extraeclesiásticos.) *Die Gottliche Komodie*. 2. ed. Heidelberg, Winter, 1925, I, p. 340 ss.
Em acordo com Vossler está Helene Wieruszowski, "Der Reichsgedanke bei Dante". *Dante-Jahrbuch*, vol. 14, 1932. Ademais, gostaria de chamar a atenção para uma coincidência curiosa. A ideia de Dante de uma monarquia mundial análoga ao governo do mundo por Deus assemelha-se muito ao princípio mongol "Um Deus no Céu, um Imperador na Terra", como mencionado nos documentos do Estado Mongol do período de 1245-1255. As mais importantes missões na corte Mongol eram conduzidas por franciscanos, e não é totalmente improvável que Dante tivesse tomado conhecimento, por meio de seu contato com os franciscanos, dos relatórios das missões e das principais ideias políticas mongóis. Além da coincidência de que a ideia de Dante aparecer sessenta anos depois que as ideias mongóis podiam ter se tornado conhecidas no Ocidente, não há, entretanto, nenhuma evidência que apoie a relação. A respeito das ideias mongóis, ver o meu ensaio "The Mongol Orders of Submission to European Powers, 1245-1255". In: *Byzantion*, n. 15, 1940-1941; reimpresso em Voegelin, *Anamnesis: Zur Theorie der Geschichte und Politik*. Munique, R. Piper and Co., 1966, p. 179-223. [Edição brasileira: "A Ordem de Deus". In: *Anamnese: Da Teoria da História e da Política*. Trad. Elpídio Mário Dantas Fonseca. São Paulo, Editora É, 2009, p. 279-350.]

chamá-lo "a natureza humana". Com esta percepção da historicidade da mente, cai por terra a ideia de que uma "organização" estática pode ser a resposta política à ideia de homem. O drama da história humana não pode ser retido numa organização de poder governamental, imperial ou qualquer outra, e não pode ser submetido às regras de um tribunal. O defeito da teoria de Dante é seu intelectualismo, o qual não chega a propor um estado mundial, mas deixa as organizações políticas particulares intactas, reservando ao monarca mundial as funções de árbitro. Historiadores sentem instintivamente que planos de organização mundial – como os de Pierre Dubois, ou os mais tardios, desde Sully –, cuja origem se encontra na vontade de poder de uma nação particular ou de um grupo de nações, estão mais afins às forças da história porque são francamente hegemônicos. Nem por isso, no entanto, a abordagem de Dante pode ser ignorada como inócua. O intelectualismo não está morto, e provavelmente nunca estará; a percepção da estrutura histórica da mente humana está longe de ser uma propriedade comum dos pensadores políticos hodiernos. Nossos planos modernos de organização mundial são, via de regra, hegemônicos; são historicamente realistas na medida em que se baseiam no princípio de que as concepções políticas de uma ordem com origem numa área particular deveriam ser preponderantes em todo o mundo ocidental, se não em todo o globo. Mas, via de regra, também são intelectualistas, na medida em que se baseiam na suposição de que uma ideia particular de ordem não é particular, mas universalmente humana, e que todos os homens de boa vontade e ajuizados estão, assim, prontos a submeter-se a elas. E esta combinação resulta em malogro. O conflito entre o poder político hegemônico e o sonho intelectual de uma *universitas hominum* politicamente organizada, personificada no início do século XIV por Pierre Dubois e Dante, não só continua sem solução como parece longe de ser resolvido.

c. *O mito da* Italianità

O livro II da *Monarquia* trata de saber se o povo romano tinha o direito de assumir a função de monarquia mundial ou se a posição imperial romana resultou de ato usurpatório. Os detalhes da investigação não são relevantes aqui, embora sejam um modelo de análise religiosa e filosófica dos sintomas pelos quais a vontade de Deus pode ser conhecida na história. O importante para nós é a situação inteiramente nova em que não é a pretensão do imperador que é defendida contra as intromissões do poder espiritual, mas as reivindicações do *populus romanus* – que, para Dante, é o povo italiano em continuidade com os romanos da Antiguidade – contra todos os concorrentes, como, por exemplo, a França. O povo italiano é o povo imperial *kat' exochen* [por excelência] por causa da obra civilizacional e da ordem de paz recriadas pelo Império Romano, e por causa da distinção recebida pelo império com o fato de o Cristo ter se deixado julgar por um tribunal romano. Seria leviano interpretar esses sentimentos como nacionalistas. A consciência nacional está fervilhando em Dante, mas sua imaginação não é capturada pela visão de um estado nacional italiano que emulasse a França, como aconteceu com Maquiavel. Ele espera o fim das disputas internas e a deportação dos estrangeiros; a regeneração deve preparar os italianos para reassumir suas funções como povo imperial. Devemos nos lembrar de que o imperador em que Dante deposita sua esperança não é um italiano, mas luxemburguese. O que emerge das páginas de Dante é o mito da *Italianità*, o qual continua um elemento permanente no pensamento político italiano, passando pelas vicissitudes da história moderna, até às ideias do fascismo. No século XVIII, com Giambattista Vico, atinge-se a consciência de uma distinção específica da Itália diante de todas as demais nações: ela é a única nação ocidental que tem um grande ciclo de história antes da Migração. Hoje, ela se expressa no menos notável *ressentimento* dos intelectuais italianos contra os bárbaros anglo-saxões que espreitavam as florestas como selvagens primitivos quando a Itália era a regente da humanidade.

O livro III retoma a relação da autoridade imperial com a eclesiástica. O argumento é imperialista, afirmando que a autoridade imperial deriva diretamente de Deus, em oposição à análise hierárquica; ganha importância devido às consequências da teoria da monarquia temporal e do paraíso terrestre já discutidas anteriormente.

§ 7. A visão do Purgatório 29-33

A *Monarquia* não é a derradeira palavra política de Dante. Os estágios de sua maturação pessoal se refletem na hierarquia das almas na terceira parte da *Divina Comédia*. No Quarto Céu (*Paraíso* X-XIV), encontramos os teólogos; no Quinto (*Paraíso* XV-XVIII), os guerreiros que lutaram por Deus; no Sexto (*Paraíso* XVIII-XX), os governantes justos; e, no Sétimo (*Paraíso* XXI-XXII), a biografia contemplativa, o período em que ele esteve sob influência dos espirituais franciscanos, sua atividade política em Florença, sua esperança de um imperador, Henrique VII, como o arauto da nova era de paz, e, por fim, o retiro contemplativo na *Divina Comédia*.

A economia de uma história geral das ideias não permite uma análise detalhada da filosofia política da *Divina Comédia*; temos de concentrar-nos na visão apocalíptica decisiva em *Purgatório* XXIX e XXXII-XXXIII. A visão está expressa em símbolos espirituais e dificilmente será possível um consenso sobre cada ponto particular. Mas as linhas principais foram clarificadas pelo diligente trabalho de séculos de comentadores; chegamos à linha mestra da interpretação por meio da percepção das raízes joaquimitas da evocação de Dante. É joaquimita a distinção entre a igreja feudal corrupta e a igreja espiritual pobre; e também a expectativa de que o período de iniquidade será seguido por uma Igreja purificada e um reino a ser inaugurado por uma personalidade salvadora.

A visão do *Purgatório*, contudo, não é uma simples recepção da profecia joaquimita do Terceiro Reino do Espírito. O elitismo espiritualista de Joaquim era uma fuga à unidade espiritual-temporal do império; com sua redução da história ao processo espiritual, ele renuncia à vida secular da humanidade; sua concepção estreita de uma fraternidade dos perfeitos era incompatível com a ideia de um povo cristão organizado. Dante viveu no horizonte mais amplo dos problemas imperiais de seu tempo. Ele vê a decadência da Igreja e sua *renovatio evangelica* como vinculada à decadência do poder secular. O presente do *sacrum imperium* é reconhecido em toda a sua miséria; o papado em Avignon e a predominância da França nos problemas do Ocidente são os dois aspectos da dissolução. A retomada da ideia de um condomínio espiritual-temporal não é, contudo, um retorno aos problemas pré-joaquimitas da Controvérsia das Investiduras. O velho império morreu. Não se sabe ao certo se Dante tinha alguma esperança de uma renovação num futuro próximo; não sendo explícito neste ponto, há indícios de que ele considerava tal evento distando cinco séculos. O problema do império sai do cenário contemporâneo da política de poder e entra nas categorias da história simbólica.

Os símbolos básicos, como dissemos, são joaquimitas. O império será inaugurado por um Dux,[8] que, contudo, é uma figura imperial temporal, e não espiritual, como em Joaquim. Apenas em segundo plano aparece uma figura espiritual dirigente designada como o *Veltro*. Em categorias joaquimitas, a dupla liderança do império é restaurada.[9] Mas este é um

---

[8] Ver *Purgatório* XXXIII.37 ss. O líder é anunciado como o *cinquecento diece e cinque*; quinhentos, cinco e dez, escritos em algarismos romanos, formam a palavra DUX. A pronúncia de *Duce* não podia deixar de apelar aos intelectuais fascistas; um estudo esclarecedor de Domenico Venturini – *Dante Alighieri e Benito Mussolini*. 2. ed. Roma, sem data – explora as previsões da *Divina Comédia* para o regime fascista.

[9] A respeito do *Veltro*, ver *Inferno* I.100 ss. Deve-se notar, entretanto, que o líder temporal é tão predominante na *Divina Comédia* que algumas autoridades estão inclinadas a identificar o *Veltro* com o *Dux* e a crer que Dante tinha em mente uma única figura de liderança do império. O predomínio do *Dux* é inegável, mas a identificação das duas figuras parece dever-se antes à omissão do elemento joaquimita em Dante. Sobre os detalhes da questão, ver o excelente comentário de Casini e Barbi, *La Divina Commedia* e a bibliografia aí apresentada. Desde a publicação do comentário de Casini e Barbi em 1926, a discussão do problema do Veltro teve desdobramentos inesperados. Alfred Bassermann arriscou logo no início do século a tese de que a figura do Veltro foi inspirada pelas lendas dos Grandes Clãs dos Mongóis ("Veltro, Gross-Chan und Kaisersage". *Neue Heidelberger Jahbücher*, n. 11, 1902). Supôs-se que o verso a respeito do Veltro,

império do futuro; não será levado a cabo de maneira nenhuma por meio da ação política em sentido mundano, porque o império é um dos períodos num curso da história divinamente

em *Inferno* I.105 – "e sua nazion sarà tra feltro e feltro" –, referia-se a um nascimento entre as paredes de feltro de uma cabana mongol. Essa tese não foi bem aceita por nenhum dos demais especialistas na obra de Dante. No final dos anos de 1920, a discussão foi reanimada porque um dos maiores especialistas em símbolos de governança medieval, Fritz Kampers, ficou inclinado a aceitar a tese de Bassermann. Seguiu-se um debate acalorado que o leitor interessado encontrará nos volumes 11, 12 e 13 de *Dante-Jahrbuch*; os participantes eram Fritz Kampers, F. Frh. Von Falkenhausen, Albert Bassermann e Robert Davidsohn. Um anticlímax veio na monografia conclusiva de Robert Davidsohn, "Ueber den Veltro". *Dante-Jahrbuch*, vol. 13, 1931. Davidsohn constatou que a palavra *feltro* também existia na língua mais antiga dos montanheses da Toscana, e lá ela tem o sentido de um *tufo de lã*. Se, como é bem provável, era este o sentido que Dante tinha em mente, o verso em *Inferno* I.105 significaria simplesmente que o Veltro nascerá entre pastores, à boa moda cristã.
Na nota anterior, mencionei a tentativa de Venturini de relacionar a predição do *DVX* a Mussolini. Quando Hitler assumiu o poder, Bassermann apressou-se para ver nele o cumprimento da predição do Veltro (Alfred Bassermann, *Für Dante und Gegen Seine Falschen Apostel Streifzüge*. Buhl-Baden, 1934, p. 7 ss).
Vale a pena observar a recepção que a ideia teve no artigo em memória de Bassermann, escrito por Josef Hermann Beckmann:
Es war Bassermann ein beglückendes Erlebnis, als mit der Machtergreifung Hitlers für ihn dieser Sehnsuchtstraum eine Wirklichkeit fand in der Person des Führers. Er fand den Dreikland 'Veltro – Sonnenmuthus – Hitler'. Die Eigenschaften, die Dante dem kommenden Erreter zusprach, findet er in Adolf Hitler erfüllt, er sieht den Veltro nicht kosmopolitisch, sondern volkisch. Hitler tragt darum auch vollkommen die Zuge des Veltro, als des Erneuerers, Wiederherstellers, Lichtbringers nach der furchtbaren Nacht des Unheils (...) jeder neue Erfolg (Hitlers) predigt (...) die frohe Botschaft, dass die alte Weissagung vom Weltkaiser kein Traum ist, sondern mit der grossen Weltwende Wirkchkeit zu werden sich anschickt. Und auch Dantes grosse Perspektive gewinnt damit (...) die Bestätigung ihrer wahren Deutung und ihre letzte beglückende Weihe".
[Para Bassermann, a tomada do poder por Hitler foi um acontecimento feliz. Para ele, o tão desejado sonho se tornou uma realidade na pessoa do Führer. Ele encontrou a tripla harmonia, "Veltro - Mito Solar - Hitler". As qualidades que Dante atribuiu ao futuro Salvador, ele encontrou realizadas em Adolf Hitler; ele via o Veltro não de modo cosmopolita, mas étnico. Portanto, Hitler trazia com perfeição a marca do Veltro, como o renovador, o restaurador, o iluminador após a assustadora noite da maldade (...). Cada nova realização de Hitler proclamava (...) a mensagem alegre de que a velha profecia do imperador não era um sonho, mas destinava-se a se tornar uma realidade com o grande ponto crítico do mundo. E, além disso, a ampla perspectiva de Dante venceu desse modo a confirmação de seu verdadeiro sentido e sua feliz inauguração final. Hermann Beckmann, "Alfred Bassermann, Ein Leben fur Dante". *Neue Heidelberger Jahrbücher*, n. s., 1938, p. 18].

ordenado e as figuras salvadoras aparecerão em seu devido tempo conforme ordenadas por Deus. Se compararmos esta concepção com as profecias de Joaquim, podemos dizer que reaparecem os elementos de fatalismo, que são um ingrediente inevitável de qualquer filosofia da história que tenta evocar um padrão fixo do curso dos eventos que se estendem no futuro. O fatalismo de Dante é ainda mais forte que o de Joaquim porque Dante não assume o papel de um profeta cuja aparição prognostica o reino futuro; seu profetismo não é existencial, mas, por baixo de todo o aparato simbólico, intelectual, como dissemos quando tratamos do papel dos símbolos nas *Cartas*. Seu fatalismo se aproxima mais da submissão a um curso da história sob uma lei eterna, típico de Sigério de Brabante e dos averroístas.

Em outro sentido, a evocação de Dante pode ser comparada à de Santo Agostinho. Dempf afirmou bem que a visão de Dante é a contrapartida da *Civitas Dei*, na medida em que completa a evocação de um reino cristão esboçada em Santo Agostinho.[10] A comparação pode ser levada da esfera dos conteúdos para a esfera dos sentimentos. A *Civitas Dei* assinala o fim do período romano-cristão porque aceita a derrota da ideia de um império cristão. O *saeculum* é *senescens*; não existe esperança na história do mundo e temos que aguardar pela segunda vinda de Cristo, que porá fim ao curso essencialmente sem sentido dos acontecimentos humanos. A situação e os sentimentos de Dante são, em alguns aspectos, semelhantes aos de Santo Agostinho. De novo, o império fracassou e não há esperança de restauração num futuro imediato; há um tempo de espera comparável ao *saeculum senescens*. O indivíduo nada pode fazer além de retirar-se para uma atitude de contemplação religiosa. Pode julgar as iniquidades do seu tempo, mas o tempo não tomará conhecimento dele. O *saeculum* chegará a um fim por intervenção divina, mas com uma diferença importante em relação à concepção agostiniana: o fim não

---

[10] Alois Dempf, *Sacrum Imperium: Geschichts- und Staatsphilosophie des Mittelalters und der Politischen Renaissance*. Munique e Viena, Oldenbourg, 1929, p. 482. [4. ed., 1973]

será o advento do reino dos céus, mas uma nova dispensação imperial na história da humanidade cristã. Deparamo-nos pela primeira vez na *Divina Comédia* com o sentimento da esperança desesperada de que algum *deus ex machina* abolirá as tendências centrífugas e destrutivas das forças intramundanas e, ao mesmo tempo, estabelecerá um perfeito reino cristão intramundano. As categorias de Dante são medievais na medida em que a sua imagem de reino perfeito é o império perfeito medieval; mas seu sentimento é moderno na medida em que absorveu a reconstrução do *saeculum* que tinha sido produto dos séculos XII e XIII. A esperança é desesperada porque as forças intramundanas estão conosco como forças legítimas num mundo cristão que tornou o mundo de Deus um substrato material. Elas sempre serão centrífugas e destrutivas; não podem ser abolidas, mas apenas desviadas para os propósitos de uma ordem espiritual cristã. O sonho da sua abolição, no entanto, é a grande força em nosso mundo moderno que torna sua supressão pelo menos possível quando ameaçam romper a ordem cristã por completo.

17. Marsílio de Pádua

§ 1. Os primórdios do desenvolvimento constitucional germânico

A interferência papal no reino de Luís IV (1314-1347) constituiu a ocasião para o ajuste das relações entre o império e o papado, bem como para uma nova e aguda análise das relações entre o poder secular e o poder sacerdotal. A recusa pontifícia a reconhecer Luís IV como imperador despertou o sentimento nacional dos príncipes germânicos, tendo como resultado o fato de que, por meio de uma série de atos, a posição constitucional do imperador passou a ser independente do papa. Em 1338, formou-se a *Kurverein* de Rense, a qual declarou válida a eleição de um imperador pela maioria dos eleitores, sem confirmação papal; a Dieta de Frankfurt, sem mencionar o papa, declarou os eleitores legalmente autorizados a escolher o imperador, dissociando completamente a instituição imperial do papado; e, por fim, a Bula de Ouro, de 1356, regulamentou as eleições imperiais sem intervenção papal. Esta continuou em vigor até 1806. Na esteira da França e da Inglaterra, os territórios germânicos iniciaram o processo de contração nacional e a evolução das instituições nacionais, substituindo a velha constituição gelasiana do Império Ocidental. Pode-se dizer que a evolução do direito constitucional imperial germânico começou com a *Kurverein* de Rense e a Bula de Ouro. A forma de uma federação de príncipes germânicos, com o imperador como seu governante eleito, criada na época, permaneceu, em princípio, a forma constitucional germânica, passando pelas vicissitudes dos séculos. Sua tradição era tão forte que foi transferida até na fundação do império em 1871. A principal autoridade sobre a constituição de Bismarck, Paul Laband, interpretou a forma de governo do Império Germânico como uma república aristocrática dos príncipes germânicos sob a direção do imperador.

§ 2. O Defensor Pacis

Da torrente de literatura partidária que o conflito produziu de ambos os lados, o antipapal *Defensor Pacis* se distingue como o primeiro tratado que evoca a ideia de uma suprema organização secular do Estado, de um modo tão radical quanto o *De Eclesiastica Potestate*, de Egídio Romano, tinha evocado a ideia do supremo poder papal. O tratado é, desde há muito, reconhecido como um dos mais importantes ensaios teóricos da Idade Média tardia, mas até pouco tempo atrás sua posição exata na história das ideias estava sujeita a compreensões equivocadas, por diversas razões.

A questão da autoria, embora tenha ocasionado discussões brilhantes, é de pouca importância para uma correta compreensão. O tratado foi publicado sob o nome de Marsílio de Pádua, mas em 1326, dois anos depois de sua conclusão, Marsílio teve de fugir de Paris junto com o seu colega João de Jandun, porque foram considerados coautores. As tentativas de atribuir parte do livro a um ou outro autor com base nas evidências internas não levaram a um consenso, embora as diferenças estilísticas entre a *Dicto Prima* e a *Dictio Secunda* (partes I e II) sugiram de modo plausível que pelo menos os esboços originais das duas partes não foram escritos pelo mesmo homem. A obra, em seu estado atual, está bem coesa; não há quebras perceptíveis que possamos atribuir às inevitáveis imperfeições de um esforço cooperatitvo. Embora reconhecer a autoria das diferentes porções da obra nos ajude a traçar o perfil intelectual dos dois autores, é difícil enxergar de que maneira tal conhecimento poderia melhorar nossa compreensão de seu conteúdo.

Os obstáculos mais sérios a uma adequada compreensão podem-se reduzir a três pontos principais. Uma edição crítica do texto só passou a estar acessível em 1928.[1] As edições anteriores tinham uma imprecisão justamente na passagem mais importante de todo o livro, I.12.3, de modo que a passagem defeituosa isolada dava a crer que Marsílo tinha desenvolvido uma teoria da soberania popular e do governo da maioria. Após a publicação do texto restaurado, esta incompreensão ficou impossível. Mas era supérflua, porque, mesmo antes da restauração, o capítulo 13 da *Dictio Prima* continha sete páginas de explanação clara e inequívoca justamente a respeito da passagem polêmica, de modo que um leitor atento não era obrigado a cair neste erro.[2] A tendência a enxergar ideias modernas num tratado medieval a qualquer preço se deve também à segunda causa da incompreensão, a saber, a disposição dos historiadores de uma era progressista para realçar a grandeza de um pensador anterior ao fazê-lo brilhantemente "antecipar" ideias posteriores, supondo que ideias posteriores são mais avançadas e luminosas, de

---

[1] *The Defensor Pacis of Marsilius of Padua*. Ed. C. W. Previte-Orton. Cambridge, Cambridge University Press, 1928. Edição em inglês: *The Defender of the Peace*. Tradução e introdução de Alan Gewirth. 2 vols. Nova York, Columbia University Press, 1951-1956. Para um estudo recente, ver Cary Nederman, *Community and Consent: The Secular Political Theory of Marsiglio of Padua's Defensor Pacis*. Lanham, Md., Rowman and Littlefield, 1995. Uma tradução de outros escritos de Marsílio está disponível em *Writings on the Empire: Defensor Minor and De Translatione Imperii*. Ed. e trad. Cary Nederman. Nova York, Cambridge University Press, 1993.

[2] Que excelentes historiadores e analistas geralmente cuidadosos possam cometer equívocos fica evidente por sua presença em Dempf, *Sacrum Imperium*, p. 435. Para uma boa apresentação da perspectiva correta, ver McIlwain, *Growth of Political Thought*, p. 303 ss.

modo que sua "antecipação" constitui um mérito particular. Atualmente, essa tendência está se enfraquecendo. Começa a prevalecer a atitude mais científica de situar as ideias de um pensador adequadamente em seu próprio contexto.[3] As dificuldades que os historiadores encontram em seu esforço para situar adequadamente as ideias de Marsílio constitui a terceira fonte de incompreensões. O *Defensor Pacis* está bastante fundamentado na *Política* de Aristóteles. A relação com Aristóteles mais uma vez levanta o problema que tivemos de discutir anteriormente, quando tratamos de Tomás de Aquino:[4] a "recepção" de Aristóteles não significa adoção de sua teoria da pólis; significa, antes, uma seleção de teorias aristotélicas independentes enquadradas num sistema com princípios totalmente distintos. As muitas das referências de Marsílio a Aristóteles foram feitas por seu valor nominal; uma comparação mostra que, nos pontos decisivos, elas são injustificadas; nos pontos fundamentais, a relação é muito menos intensa do que sugere o volume de citações. Um obstáculo ainda maior para uma interpretação adequada era, até recentemente, nosso conhecimento insuficiente do averroísmo latino. Tanto Marsílio quanto João de Jandun eram averroístas. Se tomado como um documento isolado em sua época, o *Defensor Pacis* deve surpreender o leitor por seus modernismos. Caso se conheçam os antecedentes históricos de Sigério de Brabante e Boécio, o tratado parece muito menos anacrônico. Não se deve considerá-lo como o primeiro pronunciamento de ideias a serem desenvolvidas de modo mais completo posteriormente, mas como a culminação de um desenvolvimento com mais de setenta anos, e que agora chega a um impasse no *Defensor Pacis*.

---

[3] A respeito da tendência de atribuir sentidos modernos a conceitos medievais, veja as críticas severas, mas plenamente justificadas, de McIlwain, *Growth of Political Thought*, p. 303 ss.

[4] Ver vol. II, *The Middle Ages to Aquinas*, cap. 12, p. 207-32. [Edição brasileira: *HIP*, vol. 2, *Idade Média até Tomás de Aquino*. Trad. Mendo Castro Henriques. São Paulo, Editora É, 2012, p. 241-69]

§ 3. A relação com Aristóteles

O tratado está organizado em três partes, designadas *Dictiones*. A *Dictio Secunda* é a maior e contém a polêmica detalhada contra o poder sacerdotal em geral, e pontifício em particular. Reduz o *sacerdotium*, no que diz respeito a sua força coerciva, a uma subdivisão da politeia secular, agindo exclusivamente com permissão da lei estabelecida pelo governo secular. A *Dictio Prima*, mais breve, contém a exposição dos princípios políticos do qual são derivadas as regras aplicadas na *Dictio Secunda*. A *Dictio Tertia* é uma curta enumeração de 42 regras que resumem o argumento das *Dictiones* precedentes. A parte mais importante para uma história das ideias é a *Dictio Prima* com sua exposição dos princípios.

Ao longo da *Dictio Prima* figuram referências ao "divino Aristóteles" como a última autoridade em teoria política. No entanto, assim como Tomás, Marsílio substitui a pólis pela *civitas* ou *regnum*, incluindo como *communitas perfecta* a politeia do território nacional, que foi excluída por Aristóteles. A posição de Marsílio em seu contexto político é, ademais, exatamente o oposto da posição de Aristóteles. Este podia tomar como óbvia a pólis centenária; estava interessado na vida dos homens e dos cidadãos numa forma política inquestionada. A criação de uma pólis particular podia ser um problema para ele, mas nunca a existência ou a estrutura da pólis como tal. Deste modo, ele podia partir do pressuposto de que o homem está destinado "por natureza" para a vida na pólis, e tinha apenas de investigar as condições desta vida. Os núcleos sistemáticos de sua teoria eram, portanto, a *eudaimonia* – como o sentido da vida humana – e a *arete* – como a virtude do cidadão. A comunidade política secular de Marsílio, por outro lado, não é uma forma de vida com uma tradição venerável, mas um novo tipo de organização política que está se separando, numa luta amarga, do velho império. A *Política* de Aristóteles é a última palavra de uma pólis moribunda; o *Defensor Pacis* é a primeira palavra do Estado secular. Marsílio tem apenas uma função fortuita para a concepção de homem como destinado à vida no Estado secular. Seu assunto central é a fundação do Estado, sob o trabalho duro, através dos esforços do rei secular com a ajuda de jurisconsultos peritos e administradores financeiros, que ordenam e regulam os grupos sociais do reino e, particularmente, reduzem um clero arrogante a sua posição no corpo político. O título do tratado indica seu interesse primário: o estabelecimento da paz e da tranquilidade na comunidade através da subordinação do poder sacerdotal importuno ao poder secular monopolista como a última garantia de ordem política e legal (III.3: *De Titulo Huius Libri*).

§ 4. Analogia orgânica

O *Defensor Pacis* é uma investigação das condições necessárias à tranquilidade na politeia. O ponto de partida da análise de Marsílio é a comparação entre a *communitas perfecta* e um animal saudável. A tranquilidade está para o *regnum* assim como a saúde está para o animal. "A *civitas* é semelhante à natureza animal" (I.2.3); a tranquilidade se fará presente no reino se todas as partes estiverem bem ordenadas a suas tarefas (I.3.1); a comunidade bem ordenada é um análogo do animal com boas proporções e com todas as suas partes funcionando bem (I.2.3). A respeito da analogia orgânica, Marsílio remete à autoridade da *Política* de Aristóteles, 1254a e 1302b. Uma leitura dessas e de outras passagens revela que, na verdade, uma delas, 1302b, compara as partes da comunidade política aos membros de um corpo animal. Mas a posição da analogia no sistema não é o mesmo em Aristóteles e em Marsílio. Na *Política*, a analogia aparece no contexto da teoria das revoluções; o crescimento desproporcional de ricos ou de pobres perturbará a paz da comunidade e pode se tornar uma entre várias outras fontes de revoluções. A comparação da pólis ao animal é completamente acidental a esta causa específica das revoluções, ao passo que na teoria de Marsílio ela se torna a peça central de uma teoria do Estado. Em outra passagem, 1254a, a analogia orgânica tem uma função bastante diferente. A estrutura da pólis é comparada, não às proporções do corpo animal, mas à relação entre a alma e o corpo de um ser vivo. A alma é a parte dominante, que controla as funções do corpo. Aristóteles conclui que o melhor homem, que corresponde à alma, deve dominar os escravos por natureza, que correspondem ao corpo; o argumento é intensificado pela sugestão de que os melhores homens devem dominar os demais, assim como os homens dominam os animais. Obviamente, as analogias orgânicas nos dois contextos nada têm a ver uma com a outra; não há uma teoria organológica coerente no sistema de Aristóteles.

Assim, no sistema de Marsílio, a analogia orgânica tem uma função que não pode ser derivada diretamente de Aristóteles; está relacionada à *Política* apenas por associações mais ou menos superficiais. Quanto a seus antecedentes, é melhor olhar na direção das analogias orgânicas pré-aristotélicas na obra de João de Salisbúria. O *Policraticus* tentou constringir o poder governamental intramundano à função de representante de uma comunidade particular dentro do velho império. A tentativa não foi completamente bem-sucedida na época porque a comunidade ainda não era evocada com força suficiente para tornar plausível a função do rei como representante do "todo". A analogia orgânica foi usada por João de Salisbúria para tornar inteligível a existência e a estrutura interna da comunidade. Boa parte dessas dificuldades evocativas tinha desaparecido na época de Marsílio; as unidades da política intramundana tinham obtido uma realidade impressionante. Ninguém precisava ser persuadido para acreditar que a França ou a Inglaterra existiam. Mas as diferenças da construção teórica mal têm sido abordadas. Marsílio teve de retomar o problema do ponto em que João de Salibúria o tinha deixado. A analogia orgânica era para ele, assim como para o pensador que o antecedeu, um meio para estabelecer a comunidade como uma entidade no campo das forças políticas, de modo que ele pudesse proceder à solução do problema de como o indivíduo ou grupo governante na comunidade – a *pars principans*, em sua terminologia – podia exercer sua função de ordenar a vida da comunidade com autoridade representativa.

§ 5. O problema da autoridade intramundana representativa – o Legislator

A analogia orgânica ajuda a evocar a comunidade como um todo, mas não ajuda muito a resolver este segundo problema, o problema da autoridade representativa. Se a autoridade do governante não provém de Deus, mas supostamente está enraizada na própria comunidade, o problema que surge é onde situar a fonte da autoridade numa politeia intramundana. A comparação com o corpo animal não fornece uma resposta, pois o governante é um de seus membros e não pode derivar sua autoridade dos outros membros da unidade em funcionamento, a qual, ao contrário, ele tem de regular. A fonte tem de estar em algum lugar, por trás dos membros isolados, no "todo" abrangente. Em linguagem moderna: por trás da constituição, e da sociedade política submetida a ela, está o poder constituinte do povo, que pode ser institucionalizado numa convenção ou assembleia constitucional. Marsílio tem o mérito histórico de ter abordado conceitualmente o problema da especulação política pela primeira vez no Ocidente moderno. Sua análise é aguda e clara; podemos, inclusive, dizer que, para a época, responde perfeitamente ao problema; mas, justamente por ser uma resposta perfeita à época não pode ser uma teoria da soberania popular. A fonte por trás da comunidade juridicamente organizada da qual o governante deriva sua autoridade é chamada por Marsílio de *legislator*. O termo não pode ser expresso em inglês [nem em português] simplesmente como "legislador" porque a função legislativa moderna está *sob* a lei fundamental; o *legislator* de Marsílio, uma tradução do *nomothetes* aristotélico, ao contrário, é o agente intramundano que autoriza a ordem constitucional sob a qual o governante exerce suas funções, incluindo a legislativa. O *legislator* e sua função são definidos na famosa passagem, I.12.3:

> Definimos, conforme a verdade e a opinião de Aristóteles em *Política* III.6 (III.11 na contagem atual), que o *populus* ou *civium universitas*, ou a sua parte socialmente relevante

[*pars valentior*], é o *legislator* ou primeira e propriamente causa efetiva da lei, através da sua escolha ou vontade expressa [*per sermonem*] numa assembleia geral dos cidadãos, comandando ou determinando que algo seja ou não seja feito acerca das ações civis dos homens, mediante castigo temporal ou punição. Quando digo "a parte socialmente relevante" [*valentior pars*], quero dizer relevante pela quantidade bem como pela qualidade das pessoas na comunidade para a qual a lei é dada; assim será, quer a supramencionada *universitas civium*, ou sua parte socialmente relevante, faça a lei por si mesma, quer confie a feitura da lei a uma ou mais pessoas que, evidentemente, não são e não podem ser o próprio *legislator*, mas que atuam para um fim definido, num tempo definido e de acordo com a autoridade que lhes foi conferida pelo *legislator*" (I.12.3).

A avaliação desta definição depende do significado dos termos *pars valentior* e *universitas civium*. A antiga tese segundo a qual a *universitas* significa o povo no sentido moderno constitucional da população com idade de votar se tornou insustentável hoje, mesmo do ponto de vista filológico. A primeira versão do texto definia *valentior* como *considerata quantitate*; e a edição crítica emendada acrescenta *et qualitate*. Descartei outras traduções, como "parte prevalescente" ou "parte dominante"; são corretas, do ponto de vista literal, mas não transmitem nenhum sentido, a menos que as expliquemos. Em seu lugar, usei a tradução "parte socialmente relevante", tomando o termo de Max Weber; este termo significa todos os membros da comunidade que não podem ser negligenciados politicamente sem que se causem instabilidades revolucionárias da ordem social. A tradução é justificada na medida em que corresponde às intenções da *Política* de Aristóteles, na qual Marsílio se baseia, bem como do próprio Marsílio, como desenvolvido no capítulo 13 da *Dictio Prima*. Em ambos os textos, parece que os membros da comunidade não podem ser politicamente negligenciados, seja por causa de seu número seja por causa de suas qualidades. Os pobres geralmente serão relevantes por causa de seu número, enquanto aqueles que são relevantes em virtude de suas qualidades de caráter, educação e propriedade serão os poucos ricos, embora Aristóteles vislumbre a possibilidade de uma classe de ricos que pode ser relevante por causa de seu número. Para Marsílio, a linha divisória entre a quantidade e a qualidade parece correr entre uma classe inferior de camponeses, artesãos e mercadores e uma classe superior de sacerdotes, militares e juristas (I.5); no contexto de I.13, os homens qualificados diferem da massa de ignorantes (*indocti*) como os educados, prudentes e peritos em direito.

Marsílio apresenta um esquema elaborado para o procedimento do *legislator* (I.13), destinado a garantir a iniciativa dos poucos educados e, ao mesmo tempo, preservar o poder de aprovação da massa de ignorantes. C. W. Previte-Orton defende a ideia de que o esquema reflete o método realmente usado pelas comunas italianas da época. Mas, deixando de lado o procedimento real, que por razões técnicas, num território amplo como a França, não pode ser o mesmo que na cidade italiana, podemos dizer que o quadro da estrutura social com sua hierarquia de grupos de *status* como esboçado por Marsílio é válida de modo geral para a sociedade medieval tardia. O *legislator* é, afinal, a sociedade medieval estratificada em qualquer unidade política. Este ponto é importante porque não há necessidade *absoluta*, mesmo na época, de Marsílio conceber o "todo" de uma comunidade nestes termos. Não teria sido totalmente impossível para a teoria política nos séculos XIII e XIV voltar-se para a construção de um governo democrático popular. Observamos algumas tendências nessa direção nas ideias de Tomás de Aquino. As forças sociais que podiam ter formado a base material para uma evocação de governo popular estavam presentes nos movimentos religiosos comunais das cidades italianas e, em menor grau, nas cidades do oeste e do noroeste da Europa. A história, entretanto, não favoreceu este desenvolvimento na época. A revolta religiosa popular foi coibida como herética; ela atingiu sua irrupção na esfera institucional nos séculos XVI e XVII. Marsílio não estava interessado nas forças espirituais destes movimentos; no *Defensor Pacis* não há nenhum traço do cristão livre e espiritualmente amadurecido que forma a substância da politeia, como na teoria de Tomás de Aquino. Tais elementos populistas, como se pode depreender da concepção do *legislator*, não se devem a qualquer esforço evocativo da parte de Marsílio, mas são, como bem assinalou Previte-Orton, descrições das instituições das cidades reais.

Resumindo esta parte da doutrina de Marsílio, podemos dizer que a teoria do *legislator* é a primeira construção consistente da unidade política intramundana, que deriva a autoridade governamental, não de uma fonte extrínseca, mas de um "todo" da comunidade especialmente construído por trás das partes isoladas. A construção de Marsílio está relacionada à teoria da soberania popular na medida em que esta teoria posterior tem o mesmo propósito de construir uma unidade política intramundana. Mas fora essa identidade de propósito, é uma ideia genuinamente medieval, que emprega os materiais da sociedade medieval estratificada para a concepção do "todo", sem levar em conta as possibilidades de uma construção populista que estavam presentes nos movimentos político-religiosos da cidade.

§ 6. Governo limitado – italianismo

Na análise precedente, enfatizamos os elementos que determinam o lugar do *Defensor Pacis* na história geral das ideias medievais. Agora que passaremos aos detalhes da posição e da função do governador, temos de estar cientes de que a superfície comum dos problemas ocidentais estava se desgastando, enquanto o substrato dos problemas nacionais particulares ganhava importância. Na época da Controvérsia das Investiduras, um tratado antipapal era, obviamente, entendido como pró-imperial; em meados do século XIV, a tensão entre o poder papal e o poder imperial se tinha deslocado para a tensão entre o papa e a pluralidade de poderes seculares nacionais. A teoria de Marsílio, embora antipapal, detém a marca distintiva dos problemas italianos que não são igualmente válidos para outras regiões nacionais.

Este ponto tem de ser levado em conta quando consideramos o poder do *legislator* sobre as *pars principans*. O governante é instituído pelo *legislator* e se submete a seu poder corretivo, até ao extremo de suspensão e deposição do cargo, em caso de abuso de autoridade (I.18). A ideia de deposição pela *universitas* é, de fato, uma solução do problema que tinha preocupado João de Salisbúria; a solução desequilibrada deste pensador, a correção por meio do tiranicídio, é agora substituída pela ação na forma devida de parte da comunidade. A lógica interna da construção intramundana da politeia através da identificação do "todo" com a *universitas* leva à ideia de um governo limitado. Seria precipitado, no entanto, aclamar Marsílio como o precursor do governo constitucional e da limitação da monarquia, como às vezes acontece, pois o desenvolvimento das ideias e das instituições não é uniforme no mundo ocidental e não existe nenhuma forma ideal para a qual tenda. O problema solucionado por Marsílio é estritamente a construção da politeia intramundana; a característica "restritiva" é acidental para a resolução do problema original; e o problema original permite soluções alternativas que não implicam, de maneira alguma, limitações ao governante. Não é necessário identificar o "todo" da comunidade com a *universitas* de seus membros vivos, quer sejam compreendidas como a sociedade medieval estratificada, quer sejam compreendidas como pessoas modernas. É igualmente possível remeter o "todo" a uma substância imaterial da comunidade para além da multidão de viventes, de modo que as autoridades governantes se tornam os representantes diretos da substância imaterial por trás de todos os grupos empíricos dentro da comunidade. O resultado seria a autoridade ilimitada da elite governante ou dos líderes do governo, como se observou na Rússia e na Alemanha. Como elaborações teóricas, as alternativas podem ser separadas. Na prática governamental de nossas comunidades modernas, elas serão encontradas ativas simultaneamente em diversas forças. É difícil imaginar que um governo pudesse agir constantemente contra a vontade do povo concreto, mesmo que possuindo uma autoridade ilimitada; e é igualmente difícil imaginar que um governo representativo, por vezes, não sinta a necessidade de agir contra a opinião geral porque a deferência à autoridade superior da entidade imaterial da comunidade requer tal ação.

Agora, quanto às possibilidades técnicas e à efetividade do controle da *universitas* sobre o governador, o tamanho da comunidade é um fator importante. Não é um acidente que um plebeu de Pádua tenha desenvolvido a ideia de um governo limitado pela *universitas*. As teorias de Aristóteles a respeito dessa questão eram muito úteis a Marsílio porque pôde amalgamá-las à experiência política da cidade italiana. O *Defensor Pacis* é o primeiro tratado sobre política que revela a afinidade específica entre a teoria helênica da pólis e os problemas das cidades ocidentais. A extensão das categorias aristotélicas para além do escopo das cidades continua uma fonte permanente de problemas; Rousseau foi tão longe em seu *Contrato Social*, que rejeitou expressamente a transferência de suas ideias, que foram tidas como o modelo de Genebra, a um reino nacional como a França. Marsílio ainda não estava consciente dessas dificuldades; vimos que ele substituiu sem escrúpulos a pólis pelo *regnum* e, de modo alternado, pela *civitas*. No entanto, sua teoria só tinha pleno sentido no contexto da política das cidades italianas.

O assunto é importante para a interpretação do *Defensor Pacis* porque uma boa parte de seu suposto caráter antecipatório desaparecerá se considerarmos sua teoria do *legislator* e suas forças não como a primeira, em relação às ideias posteriores de governo limitado, mas como italiana e, ao mesmo tempo, com as ideias transalpinas com origem num grande *regna* nacional. A ineficiência do tratado em sua época se devia em parte ao fato de que a evolução política na Europa ocidental seguiu numa direção bastante diferente, culminando na monarquia absoluta na Inglaterra e na França. A guinada rumo à limitação do governo e à soberania popular no norte dos Alpes somente veio quando as forças dos movimentos populares foram liberadas. A ideia de limitar o governo pela *universitas* medieval se desenvolveu no ambiente italiano, com sua tradição da política das cidades mediterrâneas; mas a ideia de um governo limitado pelo povo se desenvolveu no Ocidente e estendeu sua influência pela Itália apenas com os renascimentos nacionais do século XIX.

§ 7. Naturalismo averroísta

Da estrutura interna da politeia secular, voltamos ao nível geral dos problemas. Esta parte geral da teoria de Marsílio tem um aspecto esotérico, e sua apresentação é, portanto, cercada por certos riscos. Os autores são averroístas; publicar um tratado político averroísta implicava a certeza prática de dissabores pessoais. As tendências averroístas podem ser percebidas em partes decisivas do livro, mas não são enfatizadas nem formam um sistema explícito. É justo supor que os autores, embora não suprimissem suas visões, não se preocuparam em publicá-las agressivamente, mas deliberadamente deixaram ao leitor instruído a tarefa de completar um padrão de teoria que eles apenas sugeriram.

Os principais recursos no obscurecimento dos conteúdos averroístas são as referências distorcidas a Aristóteles. Ao ler I.4.1, tem-se a impressão de que o autor adota a teoria aristotélica da vida boa: os homens associam-se em comunidades a fim de satisfazer as necessidades da vida, e se combinam na sociedade perfeita por causa da boa vida, que consiste no trabalho independente da alma prática e contemplativa. Mas a passagem é mais do que uma citação inconsequente. No sistema aristotélico, a doutrina da boa vida é elaborada na teoria do homem justo e do bom cidadão e suas virtudes; no sistema de Marsílio, essa elaboração, ou uma equivalente, está ausente. Em seu lugar, encontramos uma filosofia naturalista da sociedade. A divisão entre as funções de agricultores, artesãos, mercadores, militares, sacerdotes e governantes se deve, segundo Marsílio, à providência da natureza. A natureza dotou os homens com diferentes inclinações e hábitos, a fim de fornecer recursos humanos para a vida da sociedade perfeita (I.7). Marsílio menciona especificamente os hábitos naturalmente determinados das ações militares e da prudência do governo, de inclinações práticas e especulativas. A unidade do homem se dissolve numa gama de dons, o que resulta no fato de Marsílio não ter uma antropologia personalista, cristã, ou outra qualquer, mas uma filosofia averroísta coletivista do homem natural. O radicalismo naturalista da doutrina fica evidente quando a comparamos com a teoria aristotélica paralela na *Política* VII.8-9 (1328a-1329a). Aristóteles também atenta para as inclinações naturais dos homens, mas leva em conta os problemas ocupacionais e a ideia da personalidade perfeita. A agricultura fica a cargo dos escravos e dos bárbaros *perioeci* porque não deixa tempo livre para a vida de um cidadão; escravos e bárbaros são um tipo inferior de homem e, assim, não são candidatos à personalidade perfeita. Artífices e homens de negócio não são necessariamente escravos por natureza, mas sua ocupação é ignóbil e, portanto, não podem ser cidadãos plenos; se são, por natureza, incapazes para ser cidadãos continua uma pergunta em aberto. Os cidadãos perfeitos, por fim, têm de exercer as funções de guerreiro, governante e sacerdote, em sucessão, no momento adequado de sua vida. A pólis, portanto, está organizada em torno de um ideal de homem; pelo menos os melhores da classe superior atendem aos requisitos de uma personalidade bem formada, e através de suas qualidades humanas integrais são capazes de formar a substância da comunidade.

§ 8. A Pars Principans

Marsílio não tem uma concepção de homem comparável à de Aristóteles. A partir da diversificação dos hábitos humanos, uma *civitas* pode ser construída, mas não pode crescer. Na linguagem de Marsílio: os hábitos naturais são as *causae materiales* do Estado, mas não suas *causae formales* ou suas *causae efficientes*. A causa formal da ordem social deve ser encontrada nas leis fundamentais emanadas do *legislator*; e a causa eficiente é o próprio *legislator*. O Estado não é um organismo, mas uma organização; suas partes são *officia*, no sentido de que obedecem a uma autoridade instituída (I.7.1). Nessa conexão, a função do *pars principans*, do governador, assume uma importância fundamental. O *legislator* nada pode fazer além de traçar as linhas gerais da ordem social. Cabe ao governador a tarefa de ordenar e coordenar continuamente as outras partes da *civitas*. Excessos têm de ser corrigidos; equidade e harmonia têm de ser mantidas (I.5.7). Esta função é caracterizada como *judicialis et consiliativa* (I.5.7) e como *executiva* (I.15.4); inclui também o poder de legislar (*praecipere*) (I.15.6); e recai especificamente sobre o governador a função de promulgar regulamentações a respeito do número e da qualificação dos homens que se juntam a um ou outro grupo social de modo que as proporções sejam preservadas (I.15.10). O governante é a *pars prima* porque institui, determina e conserva todas as outras partes (I.15.14).

Uma vez que na concepção de Marsílio a *civitas* não cresce historicamente a partir da livre convergência de esforços de seus membros, mas depende, para sua existência, da atividade ordenadora do governante, ela não pode ser estável a menos que o governante tenha o monopólio do poder. Se o tamanho do reino exige uma pluralidade de autoridades governantes regionais, elas têm de estar estritamente subordinadas ao poder regulatório e corretivo da autoridade central. Uma multidão de homens, por definição, apenas se torna *civitas* se tiver um governante com autoridade secular suprema (I.17.11).[5] Esta ênfase na soberania do governante como determinante, não apenas da unidade, mas também da unidade

---

[5] *Defensor Pacis* I.17.11: "Sic quoque unius civitatis aut provinciae homines dicuntur una civitas aut regnum, quia volunt unum numero principatum" ("Assim, os homens de uma cidade ou província são chamados uma cidade ou estado porque desejam um governo em número". *Defender of the Peace*. Trad. Gewirth). Ver Marino Damiata, *Plenituto Potestatis e Universitas Civium in Marsílio da Padova*. Florença, Studi Francescani, 1983.

do Estado não é uma completa inversão da teoria do *populus* ou *universitas* como a substância primária da comunidade, pois o governante continua sendo instituído pelo *legislator*; mas mostra quão fraca é a base para supor uma soberania da *universitas*. O peso incide na organização governamental, que ainda tem de desempenhar um trabalho de unificação de séculos, antes de as nações modernas alcançarem um grau de coerência que as capacite a atuar como soberanas.

§ 9. A pluralidade de estados em guerra

A teoria política própria do estado intramundano é concluída com umas poucas notas a respeito do problema da monarquia universal. Marsílio considera indesejável uma organização política da humanidade sob um único governante supremo. Deve haver uma pluralidade de Estados que correspondam à diversificação da humanidade em termos regionais, linguísticos e culturais, pois parece ser a intenção da natureza que a propagação dos homens seja moderada por guerras e epidemias, de modo que o espaço limitado seja suficiente para o processo de eterna geração. Como os efeitos da guerra e das doenças podem ser minimizados pela paz mundial, as tentativas de organização política não devem ir além da pluralidade de politeias naturais (I.17.10). O eterno processo averroísta de geração é o princípio definitivo da filosofia política.

§ 10. O direito

A teoria do direito corresponde à teoria da política. As dificuldades sistemáticas de Santo Tomás são agora facilmente superadas porque apenas um dos vários sentidos do termo *direito* é aceito como relevante para o estado secular. O direito é definido como uma doutrina sobre o justo e útil e seus opostos em assuntos civis, da qual se derivam regras coercivas sancionadas por penas ou recompensas (I.10.3-4). O direito combina a justiça com a sanção temporal, mas o elemento coercivo se sobressai à justiça. Marsílio reconhece a possibilidade de uma jurisprudência como ciência do justo e do injusto, do útil e do prejudicial (I.10.4), mas não reconhece um direito natural como tal. A *vera cognitio* do justo (o termo *lex* é cuidadosamente evitado) não é uma lei (I.10.5); uma *falsa cognitio*, por outro lado, pode ser uma lei, se dotada de sanção temporal; é deficiente no que diz respeito à justiça, mas, ainda assim, lei (I.10.5). Uma exposição dos conteúdos da lei natural está significativamente ausente no *Defensor Pacis*.[6] A *potentia coactiva* (I.10.4) domina o cenário teórico da mesma maneira que no *De Potestate Ecclesiastica* de Egídio Romano.

§ 11. Cristandade e Igreja

Em comparação com a teoria positiva do Estado, o argumento contra o poder do sacerdócio é um anticlímax, embora preencha o núcleo central do livro e seja seu principal propósito prático. A atitude de Marsílio diante da cristandade é averroísta: a verdade da fé é reconhecida em todas as ocasiões, mas seus conteúdos são tratados com

---

[6] No *Defensor Pacis* II.12.7, Marsílio elenca – como uma citação da *Ética* v.7, de Aristóteles – o conteúdo convencional da lei natural. A passagem é seguida pelas sentenças:
  Quae licet sint ab humana institutione pendentia, transumptive *iura* dicuntur *naturalia*. Quoniam eodem modo creduntur apud omnes regiones licita et eorum opposita illicita, quemadmodum actus naturalium non habentium propositum conformiter apud omnes proveniunt, velut *ignia* qui sic *ardet hic* sicut *in Persia* (Embora dependam de uma ratificação humana, são analogamente chamados direitos "naturais" porque em toda parte são da mesma maneira aceitos como legítimos e seu oposto como ilegítimos, assim como os atos dos seres naturais destituídos de vontade são uniformes em qualquer lugar; como o fogo, que "queima aqui da mesma maneira que na Pérsia").
O *ius naturale* é idêntico ao *ius gentium*. Quem chamou minha atenção para essa passagem foi o professor Friedrich von Engel-Janosi.

uma indiferença tal que dificilmente se pode caracterizar a posição de Marsílio como fideísta; não se faz sequer a mais branda tentativa de reconciliar razão e fé em sentido tomista. O sentido da vida e da vida justa é assunto de filósofos, e Aristóteles é o guia oficial para problemas mundanos; as questões sobre a vida eterna não permitem consenso e situam-se para além da discussão racional (I.4.3). O cristianismo é tratado como uma "seita" religiosa entre outras, embora seja formalmente oposta, como a única verdadeira religião diante de uma multidão de outras falsas. A imparcialidade chega às raias do grotesco em I.6, quando as doutrinas da fé cristã são resumidas de um modo didático excessivamente elementar, como se o tratado fosse escrito para leitores que nunca ouviram falar do cristianismo. Este capítulo deve ter sido escrito por alguém a quem o cristianismo era apenas uma curiosidade cultural sem apelo a qualquer sentimento mais profundo. Esta suposição é confirmada pela avaliação que Marsílio faz da religião quando diz que esta é um santo terror para os incultos, cuja moralidade de conduta é fortalecida pela expectativa de punições no além por causa das obras que escapam ao julgamento mundano (I.6.11). A punição está no além, no *saeculum aeternum*; sob nenhuma circunstância o sacerdócio pode obter poder coercivo independente da autoridade secular. O cristianismo é interpretado como uma religião de um outro mundo que não se deve institucionalizar na forma de uma igreja detentora de *potestas coactiva* sobre seus membros. Ao próprio Cristo são negadas as funções de rei e juiz, exceto no *saeculum aeternum*; embora neste mundo ele exerça a função de "médico" que pode informar, ordenar, prognosticar e expressar juízos a respeito de uma vida que leva à saúde eterna ou à danação, não sustenta sua advertência, através dos sacerdotes, pela compulsão nesta vida (II.9.2; também II.7.5). Neste contexto, aparece uma passagem curiosa, que infelizmente está corrompida, mas pode ter, se restaurada, um único sentido: Cristo em sua graça está retendo a punição "até o fim de cada período" a fim de dar aos homens tempo para uma conduta meritória e penitência.[7] A frase "até o fim de cada período" dificilmente terá outro sentido senão que Marsílio aceita a teoria averroísta dos ciclos mundiais eternamente recorrentes e que Cristo assume sua função como juiz no fim de cada ciclo na medida em que nasce e é crucificado em cada ciclo.

Pode-se antever os princípios que regem a relação entre a Igreja e a politeia secular que fluem desta posição. Separei apenas algumas das principais regras. A Igreja não tem poder coercivo, mas está submetida em todos os aspectos à autoridade do *legislator* que ordena a vida do homem para a felicidade mundana (II.4-5). Penalidades eclesiásticas, incluindo a excomunhão, só podem ser aplicadas com permissão das leis seculares (II.6). O clero não está isento do julgamento secular (II.7). A organização hierárquica interna da Igreja deve ser abolida, pois todos os sacerdotes são iguais; a posição do pontífice romano tem razões históricas, não espirituais (II.5); somente as Escrituras devem ser cridas por todos os cristãos; sua interpretação é uma função do Concílio Geral da Igreja (II.19). O Concílio Geral deve ser composto por delegados de todas as províncias do mundo, escolhidos pela comunidade dos fiéis de acordo com as provisões do *legislator* humano; deve-se dar o devido peso à qualidade; leigos, como por exemplo os reis, estão incluídos tanto quanto os clérigos (II. 20).

§ 12. O credo esotérico

A partir da apresentação do *Defensor Pacis*, deve ter ficado claro que sua doutrina não pode ser reduzida a uma fórmula simples. Muitos problemas práticos e teóricos estão entrelaçados, muitas correntes de sentimento fluem juntas, e estão

---

[7] *Defensor Pacis* II.9.1: "Voluit enim ex sua misericórdia Christus usque ad extremum cuiusque periodum concedere mereri, et de commissis in ipsius legem poenitere posse" ("Pois em sua graça, Cristo desejava dar a qualquer pessoa a oportunidade de se tornar merecedora até o fim de sua vida e de arrepender-se de seus pecados cometidos contra a lei de Cristo"; Trad. Gewirth).

bem escondidos os princípios dos autores que tentaram evitar a censura papal. Mas, apesar do caráter esotérico da doutrina fundamental, é possível para nós, tal como o era para os censores papais, penetrar no âmago dos sentimentos e ideias e situá-los em seu tempo. Dissemos que a teoria política é averroísta; mas essa afirmação precisa de um reparo importante. No capítulo referente a Sigério de Brabante, vimos que o coletivismo da teoria averroísta não é inequívoco.[8] A humanidade é uma unidade coletiva por meio da singularidade da *anima intellectiva* em que seres humanos individuais participam, bem como por meio do processo de geração eterna que a todos abarca. Se esses dois níveis de coletividade humana forem tomados isoladamente como a base para a construção teórica, as ideias políticas resultantes obviamente serão divergentes. A *anima intellectiva* presta-se à evocação de um império mundial, a universalidade de organização política que corresponde à universalidade da mente. Se o processo natural se torna o determinante da teoria, pode-se evocar a ideia de um fluxo de politeias sucessivas e simultâneas, cada uma tendo em sua base as comunidades produzidas pela natureza. A primeira possibilidade foi percebida na ideia de Dante de uma monarquia mundial; a segunda na ideia de Marsílio de uma pluralidade de estados seculares fechados, em guerra uns com os outros. O *Defensor Pacis* tem de ser classificado, portanto, ao lado da *Monarquia* de Dante; os dois tratados juntos representam o potencial do averroísmo na política.

O esoterismo do *Defensor Pacis* torna mais difícil decidir se o tratado como um todo pode ser chamado de um sistema de política. A opinião prevalecente parece ser que a teoria do estado secular, como desenvolvida na *Dictio Prima*, é incompatível com a política eclesiástica da *Dictio Secunda*. Pode-se defender essa opinião com boas razões. Uma atitude meramente fideísta para com o cristianismo já seria suficiente para diminuir sua

---

[8] Ver, vol. II, *The Middle Ages to Aquinas*, cap. 11, p. 178-204. [Edição brasileira: *HIP*, vol. 2, *Idade Média até Tomás de Aquino*. Trad. Mendo Castro Henriques. São Paulo, Editora É, 2012, p. 209-38.]

vitalidade como força formadora da sociedade. Mas Marsílio vai além: ele explicitamente considera a religião como ópio do povo, e o cristianismo perde todo o sentido caso o Cristo se torne uma figura que aparece e desaparece ritmicamente na eterna sequência dos ciclos mundiais. Para o intelectual naturalista, o cristianismo deve ser apenas mais uma ilusão e não se pode integrar coerentemente no sistema da política secular. Lembramos que os filósofos árabes alcançaram uma atitude de tolerância para com o Islã.[9] À multidão seria concedida grande indulgência numa religião ortodoxa porque ela não pode erguer-se a níveis mais altos de razão e intelecção, e o credo do intelectual continuaria a propriedade de um grupo discreto de filósofos. É bem provável que os autores do *Defensor Pacis* tenham adotado esta atitude. Sua política eclesiástica seria, neste caso, uma forma coerente de tratar das convicções do vulgo, deixando-os com sua fé e, através do Concílio Geral, com uma forma de expressão institucionalizada, enquanto restringe a influência do sacerdócio na politeia onde o erudito intelectual deve reinar supremo. Não podemos decidir em favor de uma ou outra opinião porque uma parte decisiva da doutrina de Marsílio provavelmente se perdeu.

A *Dictio Prima* desenvolve uma teoria institucional do estado secular, mas evita tocar na questão da substância intelectual e espiritual da comunidade. Ouvimos algo a respeito da boa vida, do justo e do útil, e sobre a ocupação das almas práticas e contemplativas; mas nada a respeito de um código de ética ou direito natural nem de um propósito central da vida, como o *bios theoretikos* aristotélico. Como o cristianismo também não fornece a substância da comunidade, podemos desconfiar de que por trás da teoria política revelada, os autores tinham um credo intelectual que determinava sua conduta de vida, que os deixava livres para abençoar a massa com uma política mundana utilitária. Através do vazio substancial da *Dictio Prima*, podemos ver a mancha branca; mas não sabemos o que estava escrito sobre ela invisivelmente.

---

[9] Ver ibidem, p. 216-22.

§ 13. Tecnicismo político

A atitude é espiritualmente niilista no que diz respeito à politeia, embora possa haver um credo intelectual como pano de fundo. Como resultado desses sentimentos, a abordagem dos problemas políticos se torna técnica, no sentido de uma compreensão dos problemas do poder sem participação pessoal por parte do pensador político nas lealdades e na fé da comunidade. O tópico que mais interessa a Marsílio na *Política* de Aristóteles é o tratamento e a prevenção das revoluções. Essa abordagem técnica de Marsílio sempre foi reconhecida como relacionada à política de Maquiavel. Marsílio não concentrou sua vontade de uma ciência de governar numa evocação comparável em grandeza ao *Príncipe* de Maquiavel. Dificilmente se esperaria por isso se levarmos em conta o opróbrio que ficou vinculado ao nome de Maquiavel, mesmo dois séculos depois e que ainda se liga a ele na opinião pública. Mas a posição é preconcebida em toda sua essência; e uma boa parte da fama de que Maquiavel é o primeiro representante da política secular pós-medieval deveria ser restituída a Marsílio. A relação deve ser enfatizada porque lança luzes sobre os antecedentes da posição de Maquiavel e nos permite remontar pelo menos um de seus componentes ao naturalismo averroísta.[10] Além disso, deve ser enfatizada também porque tanto Marsílio quanto Maquiavel eram italianos. Sob o impacto das tristes experiências com a Igreja na política italiana, o clima de opinião ficou favorável a uma abordagem imparcial, solene, artificial dos problemas políticos. A forma de pensamento político especificamente italiana, que é notável mesmo em seus grandes representantes mais recentes, como Mosca e Pareto, já tinha tomado forma no início do século XIV.

---

[10] [Ver Antonio Toscano, *Marsílio da Padova e Niccolo Machiavelli*. Ravenna, Longo, 1981.]

18. Guilherme de Ockham

Das análises de Egídio Romano, João de Paris, Dante e Marsílio de Pádua emerge um padrão de teoria política que é característico do século XIV. É necessário considerar este padrão por um instante e distingui-lo daquele dos séculos precedentes, porque tal esclarecimento ajudará na análise de Guilherme de Ockham, o pensador mais complexo do seu tempo.

§ 1. Um padrão de teoria – o problema de Guilherme

No final da Controvérsia das Investiduras, a espiritualização radical do mundo prenunciava a ascensão das forças intramundanas nos dois séculos seguintes; o sistema de Santo Tomás, no fim do século XIII, atingiu a grandiosa síntese das forças do momento; mas vemos essas forças reaparecerem mais tarde com todo o vigor, e somente então ficaram reconhecíveis em toda a amplitude de seus problemas, que não foram dominados por nenhum pensador do período seguinte. A primeira característica importante da Idade Média tardia é, consequentemente, a ausência de um sistema filosófico clássico que pudesse ser aceito como o símbolo representativo dessa era. Em vez disso, encontramos múltiplas expressões teóricas, cada uma das quais representando um fragmento de sentido que, se tomado isoladamente, não permite uma completa compreensão do período. Elas têm de ser vistas em conjunto, em sua inter-relação, se pretendemos traçar um quadro verdadeiro dos problemas que ocuparam os pensadores de então. Neste sentido, o século após Santo Tomás assemelha-se ao precedente: para apreciar a dimensão da sublevação intramundana pré-tomística, tivemos de rever o individualismo secular de João de Salisbúria e o individualismo espiritual de São Francisco; o *pathos* imperial de Frederico II e o *pathos* intelectual de Sigério de Brabante; a consciência histórica de Joaquim de Fiore e o legalismo incipiente da ação de papas e imperadores. As mesmas forças atuam no século XIV, mas sua expressão já não se identifica com uma clara série de personalidades representativas. O trabalho revolucionário dos séculos XII e XIII estava pronto; as forças intramundanas se estabeleceram, o que quer dizer que se expandiram em corpos da doutrina e por vezes em instituições que somavam sua própria força como um fator à situação; deparamo-nos agora com padrões híbridos de determinantes consideravelmente mais complexos.

Se tentarmos deslindar os complexos de sentimentos e ideias e, assim, reduzi-los aos fatores determinantes, temos de reconhecer, em primeiro lugar, a diferenciação da humanidade ocidental em comunidades particulares que deram o título a esse segmento ("A Igreja e as nações"). De um lado, o espiritualismo da igreja desenvolveu-se no eclesiasticismo de Bonifácio VIII e de Egídio Romano; do outro, pudemos observar que os sentimentos nacionais atingiram o estágio em que introduzem os problemas das instituições nacionais na teoria política geral. Vimos a reflexão de João de Paris sobre a monarquia francesa, e de Marsílio de Pádua sobre as instituições urbanas italianas; veremos agora os traços do contexto inglês na teoria de Guilherme de Ockham. Em nenhum caso, entretanto, a unidade coletiva é exclusivamente o fator determinante de uma teoria. A expressão das forças intramundanas coletivas se mistura às forças pessoais do período anterior. Reaparecem a expectativa joaquimita do terceiro reino e as esperanças de Dante na regeneração da missão imperial romano-italiana, o intelectualismo averroísta de Sigério e Boécio de Dácia em combinação com o republicanismo, o anticlericalismo e o tecnicismo político italianos de Marsílio de Pádua. Os sonhos imperiais do Hohenstaufen se transformam no imperialismo de Carlos de Anjou e nas ideias hegemônicas francesas de Pierre Dubois. Em Ockham, o elemento das instituições inglesas é um fator menor que tira sua força do espiritualismo da ordem franciscana.

As mesmas forças estão em ação, mas as novas ideias são mais do que um novo arranjo de velhos motes. As ideias dos séculos XII e XIII, tendo adquirido sua própria força, produzem um conjunto de problemas que podem ser caracterizados como um novo fator comum às ideias bastante divergentes do século XIV. Na obra de Egídio Romano, pudemos observar a dissociação entre o poder e o espírito, ambos precariamente religados pela evocação de uma hierarquia com as substâncias do poder e do espírito centradas em sua cabeça. Na visão de Dante, o espírito saiu do campo dos poderes e paixões do seu tempo, e sua reunião se tornou a esperança de um futuro distante. No *Defensor Pacis*, a estrutura do poder secular transformou-se em unidade fechada e o cristianismo é um credo para o povo, enquanto, de modo meio velado, aparece o credo averroísta para o intelectual. A tendência é clara. A aceitação do "mundo" como parte da criação divina, desde o cardeal Humberto e os *Tratados de York*, possibilitou a ascensão das forças intramundanas. As forças mundanas, uma vez estabelecidas, agora ameaçam separar-se da espiritualidade cristã e encontrar um novo equilíbrio numa ordem intramundana. Os pensadores do século XIV estão preocupados com o estabelecimento de uma nova ordem intramundana, como Marsílio de Pádua, ou com o desenvolvimento de uma fórmula que preserve a ordem cristã transcendente e, ao mesmo tempo, integre a estrutura do mundo, como Egídio e Dante.

Ao lidar com a situação, Guilherme de Ockham teve o mérito de a ter compreendido perfeitamente e de, com os recursos do espiritualismo franciscano, desenvolver uma posição teórica que mais tarde regressaria na história das ideias modernas. O problema permanente era o seguinte: o espiritualismo cristão e a teologia cristã tinham de ser preservados intactos. Os principais riscos a essa preservação eram a realidade do mundo e a preocupação com ela em forma de ciência. A ciência, entretanto, tornara-se um fato estabelecido na civilização ocidental e não podia ser abolida, de modo que tinham de ser desenvolvidas uma ontologia e uma epistemologia que permitissem uma análise crítica e livre da realidade, sem ameaçar os elementos teológicos [*theologoumena*]. O grande oponente intelectual a essa tarefa era o aristotelismo em sua vertente averroísta; por isso a nova metafísica se contrapunha de modo radical ao naturalismo averroísta e ao determinismo da personalidade humana. O próprio tomismo era um perigo, pois a suposta harmonia entre a fé e a razão conduziria, por meio da investigação filosófica racional, a tensões entre a teologia natural e a sobrenatural, acabando por minar a integridade do sistema dogmático.

§ 2. Nominalismo e fideísmo

Apresentei o problema deliberadamente tendo como referência os dados, como se fossem ser resolvidos por um método de cálculo, pois a metafísica de Guilherme de Ockham é, de fato, um brilhantemente calculado sistema de respostas a determinadas perguntas, embora falte um centro existencial a determinar a atitude filosófica. Ockham é o primeiro de uma distinta linhagem de filósofos modernos que não filosofam sobre problemas que se originam de uma experiência filosófica radical, mas, sim, sobre problemas que surgem no ambiente em torno e requerem uma solução intelectual. Em Ockham, não há nada da certeza sublime de Santo Tomás, segundo a qual a ordem do mundo é uma manifestação do intelecto divino e deve ser recriado pelo homem na ordem da verdade. A ordem do mundo, para Guilherme, é criada por Deus, mas não é uma revelação da *ratio aeterna*; o mundo, tal como é, deve sua estrutura não à substância divina, mas a um ato da vontade divina; o Deus onipotente poderia ter criado o mundo diferente, se assim quisesse. O mundo não tem uma estrutura essencial, mas concretiza, entre as possibilidades infinitas, a escolhida por Deus.[1] Usando a distinção de Duns Scot entre *potestas absoluta* e *potestas ordinata* de Deus, Guilherme concebe a ordem natural como uma ordem hipotética determinada pela *potestas ordinata*; é uma ordem estável, baseada no conhecimento empírico, de modo que podemos formular noções e regras gerais com relação às sequências temporais de eventos em circunstâncias iguais, mas Deus, a qualquer momento, pode interferir na ordem pela ação de sua *potestas absoluta* e alterar o curso previsto dos eventos. A ordem natural não tem uma estrutura de universais reais; não podemos conhecer, consequentemente, qualquer substância em si mesma, mas apenas por seus elementos acidentais. A causalidade na ordem natural não é negada, mas, sendo dependente da vontade de Deus, que pode alterá-la, não apresenta um caráter de necessidade absoluta. Esta concepção da natureza como uma ordem hipotética é a base da teoria do conhecimento nominalista de Ockham.[2]

---

[1] A apresentação do problema tem de ser breve. O leitor deve estar ciente de que a insistência nas diferenças em relação à teologia de Santo Tomás enfatiza em demasia o elemento voluntarista. Para uma compreensão equilibrada, seria necessária uma análise extensiva. Neste contexto, aplicamo-nos para apresentar os traços distintivos.

[2] Sobre essas questões, ver Erich Hochstetter, *Studien zur Metaphysik und Erkenntnislehre Wilhelms von Ockham*. Berlim e Leipzig, De Gruyter, 1927, especialmente o capítulo 2, "Metaphysische Voraussetzungen". Ver também Sytse Ulbe Zuidema, *De Philosophie van Occam in zijn Commentar op de Sententien*. 2 vols. Hilversum, Shipper, 1936; o volume I contém o tratado citado há pouco; o volume 2 contém seleções do *Commentary*; ver, especialmente, I:452, sobre a concepção ockhamiana de Deus como *Uebermensch*, como *agens fortissimum*. A passagem sobre o *agens fortissimum* encontra-se em *Commentary on the Sentences* II.19.L. Zuidema's *Supplement*, 210. Em geral, ver Gordon Leff, *William of Ockham: The Metamorphosis of Scholastic Doctrines*. Manchester, Manchester University Press, 1975; e *The Dissolution of the Medieval Outlook*. Nova York, New York University Press, 1976; vide também Heiko Oberman, *The Harvest of Medieval Theology: Gabriel Biel and Late Medieval Nominalism*. Cambridge, Harvard University Press, 1983.

As implicações desta teoria têm grandes consequências para o sistema de Ockham bem como para a história das ideias posterior. Se a essência da natureza é inacessível, nosso conhecimento do mundo exterior se torna um problema de organização dos materiais empíricos por meio de instrumentos conceituais da mente humana. O objeto do conhecimento não é o objeto *real*, mas o objeto como aparece e como é pensado (*intentio in anima naturaliter significans omnes illas res de quibus praedicatur* [a intenção na alma que naturalmente significa todas as coisas sobre as quais se pode predicar]).³ Está aberto o caminho para a ciência empírica e para a "crítica da razão", que culmina no sistema de Kant. Entretanto, o estabelecimento de uma teoria crítica do conhecimento não pretende em primeiro lugar garantir o progresso da ciência, mas, sim, restringir a ciência ao seu campo de possibilidades. A ciência não pode alcançar a substância do mundo, incluindo o homem (*Ding an sich* ["coisa em si"], de Kant) e Deus. A restrição crítica da ciência aos acidentes tem a finalidade de preservar a fé. No reino da fé revelada e da teologia, predomina a *potestas absoluta* de Deus; é o domínio do irracional, que desafia as tentativas de uma teologia racional. A religião revelada é um milagre de Deus, não categorizável cientificamente; seu conteúdo não pode ser compreendido pela razão natural e sua aceitação somente é possível através do milagre da fé operado por Deus no homem. O teor irracional do dogma é crível porque Deus tem, por sua *potestas absoluta*, infundido a fé no homem, levando-o ao sacrifício do intelecto. Ockham foi o primeiro a construir uma posição religiosa estritamente fideísta, aceitando o dogma racionalmente incompreensível por um ato de fé que é trabalhado no homem por um milagre de Deus.⁴

É difícil de apreender a atmosfera de sentimentos em torno dessa posição, precisamente porque é uma atmosfera, e o sentimento não vai às raízes da existência. Com toda certeza, o cristianismo de Ockham não se baseia na *pistis* no sentido

---

³ Sobre *intenção* e *significação*, ver Ernest A. Moody, *The Logic of William of Occam*. Nova York, 1934; reedição: Nova York, Russell and Russell, 1965, especialmente o capítulo 2, "The Logic of Terms", p. 47-50.

⁴ Ver Zuidema, *Philosophie van Occam*, vol. I, parte 6. In: *God en Zijn Werk*.

paulino da "substância das coisas esperadas",⁵ ou numa abertura ativa à realidade transcendente. Talvez possamos entender melhor o sentimento como uma evolução do cristianismo franciscano; a imitação intramundana de Cristo por São Francisco implica, como vimos, uma concentração no Jesus sofredor, até ao extremo da estigmatização, mas não é muito sensível à rica experiência pneumática de fé que constitui a substância da comunidade cristã. No exemplo de São Francisco, sua experiência intensa da humildade das criaturas podia ofuscar, com sua radiância, um empobrecimento de outras dimensões da experiência cristã; no caso de Guilherme de Ockham, o cristianismo intramundano é reduzido claramente à aceitação sincera do credo. Esta redução a um nível menor de intensidade tem outras consequências características. Na experiência existencial da fé, o sentimento tem suas dimensões de certeza e inconstância, de austeridade e de abertura, de graus da *metanoia* e das oscilações de sua preservação, e assim por diante, mas a alma ainda é determinada pelo impacto da realidade transcendente. A atitude de Ockham não dá nenhum espaço para a dúvida, mas implica uma profunda compreensão da possibilidade da descrença. Para o homem, a fé transformou-se numa possibilidade; se Deus não operasse o milagre, não haveria fé; perde-se o sentido da fé criativa, ativa. Ockham compreende que, sem a interferência da divina *potestas absoluta*, ele pode deixar de crer.⁶

---

⁵ Alusão à epístola de Paulo aos hebreus 11,1. (N. T.)

⁶ A respeito deste problema, ver Nicola Abbagnano, *Guglielmo di Ockham*. Lanciano, 1931, capítulo 9, "La Personalità di Ockham", especialmente p. 340 e seguintes:
> Il vecchio motto "Credo ut intelligam" perde qui veramente il suo significato, in quanto per Ockham non si tratta più di procedere dalla fede alla ragione, di, esprimere e formulare in, un sistema di concetti il *credo* ecclesiastico, ma si tratta di effettuare l'elaborazione conceptuale dei dati che l'esperienze offre (O velho mote "Creio para entender" de fato perde o seu significado na medida em que, para Ockham, não é tanto uma questão de precedência da fé à razão, de expressar e formular num sistema de ideias o *credo* eclesiástico, mas se trata de efetuar a elaboração conceptual dos fatos que a experiência oferece).

Neste contexto, ver Leff, *William of Ockham*.

O termo *ceticismo*, relacionado por vezes a Guilherme, não caracteriza adequadamente o sentimento porque encobre a relevância histórica do fenômeno. Em Ockham, um grande ciclo do cristianismo ocidental chega ao seu termo, o ciclo que começou com o realismo dos *Tratados de York* e que agora se esgota no nominalismo da última escolástica. O mundo foi espiritualmente integrado no reino de Deus, mas sua estrutura não podia, intelectualmente, ser integrada no sistema racional da fé intelectual. A harmonização do espírito e do intelecto tinha falhado. Não surpreende, portanto, que encontremos no esforço ominoso de Guilherme para conservar a fé, a partir de um naufrágio que a própria fé não tinha capacidade de evitar, os mesmos sintomas da destruição que tenta neutralizar. O conflito averroísta entre as autoridades da fé e da razão é superado, mas às custas da admissão de que o argumento dos filósofos em questões decisivas como, por exemplo, a eternidade do mundo em oposição à criação no tempo é irrefutável. Admite, neste caso, que o argumento de Duns Scot contra a suposição de uma série indefinida de *causae* e a favor da necessidade de uma *causa prima* no tempo é insustentável. Resolve a dificuldade confinando a análise intelectual à esfera natural, excluindo o sobrenatural da sua competência. A solução intelectual correta seria o reconhecimento do problema de uma série indefinida como um problema-limite dialético que não permite uma resposta em categorias finitas inequívocas. Pertence à classe dos problemas que foram tratados por Kant sob o nome de "Antinomias da Razão Pura". Esta solução envolve, entretanto, a admissão de que os *theologoumena* desta classe não têm significado se compreendidos como proposições a respeito da estrutura empírica do mundo, extraindo sua validade de uma outra fonte. Kant denominou esta fonte de "interesse prático"; hoje preferimos falar da expressão de experiências religiosas fundamentais nos símbolos, símbolos que extraem sua força das experiências que expressam. A solução provavelmente seria possível, mesmo no tempo de Ockham, considerando as tendências do movimento averroísta que a apoiava, embora só tenha sido desenvolvida cabalmente no fim do século XIX, sob a pressão da ciência comparativa das religiões, no movimento modernista.

§ 3. A civilização secular e o retraimento da Igreja

Ockham teve de negar esta solução, e a Igreja Católica sempre recusou até mesmo o mais leve passo nesse sentido. A recusa de Guilherme marca o início de um retraimento da Igreja diante de um compromisso com o mundo, um retraimento que foi acarretado por um aumento da complexidade do mundo, que ameaçava engolfar a substância da fé. A atividade intelectual livre somou-se aos modos de expressão do homem intramundano em forma de especulação crítica, de ciência empírica crítica e, mais tarde, de história crítica, criando um novo sistema referencial, o qual reduziu o absolutismo do credo a uma religião historicamente relativa.

A crítica da razão é existencialmente compatível com um misticismo intelectual dogmático; mas não é compatível com uma religião histórica. O literalismo histórico do cristianismo não pode ser abandonado em momento algum sem pôr em perigo o seu núcleo: o Cristo histórico e sua realidade como salvador da humanidade. A atitude adotada por Guilherme é um indício da situação significativa em que a penetração cristã do "mundo", que avançava desde a fundação do Império Ocidental, tem agora de ser interrompida. Os elementos que brotaram no mundo têm de continuar no mundo; tinha chegado ao fim o período do cristianismo com sua, ao menos tentada, completa integração da vida do homem à vida do *corpus mysticum*. Um processo civilizacional intramundano ocorria paralelamente ao processo civilizacional cristão organizado na Igreja. A cisão entre o mundo secular da civilização ocidental e o cristão ampliou-se cada vez mais, até encontrar sua grande expressão no pontificado de Pio IX. O *Syllabus Errorum*, de 1864, considera um erro acreditar que o pontífice romano deve se reconciliar e concordar com o "progresso, o liberalismo e a civilização contemporânea"; ademais, naturalismo, nacionalismo, indiferentismo, socialismo, comunismo, entre outros, foram declarados errôneos.

A separação entre as duas correntes, a secular e a eclesiástica, tem consequências já perceptíveis na obra de Guilherme e outros pensadores do início do século XIV. Em Egídio Romano, observamos a exigência do *sacrificium intellectus*, subordinando a atividade intelectual ao dogma da fé. Em Guilherme, a exigência reaparece mais cautelosamente sob a forma de reconhecimento de uma esfera sobrenatural transcendente às categorias do conhecimento intramundano. Em ambos os casos, a questão do autoritarismo espiritual fica visível, como estreitamente relacionado ao novo problema na vida eclesiástica. Com Egídio, a autoridade espiritual da Igreja se concentra no papa. No sistema de Guilherme, a concepção se estende para além da esfera humana, chegando ao transcendente: ele desenvolve a ideia de um Deus autoritário absoluto, que determina o conteúdo da fé segundo sua própria vontade.

A tensão entre o intelecto independente e a autoridade da fé altera substancialmente as relações entre a Igreja e a esfera temporal porque, a partir deste ponto, esta se identifica com o secularismo e o laicismo, no preciso sentido de um reino da existência humana que é organizado sob a alçada do intelecto crítico. A coordenação dos dois poderes, na qualidade de ordens inseridas no corpo da humanidade cristã, dá origem a uma nova ordem, na qual a Igreja fica na defensiva como um enclave dentro do processo da civilização secular. O resultado para a Igreja é o enrijecimento e a sequidão de sua vida intelectual, pois qualquer movimento que pudesse tocar na esfera dogmática envolveria o risco de abalar o sistema e de abri-lo a uma invasão destrutiva do intelecto secular e, portanto, tem de ser repelida. Como afirma George Santayana em seu ensaio "Modernismo e Cristianismo":[7] a era da heresia parcial

---

[7] [*The Works of George Santayana*. Nova York, Scribners, 1937, 7, p. 24-49.]

passou; sucedeu-lhe a era da heresia total. Com a *Professio Fidei Tridentina*, de 1564, o movimento dogmático da Igreja estava praticamente terminado. O primeiro dogma adicionado após o Concílio de Trento, promulgado por Pio IX em 1854, sem apoio da autoridade conciliar, foi o dogma da Imaculada Conceição. O primeiro concílio, após trezentos anos, foi o Concílio Vaticano de 1869-1870, que proclamou o dogma da Infalibilidade Papal. No auge da progressiva exuberância civilizacional do século XIX, uma evolução atingiu seu estágio de formalização institucional e dogmática prenunciada na sentença de Egídio Romano: "Pode-se dizer que aquilo que o papa faz é feito pela Igreja". No lado secular, observamos um movimento análogo à evolução eclesiástica. O Deus absoluto, o papa absoluto e a fé absoluta de Egídio Romano e Guilherme de Ockham são seguidos pelo príncipe absoluto, o povo absoluto e pela razão iluminada absoluta; o papa infalível do século XIX é seguido por seus análogos seculares: os líderes do século XX que não podem errar. O cisma civilizacional tornou necessária, finalmente, uma relação ordenada entre as instituições representativas dos dois processos.

A questão das relações entre a Igreja e os estados como unidades de poder secular tornou-se cada vez mais importante, produzindo vários fenômenos na igreja convencional, na não convencional, em igrejas livres e seitas, na tolerância religiosa, na liberdade de culto, na subordinação das igrejas à lei dos estados, nas concordatas, e assim por diante. Ao longo de todo o processo evolutivo do cisma, a Igreja Católica, entretanto, manteve sua pretensão de ser o árbitro da civilização ocidental e insistiu em sua exigência de eliminar da história o processo da civilização secular. Os principais eventos que marcam esta atitude da Igreja são a fundação da Companhia de Jesus (1540), a organização da Inquisição Universal (1542), o *Index Prohibitorum Librorum* desde 1559, a formulação do direito papal, pelo cardeal Belarmino, para interferir em matérias temporais (*De potestate summi pontificis in rebus temporalibus*, 1610); e, após o eclipse do final do século XVIII, o restabelecimento da ordem jesuíta, da Inquisição e do *Index* em 1814, e o já mencionado *Syllabus Errorum* de 1864, reivindicando para a Igreja o controle da cultura, da ciência e do sistema educacional, rejeitando a ideia da tolerância e da liberdade de consciência, e reclamando a independência da Igreja do controle estatal.[8]

§ 4. A última fase de espiritualismo franciscano

Da obra de Guilherme, isolamos a variante autoritária e dedicamo-lhe especial atenção, porque com bastante frequência é ignorada. As ideias deste período são tão complexas que a tentação de simplificar é quase irresistível. No caso de Guilherme, há a grande tentação de exagerar seu empreendimento como filósofo crítico e de enxergar em sua obra, sobretudo, o início de uma agnóstica e secular crítica da razão. A tentação é grande porque Guilherme não era um papista, mas, ao contrário, opunha-se à tendência ao autoritarismo papal que apontamos no parágrafo anterior. Os interesses da ordem franciscana conduziram-no à oposição, e as ideias que ele elaborou para uma reorganização institucional da Igreja possibilitaram classificá-lo como um precursor do Movimento Conciliar. Mas a autoridade que negou à hierarquia eclesiástica e a seu cabeça, ele a concedeu ao teólogo intelectualmente preparado, isto é, ao tipo produzido de maneira exemplar pelas ordens mendicantes. Temos de perceber que as tensões políticas medievais não ocorrem apenas entre os poderes espiritual e temporal representados pela hierarquia eclesiástica e pelos príncipes dos

---

[8] Este capítulo foi escrito antes da publicação da encíclica papal *Divine Afflante Spiritus*, em 30 de setembro de 1943. Seria prematuro especular, neste momento, sobre as prováveis consequências práticas que a encíclica acarretará nas relações entre a Igreja e a civilização secular, mas deve estar claro que este documento significativo inverte nos pontos decisivos a atitude da Igreja Católica que tem contribuído para aumentar o abismo. [Esta nota parece ter sido adicionada ao manuscrito posteriormente por Voegelin. Ele parece ter ficado perplexo com a encíclica de Pio XII que reverteu a oposição da Igreja aos métodos modernos de erudição bíblica. Foi notável como um dos vários indícios iniciais da mudança de atitude relativamente ao mundo moderno, culminando nos trabalhos do Concílio Vaticano II. A mais representativa declaração do Concílio foi a *Gaudium et Spes*, ou *A Constituição Pastoral no Mundo Moderno*, na qual foi proposto um compromisso solidário com a modernidade, no lugar da atitude defensiva inicial.]

territórios temporais, mas que as ordens militantes, quer militares quer mendicantes, constituem um terceiro poder, embora menor, que pode, potencialmente, colidir com os outros dois em aberta rivalidade. No início do século XIV, em dois casos a tensão atingiu o ponto de ruptura: no choque entre os templários e Filipe, o Justo, e, quase coevo a este, entre os franciscanos e o papado. O resultado foi idêntico em ambos os casos. A ordem soberana militar teve de dar passagem à monarquia nacional, e o autoritarismo intelectual dos teólogos franciscanos sucumbiu perante o autoritarismo da Igreja.

O conflito direto entre os franciscanos e o papado teve origem na retomada da discussão acerca da ideia de pobreza com um novo nível de argumentos. A ideia estritamente espiritual do franciscanismo irrompeu novamente, e pela última vez, em Peter Olivi. Sua *Postilla in Apocalypsim*, de 1295, foi a última grande tentativa de compreender o *novum et solemne saeculum* que sucedeu à abolição da igreja feudal nas categorias joaquimitas e vê seu conteúdo na evolução da Ordem Franciscana, como o novo *corpus mysticum*, rumo ao triunfo sobre o mundo moribundo. É provável que as ideias de Olivi influenciassem Dante nos anos de 1287-1289, enquanto desempenhou o cargo de lente em Florença; a *renovatio vitae evangelicae* joaquimita e a *vita nuova* de Dante estão estreitamente relacionadas. Uma eficácia mais ampla, entretanto, foi sentida após a morte de Olivi, em 1289, quando foi adorado como um santo por grupos espirituais em Provença. Para a Igreja, o movimento pareceu sério o bastante para justificar uma perseguição impiedosa, que terminou com a condenação de Olivi.

Após este revés, um grupo de espirituais franciscanos, conduzido pelo general da ordem Miguel de Cesena, recomeçou a discussão sobre a pobreza, mas agora com argumentação jurídica. A controvérsia assumiu proporções europeias quando Miguel de Cesena e Guilherme de Ockham fugiram da prisão papal em Avignon, em 1328, e buscaram a proteção do imperador em Pisa. A controvérsia em torno da pobreza franciscana se tornou parte da querela entre João XXII e Luís, o Bávaro. O novo debate foi aberto por uma carta circular de Miguel de Cesena datada de 1331, na qual declara heréticos doze artigos da bula papal *Quia vis reprobus*. Alguns dos principais artigos considerados heréticos são os seguintes: Cristo tinha o *universale dominium omnium rerum temporalium*, como verdadeiro rei e senhor temporal; ele também tinha propriedade particular; nunca aconselhou os apóstolos a uma completa renúncia à propriedade; deixou aos apóstolos propriedade particular e comum em imóveis; nunca fez voto de pobreza; o voto das ordens que vivem sem propriedade privada não se estende às necessidades da vida. Os artigos do papa e o protesto geral revelam que a discussão da pobreza tinha se transformado numa disputa legal. A substância cristã se enfraquecia cada vez mais; no grande processo de "desespiritualização" do cristianismo, vimos a mão de Deus na transferência do império ser substituída por uma transação legal; vimos a reforma espiritual da Igreja endurecer-se num legalismo eclesiástico; e agora vemos a vida de Cristo e dos apóstolos ser discutida sob a ótica da propriedade privada ou comunal. Ambas as partes da contenda estavam erradas; nem o reino de Cristo é um principado temporal cheio de regalias, como pretendia o legalismo papal, nem a indiferença escatológica à propriedade dos primeiros cristãos é uma forma de comunismo, como a maior parte dos franciscanos a considerava em função do ideal de pobreza intramundana de sua ordem. Não obstante, este debate representou na história das ideias o começo da discussão sobre o "comunismo" dos primeiros cristãos ainda hoje em andamento.[9]

---

[9] A respeito da controvérsia e dos dados relativos à biografia de Ockham, ver Abbagnano, *Guglielmo di Ockham*, cap. I, "La Vita e le Opere". Ver também a introdução de C. K. Brampton a *Gulielmi de Ockham Epistola ad Fratres Minores*. Oxford, Oxford University Press, 1929. Novas luzes sobre a questão foram lançadas por Jürgen Miethke, *Ockhams Weg zur Sozialphilosophie*. Berlim, De Groyter, 1969; A. S. McGrade, *The Political Thought of William of Ockham*. Cambridge, Cambridge University Press, 1974; C. Dolcini, *Il Pensiero Politico di Michele da Cesena, 1328-1338*. Ravenna, Faenza-Flatelli Lega, 1977.

§ 5. O método político de Ockham

A carta aberta de Miguel de Cesena foi respondida por um papista, e esta resposta, por sua vez, provocou um comentário crítico excelente por parte de Guilherme de Ockham – o *Opus Nonaginta Dierum*, de 1332. Antes de analisarmos este comentário e outras obras mais volumosas do autor, é necessário um esclarecimento a respeito da abordagem mais adequada.[10] Guilherme não desenvolveu um sistema político; teve um contato incidental com as questões políticas do seu tempo no âmbito mais vasto dos problemas teológicos. A boa eficácia revelada deveu-se menos a sua posição política – contrária a *plenitudo potestatis* papal ou favorável a uma ação conciliatória igreja-governo – do que a seus métodos de lidar com os problemas do direito e do governo; uma relação das suas opiniões apresenta-se, portanto, menos relevante do que uma compreensão das razões que o levaram a adotá-las.

Seu método em política representa a mesma combinação entre nominalismo e fideísmo que caracteriza sua posição filosófica geral, mas só revela sua plena significação quando aplicado às questões políticas. O surgimento do nominalismo na política nos apresenta um problema semelhante àquele ocorrido quando do surgimento da psicologia no período da

---

[10] Foram usadas as seguintes edições das obras de Ockham: (I) *Dialogus*. In: Melchior Goldast, *Monarchia S. Romani Imperii*, vol. 2, p. 394-957 *(Pars Prima*, p. 394 ss.; *Pars Secunda*, p. 740 ss.; III.I *De Potestate Papae et Cleri*, p. 772 ss.; III.II *De Potestate* et *Juribus Romani Imperii*, p. 868 ss); (2) *Opus Nonaginta Dierum*. In: ibid., vol. 2, p. 993-1236; (3) *Octo Quaestiones de Potestate Papae*. In: *Guillelmi de Ockham Opera Politica*. Ed. J. G. Sikes. Manchester, University of Manchester Press, 1940, vol. I; (4) "Guillelmi de Occam Breviloquium de Potestate Papae". Ed. L. Baudry. *Etudes de Philosophie Médiévale*. Ed. Étienne Gilson. Paris, n. XXIV, 1937; (5) *The De Imperatorum et Pontificum Potestate of William of Ockham*. Ed. C. Kenneth Brampton. Oxford, Oxford University Press, 1927; (6) *Gulielmi de Ockham Epistola ad Fratres Minores*. Edição, notas e introdução de C. Kenneth Brampton. Oxford, Oxford University Press, 1929. Traduções mais recentes: *A Short Discourse on Tyrannical Government* e *A Letter to the Friars Minor and Other Writings*. Ed. Arthur Stephen McGrade. Trad. John Kilcullen. Nova York, Cambridge University Press, 1992, 1995.

desintegração grega. A psicologia veio a ser, no que diz respeito aos fenômenos da mente, uma abordagem especialmente importante quando a substância da comunidade se dissolve e, como consequência, a angústia do homem se liberta e encontra sua expressão no predomínio das reações e impulsos individuais na conduta humana. O nominalismo, embora sempre seja uma possibilidade teórica, atinge maior importância, tal como a psicologia, como interpretação da realidade política quando a substância da comunidade está perdendo sua força e, consequentemente, os aspectos relacionais vêm à tona. O sintoma mais evidente da alteração na teoria jurídica é a mudança de ênfase, que se desloca do conteúdo da ordem justa para a questão da melhor interpretação. Enquanto os membros e grupos de uma comunidade aceitam de comum acordo uma ordem objetiva, as inevitáveis dissensões podem levar a confrontos graves, como vimos na Controvérsia das Investiduras, mas não há dúvida disruptiva quanto ao fato de viverem *sob* a ordem e estarem equidistantes em relação a ela. Se, entretanto, o sentimento do vínculo comum for perturbado por tensões que surgem a partir de sentimentos crescentes de comunidades particulares – como a Igreja, os reinos nacionais, as seitas e as ordens –, o elemento decisivo da autoridade é vivenciado com nova acuidade, e o problema passa a ser mais importante do que quem terá a decisão final num conflito e por quê. Nas teorias de Guilherme, a perspectiva relacional é difusa, de forma idêntica à assumida na controvérsia entre João XXII e Miguel de Cesena; ainda mais importante do que o *que* é herético e *quem* é herético é *quem decide* quem é herético. A resposta de Ockham é clara; a decisão final encontra-se com os teólogos virtuosos e peritos que não se demovem da verdade reconhecida por argumento algum, mesmo que um "anjo do céu" os tente persuadir (*Dialogus*). O problema mais interessante para uma teoria nominalista do direito não é o funcionamento normal da ordem, mas as situações críticas de ruptura da ordem e o poder emergente que terá de tomar as decisões para manter a coesão da comunidade.

A teoria de Ockham não é um exemplo de nominalismo puro. Seu nominalismo tem a finalidade de preservar intacta a estrutura da fé perante o naturalismo averroísta e, também, perante certos elementos do tomismo que pareciam ameaçar a doutrina ortodoxa. Como consequência, encontramos, lado a lado com uma aguda análise do direito consuetudinário e do decisionismo, fragmentos de doutrina que tinham sido introduzidos no cenário pelo racionalismo de Santo Tomás. Em muitos aspectos, a teoria de Guilherme parece mais "medieval" do que a teoria tomista. Essa mistura de nominalismo pós-tomista e dogmatismo pré-tomista com frequência tem confundido os historiadores a ponto de considerarem impossível determinar a "verdadeira" opinião de Ockham, ao passo que um estudo mais recente concluiu "que não existe diferença essencial entre Ockham e Santo Tomás" quanto à questão do direito natural, "e que é de todo errôneo ampliar o cisma nominalismo-realismo para abarcar suas respectivas teorias do direito natural".[11] Ambas as atitudes refletem o desespero pelo fato de Ockham não ser tão nominalista quanto devia ser, e assim estão justificadas; mas tampouco podemos aceitar a tese da obscuridade de Ockham, ou a tese de que não há diferença essencial entre sua teoria legal e a tomista.

§ 6. A teoria do direito

Ockham de fato apresenta uma teoria do direito natural – a qual seria impossível caso fosse um nominalista estrito que considerasse inacessível a substância da razão –, mas não é a teoria tomista de uma ordem natural racional das relações humanas. Ele nunca desenvolveu sua teoria de forma clara e sistemática, mas podemos observar um inequívoco ressurgimento da antiga ideia de uma "lei natural relativa" que governa o estado do

---

[11] Max A. Shepard, "William of Occam and the Higher Law". *American Political Science Review*, n. 26, 1932, p. 1005-23; e n. 27, 1933, p. 24-38.

homem caído, em contraste com a ordem absoluta racional que governa o estado paradisíaco. A ideia está implícita no pressuposto de Ockham de que a ordem concreta das relações humanas é obrigatória, conforme a vontade de Deus, embora não seja a ordem ideal. Além disso, vemos uma retomada da crítica de Sêneca à civilização, em sua forma mais radical, presente na *Epistola XC*, que vê a ordem concreta como resultado da depravação humana. Neste segundo aspecto, a ordem jurídica é elaborada pelo homem e consiste, ao menos predominantemente, num direito positivo distinto do direito natural.

Da síntese entre as duas ideias resultam complicações de terminologia, que são tanto mais confusas por causa do tratamento casual que os problemas recebem. O estado paradisíaco da inocência é um estado de razoável *dominium* sobre o mundo (*temporalia*) sem oposição; é um estado sem violência e, consequentemente, sem direitos de propriedade privada, que, em última instância, exigiria a defesa pela força. O estado do homem caído, governado por leis várias, opõe-se a este estado natural de equidade. O *Opus Nonaginta Dierum* distingue entre o *jus fori* (direito do foro) e o *jus poli* (direito do céu ou direito natural). O *jus fori* é a ordem da propriedade após a divisão da *temporalia*, orginalmente comum;[12] é um estrato de lei que precede no tempo e com grau mais elevado na ordem do que a lei civil decretada por governantes.

Na medida em que a ordem da propriedade precede a ordem política, trata-se de *jus gentium* no sentido específico do direito consuetudinário que compromete os príncipes; somente pode ser quebrada pelo príncipe ou pelo consentimento geral em casos extremos. O *jus poli* consiste na equidade natural[13] que permite a quebra da ordem num caso excepcional, como a apropriação daquilo que é indispensável à vida. A "equidade natural" é o único vestígio da lei natural em sentido estrito no sistema ockhaminano.[14] Mas ele usa o termo

---

[12] *Opus Nonaginta Dierum*, cap. 65, p. 1110, linhas 27 ss.

[13] Ibid., linhas 53 ss.

[14] Ibid., cap. 92, p. 1150, linhas 11 ss. Ockham distingue as três *aequitates naturales*:

direito natural, não obstante, para abarcar a lei criada pelo homem contida no *jus gentium*; e chega ao extremo de aplicar o termo a qualquer promulgação humana que não seja contrária à evidência racional.[15] Temos, portanto, de distinguir entre uma lei natural do estado de inocência e uma lei natural do estado caído. A lei natural do estado caído abrange, na sua maioria, a lei criada pelo homem; dentro desta, há uma distinção entre o *jus gentium* pré-político consuetudinário, que inclui a ordem da propriedade, caracterizado como natural, mais elevado, e a lei civil promulgada. E, por fim, o estado caído é governado pelo princípio da equidade natural, porque a razão dos homens caídos contrasta com a razão pura do estado de inocência.

§ 7. A ordem do século e a ordem de pobreza

A intrincada teoria jurídica perde sua aparência de terminologia confusa assim que vamos além da mera classificação de tipos de leis e observamos sua função na resolução dos problemas. O principal problema para Guilherme é a relação entre a ordem do século e a ordem de pobreza na imitação de Cristo. A ordem do século é, fundamentalmente, a ordem do homem não redimido, alicerçada na força; a vida do verdadeiro cristão é uma imitação da vida de Cristo, que nunca assumiu qualquer *dominium* sobre o século – de que,

---

(1) quae fuisset in statu innocentiae; (2) quae debet esse inter homines in omnibus sequentibus rationem; (3) quae est inter homines pronos ad dissentiendum et male agendum (*equidades naturais:* [1] as do estado de inocência; [2] as que os homens devem possuir se seguirem a razão; [3] as que se encontram nos homens que tendem à dissenção e de má conduta).

[15] O *Dialogus* – parte III, trato II, livro III.6 – distingue três leis naturais: (1) quod est conforme rationi naturali; (2) quod servandum est ab illis, qui sola aequitate naturali absque omni consuetudine vel constitutione humana utuntur; (3) quod ex jure gentium vel aliquo facto humano evidenti ratione colligitur ([1] as conformes à razão natural; [2] as seguidas pelos que fazem uso da equidade natural sem atender ao costume ou à constituição humana; [3] as reunidas por meio da razão evidente das leis das nações ou de alguns atos humanos). Ver, particularmente, *Dialogus,* p. 933, linhas 51 ss.

aliás, os judeus falsamente o acusaram –, mas, antes, viveu sem propriedade. A vida na pobreza traduziu-se na vida sem propriedade, e somente agora, sob a influência de categorias jurídicas, emerge uma distinção clara entre a moralidade secular e a monástica.[16] Somente na Grande Reforma o agravamento deste hiato entre a esfera secular e a verdadeira vida cristã revela plenamente suas consequências. A ordem do século é determinada como uma esfera humana autônoma fora da ordem cristã, *stricto sensu*, e a ordem cristã se aproxima de uma conduta monástica e ascética. A dupla ordem temporal-espiritual medieval se divide em duas ordens: uma ordem político-econômica não cristã e uma disciplina ascética cristã. Como resultado, a partir de agora, a ordem do século seguirá os seus princípios sem dar atenção à ordem cristã da vida, ou tentará mantê-la dentro de limites por meio de regulamentações na perspectiva monástica. Ambas as possibilidades se realizam na Reforma do século XVI. O século, entendido como esfera da coerção, foi seriamente negligenciado na ideia de Lutero e praticamente deixado para defender-se por si mesmo, com exceção dos conselhos de desobediência, caso em que a autoridade secular deveria ser usada para controlar qualquer ato contrário à lei de Deus. Calvino, por outro lado, tentou submeter a conduta no século à disciplina cristã, mas sem sucesso no final das contas, pois a esfera secular furtou-se a essa disciplina e dela reteve somente uma tensão adicional na busca de seus próprios fins. Ockham não tenta, em sua obra, estabelecer uma conexão sistemática entre a teoria das duas ordens e a dicotomia fundamental nominalista-fideísta, mas é óbvio que a dicotomia política reflete a mesma tendência de seu pensamento filosófico.[17] A percepção deste vínculo muito

---

[16] A respeito deste ponto, ver Dempf, *Sacrum Imperium*, p. 515 ss. Este parágrafo deve muito à brilhante análise da obra de Ockham feita por Dempf.

[17] Esta afirmação precisa de uma emenda, à luz do fato de que é precisamente na discussão a respeito da recusa do Cristo ao *dominium* do século, que Ockham introduz a teoria da *potestas absoluta* e da *potestas ordinata* de Deus. Ver *Opus Nonaginta Dierum*, cap. 95, p. 1171, linhas 14 ss; e Dempf, *Sacrum Imperium*, p. 514 ss.

contribuirá para uma compreensão das raízes mais profundas dos problemas da Reforma nos sentimentos e categorias sociais criadas no século XIV. Retrospectivamente, a dicotomia de Ockham revela com mais clareza o caráter intramundano do espiritualismo de São Francisco: a conformidade com Cristo, no novo *corpus mysticum*, evoluiu do *Evangelium Aeternum* para uma regra de conduta que pode ser discutida por meio de categorias legais. Da Primeira Reforma do poder espiritual, compreendida como uma das ordens na humanidade cristã, movemo-nos para a Segunda Reforma com sua tendência intramundana de absorver o homem secular na ordem espiritual, sob pena de enviá-lo para a ordem secular não cristã (que tomou o lugar da ordem temporal cristã anterior), caso resista à integração.

§ 8. O papa e a Igreja

O segundo grande problema de Guilherme está estreitamente relacionado com o primeiro. A verdadeira ordem cristã renuncia ao domínio secular. Assim, o poder do papa não pode assumir um caráter de *plenitudo potestatis*, integrando o tratamento das questões políticas ao das espirituais e reivindicando um *dominium generale* sobre toda a propriedade. O poder papal é o assunto do primeiro tratado do *Dialogus*, parte III; os principais resultados estão sintetizados na última obra de Ockham, o *De Imperatorum et Pontificum Potestate*, de 1346-1347.[18] Se o papa detivesse a plenitude do poder, a *lex Christiana* seria uma lei de servilismo, pior que a lei mosaica (*Imperatorum* I.5). O poder do papa não é extensível à *saecularia* (II.2); nem a uma imposição de trabalhos supérfluos (III); aos direitos e liberdades do homem afastado de Cristo (IV); e, politicamente, o papa não detém poder para substituir governantes, nem poder de aprovação relativamente aos reis

---

[18] *De Imperatorum of William of Ockham*, Ed. Brampton.

legitimamente eleitos (XX.I). Suas funções limitam-se à pregação da palavra de Deus e ao supremo julgamento de todos os fiéis em matérias espirituais (X, XVI.2), moderado pelos conselhos dos sábios e pela lei natural e divina.[19] O poder temporal do papa não deriva de Cristo, mas foi adquirido por consentimento humano, submissão voluntária e anuência explícita ou tácita. Quanto aos poderes temporais, no entanto, nenhuma doutrina absoluta é possível. Assim, Ockham procede a uma análise singular, em categorias aristotélicas, a respeito da melhor forma de governo para a Igreja (*Dialogus* III.I.II).

O melhor regime consiste em um monarca que governa de acordo com a sabedoria, livre do direito positivo, mas limitado pela atenção devida ao bem comum e à lei natural. Na esteira de Aristóteles, Ockham constata que tal governo é inexistente em sua época. O segundo melhor regime seria uma monarquia limitada pelo direito positivo, mas é possível que, em certas circunstâncias, uma aristocracia seja a melhor forma de governo. Uma alternativa à monarquia universal seria uma aristocracia dos reis nacionais como governo mundial. Essa ideia é transferida para a Igreja, e Ockham cogita a possibilidade de um governo aristocrático-eclesial representado por um grupo de papas nacionais (III.I.I., cap. 20, p. 807). A sugestão é importante sob diversos aspectos. Em primeiro lugar, o problema da organização da Igreja é compreendido como campo da ação humana; Ockham prova, de forma exaustiva, que a lei do decreto papal referente a matérias organizacionais é lei humana. A sutil distinção de São Francisco entre uma vida em conformidade com Cristo e uma vida em conformidade com a Igreja Romana tinha apresentado todas as suas consequências. O único elemento tradicional mantido por Ockham foi a convicção de que Pedro tinha primazia espiritual sobre os outros apóstolos e, consequentemente, o

---

[19] Para uma análise mais detalhada da teoria de Ockham sobre o poder papal, ver Philostheus Boehner, O. F. M., "Ockham's Political Ideas". *Review of Politics*, n. 5, 1943, p. 462-87. Um estudo mais extensivo é W. Kolmel, *Wilhelm Ockham und seine Kirchenpolitischen Schriften*. Essen, Ludgerus Verlag Wingen, 1962.

pontífice romano tinha uma supremacia espiritual em relação às outras igrejas cristãs. As implicações políticas são igualmente relevantes. A experiência de uma humanidade cristã universal debilitou-se de tal forma que uma monarquia e um papado universais já não pareciam tão necessários quanto o foram na época de Dante. O sentimento nacional é forte o bastante para conceber pelo menos o cristianismo ocidental como uma livre associação de nações sob a alçada de seus líderes temporais e espirituais. Ademais, deve-se compreender que, em determinada situação política, o ataque ia de encontro à política hegemônica francesa e ao papado de Avignon, sob influência francesa. Os sentimentos de Guilherme, na ocasião, já não corriam parelhos com a linha de tensão entre o império e a França, mas expressam a pretensão das novas nações emergentes, particularmente a Inglaterra, de partilhar, na balança europeia de poderes, tanto espirituais quanto temporais.

§ 9. O império

Para Ockham, a ideia de um governo mundial de uma aristocracia de reis e papas nacionais representa meramente uma hipótese que merece ser discutida. O domínio do imperador ainda é forte, e Guilherme vive sob sua proteção. O segundo tratado do *Dialogus*, parte III (*De juribus romani imperii*), trata da lei do Império Romano. As distinções legais de Ockham revelam agora o seu valor na análise das complexidades da lei pública secular. O tratado da Igreja reduziu o poder do papa pela separação radical entre o "mundo" e a verdadeira ordem cristã. O tratado do império reduz o poder imperial e o poder real subordinando a própria ordem política ao *jus gentium* consuetudinário, que precede a todos os governos em distinção e no tempo. A causa da ordem política é a natureza depravada do homem, que requer medidas coercitivas; a razão do Império Romano era a necessidade de dar ordem a um mundo caindo na anarquia (*Dialogus*

III.II.1, cap. 1, p. 869, linhas 54 ss). O imperador não deve sua posição à sanção papal, mas deriva seu poder, indiretamente, de Deus e, diretamente, do povo – ou de seus representantes legítimos, como os eleitores.[20] Nem a coroação papal, no caso do Imperador, nem a unção, no caso de reis nacionais, aumentam seu poder, o qual deriva do consenso (*Octo Quaestiones*, Q.V. in Goldast II, p. 369 ss). Os poderes taumatúrgicos dos reis franceses e ingleses, nomeadamente, não derivam da eficácia da unção realizada pela autoridade eclesiástica (p. 373). A ênfase no elemento do consentimento popular parece evidenciar a influência das instituições inglesas em Ockham; em seu sistema, contudo, constitui uma parte da teoria geral da subordinação do governante à lei, procedente da humanidade em sentido lato. O imperador não é *legibus solutus*, mas tem de respeitar as instituições tradicionais, que não são obra sua. Os códigos legais referentes a propriedades e pessoas não podem ser alterados por ele, com exceção dos casos de necessidade extrema em que o interesse público pode justificar uma interferência nos direitos privados; as pessoas não são seus escravos nem de governante algum, e a propriedade desses não lhe pertence. Max A. Shepard[21] atribui especial importância ao argumento segundo o qual nem o próprio povo podia transferir poderes ilimitados ao governante porque o povo politicamente organizado não detém poder sobre o indivíduo singular e seus direitos; somente um consenso comum geral pode alterar a ordem consuetudinária da propriedade. Embora uma monarquia universal tenha vantagens evidentes para a manutenção da paz e da ordem do mundo, e embora o imperador tenha a supremacia *de jure* sobre os reis nacionais, Ockham tem o cuidado de acatar a ordem factual que surgiu no mundo ocidental e que é parte do *jus gentium*. O poder ordenador do imperador não pode abolir a lei das ocupações, da guerra, da servidão, e assim por diante, de modo que, como

---

[20] Para uma análise mais detalhada sobre a construção do poder secular, ver Boehner, "Ockham's Political Ideas", p. 477-80.

[21] "William of Occam and the Higher Law II", p. 31 ss.

consequência, a ordem que cresce a partir das proezas na política do poder dos reis nacionais está tão segura além de seu alcance quanto a ordem da propriedade dos indivíduos.

§ 10. A redução da substância às relações

Dispusemos o argumento de Guilherme de modo a tornar visível a cadeia de distinções e reduções que é essencial, mas está dispersa em sua volumosa obra discursiva. Em primeiro lugar, a verdadeira ordem espiritual cristã, sem propriedade, destaca-se do mundo em geral; em seguida, o elemento espiritual do poder papal se distingue do temporal; então, a ordem da Igreja se separa da ordem da política secular, entendida de modo geral; na ordem da política secular, o poder imperial se afasta da realeza nacional; e, por fim, a ordem do governo se distingue da ordem pré-política dos seres humanos individuais. Assim chegamos a um levantamento das forças decisivas no universo dos poderes à época de Guilherme: o pontífice romano e o imperador, os reis nacionais (e, potencialmente, os papas nacionais), o consentimento do povo na politeia organizada, e os direitos pessoais e de propriedade das pessoas individualmente. O *sacrum imperium* se dissocia de seus elementos constitutivos de poder, e a substância pneumática de índole carismática se enfraquece a ponto de extinguir-se, de tal forma que somente uma estrutura relacional permaneceu. Apesar da redução da substância a um sistema de relações, os termos das relações ainda são parte da humanidade cristã. A análise nominalista renega o milagre da fé cristã. Deste modo, temos de retornar ao problema inicial das acusações mútuas de heresia entre o papa e os espirituais franciscanos. No debate sobre quem detém o poder decisório acerca do que é heresia em casos emergenciais e como o povo cristão lida com um papa herético, a análise das relações remonta a sua origem no problema da verdadeira ordem cristã. Este conjunto de problemas é apresentado no *Dialogus*, parte I, de 1334.

§ 11. O poder de decisão final – O Concílio

O núcleo do problema é a infalibilidade do papa e do Concílio Geral. A discussão deste problema é cuidadosamente preparada por uma análise da natureza da heresia. A fim de manter a autoridade dos teólogos em matéria de heresia em oposição aos canonistas, a função destes teve de ser limitada à interpretação dos decretos, dos cânones e do procedimento judicial; o conteúdo da doutrina cristã é reservado ao âmbito dos teólogos especializados (*Dialogus* I.I, cap. 11-15, p. 407-10). O papa e o Concílio Geral detêm, naturalmente, a autoridade para definir a doutrina, mas têm de chegar ao conteúdo de uma decisão fundamentados em fontes consentâneas. Essas fontes são a Escritura, a tradição da doutrina apostólica e as novas revelações corroboradas por milagres (I.II, cap. 11-15, p. 415 ss). A posição é fideísta e intelectual; as autoridades eclesiásticas não têm nenhum poder de interpretação criativa. A questão de saber se uma doutrina é ortodoxa ou herética tem de ser debatida pelos teólogos especializados conhecedores das fontes. Com a transferência do problema da ortodoxia e da heresia para o campo do debate intelectual, torna-se impossível que qualquer autoridade na Igreja seja infalível. A promessa de infalibilidade, segundo a qual Cristo estaria com sua Igreja, se aplica apenas à Igreja como um todo, constituída pela congregação de todos os fiéis. Numa análise detalhada (I.V), a infalibilidade é negada, sucessivamente, ao papa (cap. 1-5), ao colégio de cardeais (cap. 6-10), à Igreja Romana (cap. 11-24), ao concílio geral (cap. 25-28), a todo o clero (cap. 29-31), a todos os homens e mulheres, pois a promessa de Cristo deve se cumprir de uma vez por meio das crianças (cap. 32-35). Podemos observar nesta redução implacável a mesma tendência a dissolver a substância do espírito em relações de partes constituintes da comunidade que vimos na teoria do direito e da política.

Como consequência dessa dissolução, casos extremos ficam visíveis: quem exerce a soberania da Igreja como um todo contra um papa herético? Em primeiro lugar, toda a congregação dos fiéis será convidada; mas, como é impossível reunir a Igreja inteira, a autoridade recai sobre o concílio geral; a seguir, sobre a diocese em que o papa reside; e, se o clero falhar, retorna aos leigos (I.VI, até o cap. 64 inclusive). A intervenção dos leigos, contudo, é considerada o último recurso, assente no princípio da equidade; as autoridades competentes em matéria de heresia são, primordialmente, os teólogos especializados. O concílio geral, portanto, será a instância principal na condenação de um papa herético e, para aproximá-lo ao máximo da expressão da opinião congregacional, Ockham desenvolve um procedimento bastante parecido ao que chamamos hoje de iniciativa popular. As freguesias têm de enviar representantes aos conselhos de bispos ou a um parlamento real; esses corpos, por sua vez, elegem os representantes para um concílio geral; os leigos e as mulheres podem ser delegados (I.VI, cap. 85, p. 603 ss). Os modelos dessa proposta podem ser encontrados nas instituições inglesas e no procedimento para as assembleias representativas das ordens mendicantes. Descemos novamente às últimas partes que compõem a humanidade cristã e a um sistema de relações representativas como fonte de autoridade espiritual.

§ 12. Conclusão

As teorias políticas de Guilherme, com bastante frequência, são mal compreendidas e, em consequência disso, sua importância como pensador político tem sido subestimada. É possível, claro, constatar que suas classificações do direito não diferem muito daquelas correntes na Idade Média em geral; é igualmente possível ver em sua teoria da Igreja e do império uma continuação da interminável discussão sobre o *sacerdotium* e o *imperium*; é possível, além disso, classificá-lo como um precursor interessante do movimento conciliar, mas não mais, e afirmar que suas sugestões a respeito de um concílio geral não diferem das de Marsílio de Pádua. É possível; mas somente se subestimarmos os fundamentos. A chave para compreender Ockham é seu dualismo nominalista-fideísta, decorrente de sua posição franciscana inicial e anunciando a grande clivagem entre a Igreja e a civilização laica. As categorias legais tradicionais nada fazem além de encobrir a dissolução nominalista do *sacrum imperium* em suas partes constituintes. As sugestões conciliares não são simplesmente um apelo para o concílio geral – pois nega-se ao concílio geral a infalibilidade, tanto quanto ao papa – mas tem de ser entendido como a solução de um caso emergencial, com a esperança de que a ampla base popular torne o concílio a expressão do espírito verdadeiro. Mesmo assim, limitar a independência aos teólogos preserva a convicção "de que a multidão, via de regra, erra", e "que muito frequentemente um homem sozinho pode indicar o rumo aos outros" (*Imperatorum*, p. 4). Sua fé compele Ockham a discutir a política sob o pressuposto de que os poderes espiritual e temporal tradicionais ainda existem substancialmente; mas seu nominalismo dissolve completamente esta substância num sistema de relações que, de fato, apenas um milagre da *potestas absoluta* de Deus pode impedir que se parta em pedaços. A redução da substância pneumática cristã a uma variedade de sujeitos individuais, de povos políticos, de reis, de imperadores, de papas heréticos, de concílios falíveis, de canonistas presunçosos e de teólogos conflitantes é o sintoma evidenciador da dissolução interna do *sacrum imperium*, a ser seguido por sucessivas fases de desintegração externa; e é expressão das forças que dominarão o cenário futuro: as pessoas e seus direitos, as nações e seus reis, a revolta espiritual dos monges e teólogos, dos leigos e suas congregações contra a autoridade da Igreja, as futuras igrejas nacionais e a confiança na Escritura como fonte doutrinal da Reforma. Seria forçado enfatizar o elemento nominalista na obra de Ockham se disséssemos, sem reservas, que ele foi o primeiro filósofo moderno pós-medieval; mas pode-se atribuir-lhe tal título com a ressalva necessária em função de seu fideísmo.

19. A POLITEIA NACIONAL INGLESA

Sob o título de politeia nacional inglesa, pretendemos tratar de um grupo de fenômenos que não podem ser classificados como ideias e menos ainda como teorias, mas que, mesmo assim, têm grande importância numa história das ideias políticas porque formam o substrato que estimula uma nova evocação. A alta Idade Média e a Idade Média tardia testemunharam a integração sentimental e institucional dos corpos sociais que mais tarde constituíram os estados nacionais ocidentais. Seu crescimento apresenta um problema do mesmo tipo que o crescimento do Império Ocidental, a saber: foi se desenvolvendo durante séculos uma série de sentimentos e instituições antes que se pudesse evocar de maneira decisiva a ideia de uma nova entidade política. No capítulo 15, "Monarquia Francesa", abordamos a função integradora da pessoa régia taumatúrgica, culminando na vívida exuberância da consciência nacional francesa no começo do século XIV. No caso inglês, a função da realeza foi equilibrada de modo mais uniforme do que na França graças ao desenvolvimento de instituições que incorporaram os estamentos e as comunas ao aparato do governo. Enquanto o desenvolvimento nacional da França recebeu as suas características do rei, da administração régia e do estado absoluto, o crescimento inglês foi caracterizado pela formação inicial de uma sociedade política nacional forte que subjugou a administração régia no grande confronto do século XVII. As instituições inglesas tornaram-se os modelos que determinaram as ideias modernas de representação e de governo parlamentar e constitucional. Numa análise dessas instituições, à medida que se desenvolvem, dos séculos XIII ao XV, será mais apropriado usar o caso inglês como o centro orientador e tratar os fenômenos paralelos em outros países por comparação e contraste com o padrão inglês.

§ 1. Insularidade – Ausência de fatores perturbadores

Quanto aos fatos da história constitucional inglesa, remetemos o leitor aos excelentes tratados sobre o assunto. Não pretendemos revisá-los nem mesmo de maneira superficial, mas, sim, explicar a interação de sentimentos, instituições e ideias. Para chegar a uma apresentação adequada do problema, em primeiro lugar, temos de rasgar o véu do simbolismo teleológico que ainda encobre a realidade histórica. Embora estudos mais recentes tenham contribuído muito para uma interpretação mais realística dos processos com que temos de lidar, nossa visão do governo inglês ainda é perturbada por uma abordagem teleológica de sua história. Como ponto de partida da interpretação, seleciona-se um composto moderno altamente complexo, consistindo em um conjunto rico de desenvolvimentos institucionais que recebem uma aparente unidade de símbolos evocativos tardios, como "governo representativo", "sistema parlamentar", "governo constitucional" e assim por diante; a análise histórica, então, tenta penetrar as "origens" do composto moderno a fim de mostrar o processo evolutivo que liga os dois termos da série. A premissa metafísica desta abordagem é a aceitação de instituições embrionárias, dotadas de uma enteléquia, que evoluem ou crescem até assumir a forma diferenciada moderna, à semelhança de um organismo. Essa abordagem pode ter alguma justificação empírica se compararmos a evolução inglesa à história mais vacilante e revolucionária das instituições governamentais de outros países, mas, fora este ponto de comparação, tal juízo mais confunde do que esclarece a compreensão de tais instituições.

Não é discernível, na história da politeia inglesa, nenhum crescimento rumo a fim perfeito. A estrutura geral do processo em que a politeia cresce rumo a sua fase final de consciência nacional é a mesma dos casos continentais. O sentimento da unidade social cresce lentamente; o fator integrador mais forte é a realeza, ajudada por fatores geográficos, étnicos, linguísticos e civilizacionais, até superar as forças do difuso campo das relações feudais e, após a dolorosa operação da Guerra dos Cem Anos, fixar de modo aproximado a delimitação espacial da unidade social. Sob a pressão do sentimento, os elementos institucionais que se apresentam em diversos momentos convergem para um sistema integrado de funções governamentais; e, num último estágio, surgem as fórmulas apropriadas com que os compostos de elementos institucionais recebem sua fixação simbólica. Só num aspecto a estrutura geral do processo inglês difere de processos similares de outros países: na sequência inglesa – sentimento, integração institucional e fórmula simbólica –, aparece um curioso descompasso entre o crescimento das instituições e sua simbolização. O desenvolvimento da Igreja Anglicana precedeu a Igreja Galicana, mas o galicanismo como ideia se desenvolveu antes do anglicanismo; as realizações constitucionais inglesas do século XVII somente obtiveram sua força evocativa plena nas doutrinas francesas do século XVIII; e a evolução constitucional após o Ato de Estabelecimento alcançou sua formulação somente em meados do século XIX com Bagehot. Explica-se, geralmente, esta peculiaridade com uma referência de passagem ao caráter nacional inglês e a sua relutância a entregar-se à especulação filosófica. A explicação, no entanto, negligencia o fato de "o caráter nacional" ser um tipo construído precisamente com base em traços como o descompasso da simbolização; este descompasso requer uma explicação, a menos que aceitemos diferenças de caráter racial, como a constante biológica. Recorrer a constantes cegas deste tipo é um método equivocado; primeiramente, temos de esgotar as possibilidades de causação inteligível, e o fator geral que se oferece como causa mais provável do fenômeno peculiar é a posição geográfica inglesa em dois aspectos: (1) a insularidade e (2) a posição periférica em relação ao território principal da civilização ocidental. É razoável supor que, devido ao isolamento geográfico, as tensões internas e externas da Inglaterra eram menos intensas do que nos países continentais e, consequentemente, os estímulos para a atividade intelectual eram menos abundantes na Inglaterra. Na corte de Luís de Baviera, por exemplo, a colônia de distintos "descontentes" estrangeiros, como Marsílio de Pádua, João de Jandun, Guilherme de Ockham, Miguel de Cesena e outros, formou um grupo cosmopolita sem paralelo na Inglaterra desse período. Esta visão é confirmada pela consideração de que, no período que se seguiu à conquista normanda, com sua mistura étnica e tribulação internacional, a Inglaterra conduzia a vida intelectual ocidental através de homens como Anselmo de Cantuária e o Anônimo de York.

A suposição de que a evolução inglesa é relativamente pobre em tensões e estímulos pode ser comprovada por fatos históricos. A qualidade do crescimento orgânico que sempre impressionou os historiadores como especificamente inglesa parece, realmente, dever-se ao fato de que há menos complicações que no continente. A grandeza do estilo pode ser conseguida em política, como na arte, pela economia dos meios. Mencionamos, num contexto anterior, a racionalização dos efeitos da conquista normanda sobre as instituições inglesas. Temos de dizer, agora com mais precisão, que a situação da conquista possibilitou uma concentração mais forte do poder régio e um correspondente enfraquecimento do poder dos vassalos. Como consequência, em primeiro lugar, não havia na Inglaterra uma das fontes das dificuldades continentais: a saber, o entrincheiramento territorial dos senhores feudais, superado na França somente no século XVII, e que se prolongou na Alemanha até um passado recente. Em segundo lugar, o controle direto dos tribunais pela administração régia logo conseguiu uma unificação de costumes locais no direito comum inglês, de modo que, na Inglaterra, está ausente a diversificação continental de *coutumes* que teve de ser superada pela introdução do direito romano e, mais tarde, de códigos como a lei comum de áreas nacionais mais vastas. Terceiro, sua distância geográfica preservou a Inglaterra dos embaraços das ambições imperiais que consumiu boa parte dos esforços franceses nos séculos XIII e XIV e evidenciou a queda de uma realeza nacional alemã. Quarto, esta mesma distância preservou a Inglaterra dos problemas de controle sobre o papado que acompanharam os esforços imperiais franceses e alemães. Quinto, a simplificação e a autoconcentração da existência política indicada por esses traços permitiram que a Inglaterra se afastasse lentamente da Igreja Romana, ao ponto de a separação formal ter sido relativamente indolor. Sexto, a politeia inglesa pôde continuar em situação periférica às querelas da Reforma que agitaram a França e a Alemanha no século XVI, até que, no século XVII, a questão estava tão intensamente fundida com a política, que os aspectos dogmáticos se tornaram secundários; a supressão de temas intelectuais e espirituais foi tão bem-sucedida que, no século XIX, o famoso *Tract Ninety*, do cardeal Newman, despertou a indignação da facção antirromana da Igreja, porque descobriu-se que os *Trinta e Nove Artigos*, esboçados com mestria política no século XVI, não contradizem o ensino da Igreja Romana. Neste contexto, nas décadas de 1830 e 1840, a Inglaterra pôde preocupar-se com o problema emocionante de saber se a Igreja estabelecida era católica ou protestante. Sétimo, a posição insular possibilitou que a Inglaterra dispensasse forças armadas de escala continental, depois que o país teve de se afastar da expansão europeia a partir da segunda metade do século XV. E, finalmente, devemos mencionar que o Serviço Civil Inglês nunca teve proporções e influência continentais.

§ 2. Os sentimentos integradores – A Magna Carta

É uma tarefa relativamente simples listar os traços ausentes, ou pouco desenvolvidos, na politeia inglesa. É mais difícil descrever a estrutura dos sentimentos que prevalecem nesse domínio sem constrangimentos. A quantidade de materiais para compreender o período crítico é grande, mas não grande o bastante para fornecer respostas a todas as perguntas que devemos fazer. Nosso retrato do processo tem de ser, em parte, hipotético. Não há dúvidas de que a realeza e a lealdade feudal são os fatores integradores mais fortes até ao século XIV. Em segundo lugar, vem o reforço religioso emprestado à função régia através do apoio papal no início da conquista. Temos de classificar este apoio como secundário porque aumentou a legitimidade da empreitada real quando foi conferido, mas não perturbou a coesão feudal quando foi retirado. O assassinato de São Tomás Becket e a ineficácia da excomunhão de João Sem-Terra por Inocente III indica a força proporcional dos sentimentos feudal e religioso. O sentimento nacional vem em terceiro lugar na ordem cronológica, mas, em perspectiva, ultrapassa os outros dois em importância.

A interação entre as três forças – feudal, religiosa e nacional – pode ser bem observada na luta que culminou com a outorga da *Magna Carta* em 1215. A fonte dos problemas que exigiam uma determinação era o enorme peso do poder régio, que permitia a intervenção na ordem tradicional, através de abusos na administração florestal e da pesca; negação e venda da justiça; interferência nos direitos feudais por ocasião da morte de um feudatário; e de graves interferências na vida privada da nobreza, exigindo reféns, etc. O aumento gradual desses abusos nos reinos precedentes e seu rápido aumento no início do reinado de João tiveram o efeito cumulativo de suscitar descontentamentos até ao ponto em que, sob uma liderança capaz, pudesse se tornar uma força de resistência às intervenções reais posteriores. A ocasião mais imediata para a resistência – a recusa dos barões do norte a pagar taxas para a guerra francesa – revela que entraram em jogo outros sentimentos além dos da tradição feudal. A disputa jurídica sobre o serviço prestado fora da Inglaterra ou o pagamento de taxas para uma guerra estrangeira, que não faziam parte das obrigações de um feudatário da cavalaria, era no mínimo duvidosa, considerando que havia precedentes tanto para o serviço quanto para as taxas. A recusa é mais significativa como sintoma da concentração de sentimentos nos assuntos nacionais ingleses, no sentido territorial da palavra. A amálgama de ingleses e normandos já tinha mais de um século e nem a política do Império Angevino, nem as aventuras das cruzadas de Ricardo I poderiam impedir o crescimento ou o sentimento regional. Alguém pode se sentir tentado a ver a perda da Normandia, após a infeliz disputa de 1202-1204, como um evento decisivo na formação do sentimento inglês, o que certamente teve sua importância neste aspecto; mas o que parece mais impressionante acerca da perda é a facilidade com que a baronagem normanda na Inglaterra se ajustou a ela mediante uma divisão dos interesses entre ramos ingleses e normandos das famílias afetadas. A derrota de Bouvines, dez anos depois, não conferiu uma nova direção aos sentimentos, mas apenas acentuou a tendência existente.

Curioso, e um tanto obscuro, é o papel dos fatores religiosos e eclesiásticos na outorga da carta. Em 1213, João tinha renunciado à Inglaterra em favor do papa, recebendo-a de volta em feudo. Embora haja pelo menos um historiador contemporâneo que relata que o evento foi considerado por muitos como ignominioso, a renúncia parece ter sido devido menos à insistência papal do que ao desejo do próprio rei e de pelo menos alguns barões. A situação política era tão crítica, em 1213, que o prestígio da soberania papal era indispensável nas relações com a França bem como para evitar uma revolta interna; o interesse nacional estava do lado da negociação – embora a ideia que o rei tinha para o uso da nova relação feudal estivesse em oposição direta à dos barões. A oportunidade de a utilizar chegou pela primeira vez aos barões quando, em 1215, um grupo de descontentes pediu ao papa apoio nas demandas da carta régia. Os barões estavam cientes de que tal apoio podia ser facultado ao rei e, com o intuito de impedir interferência papal adversa a seus interesses, incorporaram na *forma securitatis* dos *Artigos dos Barões* a cláusula segundo a qual o rei não tentaria obter uma revogação papal da Carta,[1] e que qualquer revogação ou limitação deveria ser considerada nula. Sob a lei feudal, a cláusula não poderia revogar os direitos do papa e era, portanto, legalmente nula. A carta foi outorgada em 15 de junho de 1215; em 25 de agosto o papa declarou-a inválida a pedido de João. Os problemas internos subsequentes foram resolvidos após a morte do rei em 1216.

O padrão confuso de sentimentos nacionais, de lealdades feudais inglesas, do domínio temporal do papa e do impacto de seu prestígio espiritual, tornou-se mais complexo com a liderança eclesiástica nacional de Stephen Langton, arcebispo da Cantuária. Ele ajudou a moldar o descontentamento dos barões na forma articulada de exigências da Carta, já que ele, evidentemente, foi o responsável por trazer à luz o Juramento da Coroação de Henrique I e a Carta de Liberdades outorgada por ele em 1100, bem como pela sugestão de usar as subvenções antigas como um precedente da resolução dos problemas presentes. Na opinião das partes em disputa, a *Magna Carta* não constituiu um ato constitucional revolucionário, mas uma tentativa de restaurar a ordem jurídica, como já se tinha tornado necessário antes, após o reinado de Guilherme II. A própria carta tem a forma de um reconhecimento, primeiramente diante de Deus, de que a igreja inglesa deve ser livre; e, em segundo lugar, diante de todos os homens livres do reino, de que uma série de regras detalhadas seriam observadas a partir de então. Tais reconhecimentos são feitos para o bem da alma do rei, para a exaltação da Igreja e para o desenvolvimento do reino, por sugestão de diversos conselheiros, dentre os quais Langton é o primeiro. Os barões revoltados são apresentados apenas

---

[1] Na cláusula 61 da própria carta, a medida é enfraquecida apenas verbalmente "nos nihil impetrabimus *ab aliquo*... per quod aliqua istarum concessionum et libertatum revocatur vel minuatur" (não obteremos nada de ninguém por meio de quem essas concessões e liberdades são revogadas ou diminuídas). Ver James C. Holt, *Magna Carta*. Cambridge, Cambridge University Press, 1965; e seu *Magna Carta and Medieval Government*. Londres e Roncevert, W.Va., Hambledon Press, 1985.

na parte final do documento como membros da comissão dos 25, que tinha de zelar por seu cumprimento. A Carta, em termos formais, preserva a iniciativa régia, e o arcebispo aparece como o guardião dos verdadeiros interesses do reino por sua dupla função, como conselheiro dos barões e do rei. A influência arquiepiscopal provavelmente se estendia não apenas à forma do documento, mas também ao seu conteúdo. A antiga tese de que a *Magna Carta* assinala o início do governo constitucional inglês foi abandonada, mas a nova tese, segundo a qual trata-se de um documento feudal, não está totalmente correta, se tomada de modo rígido. A Carta contém, além dos regulamentos da lei feudal, diversas proposições de importância geral para a prosperidade do reino: para a reforma das cortes, para a distribuição dos bens móveis no caso de um homem não ter deixado testamento, para a atribuição das penalidades criminais, para padronização de pesos e medidas em todo o reino, para uma confirmação das liberdades das cidades, para a liberdade de circulação dos comerciantes dentro da Inglaterra e através das fronteiras, para a liberdade de comprar e vender sem cobranças de taxas e para o tratamento de comerciantes estrangeiros na Inglaterra em tempo de guerra, e assim por diante. Tais medidas não refletem os interesses dos barões, e podemos duvidar de que os barões revoltosos dominassem a arte de governar o bastante para conceber tais medidas e tivessem competência jurídica suficiente para formulá-las. O sistema de cláusulas revela uma clara política para desenvolver, em geral, os recursos econômicos do reino e, em particular, o comércio doméstico e internacional e as cidades em que se concentram. Uma política nacional deste tipo pode ser atribuída, se não ao próprio rei, mais a Langton do que aos barões.

A interação dos sentimentos e interesses que surge na *Magna Carta* deve, de uma vez por todas, desencorajar qualquer tentativa de ver um crescimento orgânico ou um plano preconcebido na evolução das instituições inglesas. O mais perto que podemos chegar de um fator que determina certa tendência é a consciência de uma ordem política estabelecida pela conquista e de um desejo das partes em disputa interna de evitar uma quebra total do poder. Este sentimento é revelado de forma mais articulada pelo autor da política encarnada na *Magna Carta* – provavelmente, Langton. Em menor grau, o mesmo sentimento é expresso pelo rei, na sua resolução de adotar medidas decisivas, quando tais medidas servem ao interesse do reino, como por exemplo a rejeição da Inglaterra ao papa, e pelos barões que, apesar de seu descontentamento bem justificado, tiveram perspicácia política suficiente para não cortar, como grupo, as relações com o rei e não aceitar a liderança oferecida por Langton. Mas este sentimento apenas reforçou a direção em que as instituições evoluíram; não determinou sua estrutura. Analisaremos agora a questão da estrutura, salientando que as instituições não evoluíram de acordo com um plano preestabelecido, mas acidentalmente; e mesmo as instituições mais duradouras passarão por profundas mudanças de significado.

§ 3. As instituições

a. A força do poder régio

A concepção anteriormente discutida de uma evolução orgânica das instituições inglesas não distingue entre o sentido dado pelo sentimento e as próprias instituições. Falha, além disso, por não reconhecer a mudança de significado a que as instituições se submetem. O retrato de uma evolução direta só é possível se transpusermos os significados modernos dos termos povo, representação e liberdades para o mundo de concepções feudais. A ideia de "povo" como a substância da unidade política é um resultado tardio na história ocidental e, no caso inglês, não era politicamente ativa antes do século XVII; o mesmo é verdade, *a fortiori*, no que concerne à representação do povo. As liberdades dos reis normandos e angevinos não se enraizaram nos direitos do indivíduo, mas foram concedidas pelo rei "por respeito a Deus e pelo amor que tenho por vós".[2] O sistema constitucional moderno não evoluiu num plano institucional, mas numa sobreposição de ideias a instituições que cresceram num campo inteiramente distinto de sentimentos e ideias. Podemos estabelecer uma relação entre instituições medievais e modernas de modo simplificado afirmando que as instituições que cresceram no campo do poder feudal constituíram um fato novo, e que este fato contribuiu para o despontar de sentimentos e ideias que determinaram o posterior crescimento e interpretação das instituições numa direção constitucional.

Falar, portanto, de uma evolução precoce de liberdades inglesas à frente da de outras nações é, pelo menos em parte, anacrônico; tendo em vista as categorias feudais, seria mais correto afirmar o oposto. Devido à força do poder régio após a conquista, os reis ingleses poderiam exigir a presença na corte de seus suseranos com alcance e frequência inconcebíveis na França. As liberdades concedidas não eram um feito sem paralelos no continente; eram, antes, o triste mínimo que os vassalos ingleses podiam arrancar de um rei forte, enquanto os barões franceses gozavam de uma independência frente ao poder régio que os ingleses não podiam sequer sonhar. As mesmas considerações têm de ser aplicadas ao poder régio inglês sobre os cavaleiros dos condados e das cidades chamadas a enviar seus representantes às assembleias do reino no decurso do século XIII. A presença dos representantes das *villes* francesas nos primeiros Estados Gerais de 1302 não dista muito do primeiro comparecimento dos burgueses ao parlamento de Montfort, em 1265, e no parlamento Modelo de Eduardo I, em 1295, mas o fundamento legal do comparecimento não era o mesmo na França e na Inglaterra. As assembleias regionais de *villes* francesas começaram a ser convocadas para prestar *auxilium* durante o século XIII; em termos de participação, as cidades cumpriam uma obrigação feudal porque, devido a sua emancipação, tinham o status de *arrière-vassaux* feudal.

---

[2] *Charter of Liberties of Henry I*, de 1100. In: William Stubbs, *Select Charters*. 8. ed. Oxford, Clarendon, 1895, p. 100.

Na Inglaterra, os privilégios das cidades nunca foram completos ao ponto de constituir cidades livres com direitos feudais; não houve um desenvolvimento idêntico ao do despontar das comunas feudais francesas. Londres parece ter sido a única exceção; a seção 12 da *Magna Carta*, na qual se estabelece que nenhum *scutagium* ou *auxilium* deve ser imposto *nisi per commune consilium regni nostri*, se aplica expressamente à cidade de Londres. A suposição de que Londres era a única cidade inglesa com uma comunidade feudal e, consequentemente, ao mesmo nível dos suseranos, parece ser a explicação correta desta peculiaridade. A intimação inglesa aos cavaleiros dos condados e aos burgueses para a assembleia do reino tem suas raízes não na relação feudal específica, mas numa presença extrafeudal de representantes do condado e dos burgos na corte de condado e na transferência de tal presença ao plano da assembleia nacional. Assim, a participação anterior, mais frequente e, por fim, regular de representantes dos condados e dos burgos no parlamento inglês não se deve a um desenvolvimento precoce dos direitos constitucionais, mas à menor força dos feudatários e das comunidades feudais inglesas.

As liberdades, em termos feudais, eram modestas, e a presença no *consilium* constituía uma obrigação, não um direito. Os únicos indícios de uma esfera de direitos dos barões se encontram nas seções 12 e 14 da *Magna Carta*, as quais estabelecem que um *scutagium* não deve ser imposto sem consulta, exceto em três situações específicas; e essas duas seções foram retiradas na versão da Carta de 1216, no primeiro ano do reinado de Henrique III. A grande importância do desenvolvimento do século XIII na Inglaterra não reside na concessão de liberdades. Reside na obrigação, em estratos cada vez mais amplos da sociedade inglesa, de participar do processo de governar. Essas imposições proporcionaram experiência em negociações, o hábito da ação comunitária e o sentimento de pertença a um Estado, o que, por sua vez, preparou a sociedade inglesa para uma capacidade assombrosa de ação política. Para uma excelente abordagem equilibrada deste processo, remetemos o leitor à obra de C. H. McIlwain,

"Medieval Estates";³ no presente contexto, apenas esboçaremos as principais fases e resultados.

b. Articulação e integração do corpo político

A primeira etapa fundamental para a formação da sociedade política inglesa resulta da transformação do baronato: um grupo de suseranos individuais – temporais e espirituais – submissos a um mesmo senhor, transformou-se numa comuna capaz de ação coletiva. Os sintomas da ação comunal começaram a aparecer no início do século XIII; a *forma securitas* da *Magna Carta* mostra os barões como um corpo que negocia com o rei. O padrão desenvolvido pelo baronato foi seguido pelos representantes dos condados e burgos quando começaram a participar na assembleia do reino. Os cavaleiros dos condados, os burgueses e os supervisores do clero paroquial, quando convocados, deliberaram como grupos, de forma idêntica aos barões. Esta formação de comunas capazes de deliberação e decisão é consideravelmente mais importante do que o muito discutido desenvolvimento acidental da representação; as comunas eram a sociedade formada para a ação, enquanto a representação dos condados e dos burgos por delegados consistia numa técnica que se desenvolveu assim que a substância a ser representada foi sentida como tal. O caso inglês é singular porque aqui podemos observar, com um mínimo de ruído causado por outros fatores, o processo pelo qual a sociedade política ocidental se articulou das classes mais altas, isto é, da nobreza e do alto clero, para os estratos inferiores que eram socialmente relevantes na época.⁴ As razões para a rápida e completa articulação no decurso de um

---

³ C. H. McIlwain, "Medieval Estates". In: *Cambridge Medieval History* [doravante CMH], vol. 8, 1936, cap. 23. Em geral, ver Frederick Powicke, *King Henry III and the Lord Edward: The Community of the Realm in Thirteenth Century England*. 2 vols. Oxford, Clarendon, 1947; Michael Prestwich, *The Three Edwards: War and State in England, 1272-1377*. Londres, Weidenfeld e Nicholson, 1980; R. G. Davies e J. H. Denton (eds.), *The English Parliament in the Middle Ages*. Filadélfia, University de Pennsylvania, 1981.

⁴ O termo *prime estates* é de Spengler. Ver *The Decline of the West*, vol. 1, capítulos sobre o Estado.

século são multifacetadas, e os materiais são tão escassos que formamos apenas um quadro incompleto; mas, no essencial, a pressão para a articulação parece ter vindo do topo da pirâmide social e não da base. Ou o conde de Leicester desejava uma base mais ampla para o seu parlamento da guerra civil de 1265 introduzindo burgueses; ou Eduardo I queria ser o rei de todos os seus súditos diretamente, sem mediação de seus suseranos; ou precisava de mais dinheiro de subsídios diretos dos estamentos mais baixos; ou desejava garantir, através de participação nos subsídios, um sistema mais eficaz de coleta de impostos; ou os barões, temporais e espirituais, desejavam a presença dos representantes dos estratos sociais sobre os quais recaía de modo mais pesado uma carga tributária extraordinária – em todo caso, a iniciativa parece ter provindo do rei e dos barões. Entretanto, não devemos negligenciar o fato de que a iniciativa não poderia ter resultados importantes a menos que a pressão para a articulação fosse exercida sobre uma substância social capaz de articulação. Pouco sabemos sobre a dinâmica dos estratos inferiores que devem ter sugerido a iniciativa do topo como ação promissora. Mas, a partir de diversos sintomas, como as provisões comerciais da *Magna Carta*, podemos concluir que, no século XIII, o desenvolvimento econômico deve ter resultado na ascensão de uma sociedade de cavaleiros e comerciantes com riqueza suficiente para que os impostos que lhes eram coletados fossem importantes nas finanças do reino, em comparação com os rendimentos feudais, e com consciência da sua própria importância suficiente para fazer a sua consulta aconselhável.

Os elementos de uma sociedade política articulada estavam reunidos no final do século XIII; mas os elementos por si só não eram garantia de que se fundiriam numa unidade nacional de ação. As várias comunas mostravam tendências centrífugas. A presença do clero tornou-se difícil quando, em 1296, a bula *Clericis Laicos* ordenou que este não pagasse impostos à autoridade secular. O baixo clero alheou-se do parlamento geral e reuniu-se numa assembleia separada; a instituição continuou até ao século XVII. A presença do alto clero podia ser reforçada como obrigação na lei feudal. Uma tendência similar por parte dos comerciantes em tratar separadamente com o rei a respeito de subsídios que recaem sobre eles apenas foi suprimida em meados do século XIV.

As quatro comunas restantes – após a convocação do clero ter seguido o seu caminho – poderiam ter evoluído para assembleias separadas com direitos iguais para consentir em subsídios e estatutos. Evitar esta calamidade com a fusão dos dois estamentos superiores e dos dois inferiores nas casas dos Senhores e dos Comuns, respectivamente, parece ter sido um acidente feliz. As razões não estão totalmente claras no detalhe, mas um fator importante parece ter sido a formalidade de os membros das comunas superiores serem convocados individualmente, ao passo que os representantes das cidades e dos cavaleiros não o foram. A perfeita fusão levou muito tempo; há relatos de sessões separadas das duas comunas inferiores até 1523. A reunião das comunas em duas assembleias teve consequências decisivas para a estrutura da politeia inglesa. Primeiramente, produziu o fenômeno peculiar da classe média inglesa, um estrato social formado pela amálgama da pequena nobreza (*gentry*) e da *haute bourgeoisie*. A Inglaterra, portanto, evitou a rígida distinção de classes que havia no continente entre a nobreza e a burguesia ou *Buergertum*. Uma revolução do terceiro estamento, como na França de 1789, era impossível na estrutura inglesa porque não havia na Inglaterra um terceiro estamento articulado como uma comuna. Em segundo lugar, a divisão um tanto arbitrária da nobreza em pariato e pequena nobreza (*gentry*) e a sua distribuição pelas duas Casas teve como resultado o fato de o instrumento bicameral não desenvolver interesses divergentes nas duas câmaras. A coesão social da nobreza deu-lhe influência na composição da Câmara dos Comuns suficiente para impedir o antagonismo e compelir a um desenvolvimento paralelo da política. Esta influência dos Comuns permaneceu, com algum enfraquecimento no século XVIII, razoavelmente intacto no século XIX. Após a reforma de 1832, as tensões começaram a aumentar, mas a força da tradição ainda era forte – para desapontamento dos trabalhistas, grande parte do povo inglês, que, em decorrência de seu *status* social, deveria votar em candidatos trabalhistas, preferiu os conservadores.

c. Comparação com o desenvolvimento continental

O exame do processo de articulação política nos permite caracterizar a politeia inglesa naquilo em que difere dos tipos continentais. A formação da classe média implica negativamente, como vimos, a ausência de um terceiro estamento organizado como fator revolucionário independente. Positivamente, significa a integração da burguesia no estilo da política criada pela nobreza feudal. A onipresença do estilo aristocrático na estrutura e na história do regime inglês é a principal causa da sua grandeza característica e do seu sucesso prático; seu apelo é forte o bastante, como indicamos, para atrair até as novas classes políticas a sua órbita e para manter, ao menos por um tempo, o conflito de classe que resulta da industrialização da sociedade abaixo do nível de ruptura revolucionária; mas temos de salientar que este feito foi ajudado materialmente pelas vantagens que a economia inglesa derivou da industrialização precoce e da riqueza do império. A articulação em comunas e a integração pela nobreza, entretanto, não explicam inteiramente a tradição da experiência política acumulada no parlamento inglês; temos de levar em consideração também as funções das comunas fundidas no parlamento. A administração régia inglesa tinha preservado um grau elevado de concentração dos poderes até ao século XIII, enquanto na administração francesa essa divisão de funções já tinha ocorrido; as funções judiciais tinham sido assumidas pelos *parliaments*, e as funções de *consilium* pelo conselho privado do rei. Quando as *villes* francesas foram convocadas, sua função primária era conceder o *auxilium*; os cavaleiros e burgueses ingleses, por outro lado, adquiriram experiência não somente com a participação nos tribunais do condado, mas também com a participação em casos judiciais e administrativos do tribunal da corte central menos estritamente diferenciada. Foi essa a combinação de estrutura e função em escala nacional que permitiu que o Parlamento Inglês saísse ileso do absolutismo da

Renascença dos séculos XV ao XVII e que, após a guerra civil, além das funções de deliberação e legislação nacionais, assumisse as funções de governo e a ação política nacional. Este desenvolvimento era impossível na França porque o poder régio do período crítico não era suficientemente forte para reforçar a articulação da sociedade; e era ainda menos possível na Alemanha com a retranca dos príncipes territoriais. Quando a monarquia francesa alcançou sua fase de absolutismo, com início após a Guerra dos Cem Anos, nenhuma sociedade articulada podia contrabalançar o poder régio recém-concentrado e salvar as liberdades feudais durante o período perigoso, de modo que pudessem florescer como as liberdades da nação. Quando o terceiro estamento finalmente se articulou, o processo tomou a forma de uma revolta social. Na Alemanha, não encontramos sequer uma articulação do terceiro estamento, com a consequência de que as classes média e baixa alemãs tiveram que carregar o fardo de crenças e hábitos não políticos e a grave inexperiência até, finalmente, no século XIX, alcançarem relevância social e eficácia política ao nível nacional.

d. O constitucionalismo inglês

Uma palavra é necessária, em conclusão, a respeito do "constitucionalismo" inglês, na medida em que suas características se encontram na história da Alta Idade Média e da Idade Média tardia. Não é possível uma definição geral satisfatória do constitucionalismo pelo simples motivo de que as diferenças entre os tipos históricos de governo cobertos por este símbolo são demasiado profundas.[5] Se definirmos como constitucional um governo que atua dentro do arcabouço de

---

[5] Uma boa exposição do problema relacionado com a definição de constitucionalismo encontra-se em Hugh M. Clokie, *The Origin and Nature of Constitutional Government*. Londres, Harrap, 1936, cap. 3. Ver também Harold J. Berman, *Law and Revolution: The Formation of the Western Legal Tradition*. Cambridge, Harvard University Press, 1983; Brian Tierney, *Religion, Law, and the Growth of Constitutional Thought, 1150-1650*. Nova York, Cambridge University Press, 1982; e *The Idea of Natural Rights*. Atlanta, Scholars Press, 1997; Manlio Bellomo, *The Common Legal Past of Europe*. Trad. Lydia G. Cochrane. Washington, D.C., 1995.

uma constituição escrita e esteja limitado por uma declaração de direitos, a Inglaterra não teve um governo constitucional, pois o absolutismo dos Tudors e dos primeiros Stuarts foi seguido pelo absolutismo ainda mais radical do parlamento. As tentativas de limitação através de instrumentos escritos durante a guerra civil não se consumaram e não foram renovadas. Se definirmos o governo constitucional de modo mais liberal, como o que respeita o primado da lei e tem o consentimento dos governados, praticamente todos os governos *de facto* que não estejam demasiado permeados por práticas arbitrárias e corruptas e que governem de modo a que o "clamor" das minorias ou de maiorias oprimidas não ateste permanentemente a ausência de consentimento, uma parte significativa da sociedade seria abarcada pelo conceito. O problema foi obscurecido pela ênfase excessiva nos aspectos da técnica constitucional – como representação, eleições, constituições escritas e declarações de direitos. Alguns desses elementos técnicos podem estar ausentes, e ainda assim continuamos a falar de governo constitucional, como no caso inglês; em contrapartida, a presença de alguns desses elementos, como nos governos soviético e nacional-socialista, não nos permite essa subsunção. A questão não reside na técnica constitucional – cuja importância é geralmente exagerada –, mas na articulação da sociedade e na integração das partes numa unidade. Podemos encontrar, por exemplo, um governo legalista, com uma *haute bourgeoisie* muito articulada, equipado com representação, declarações de direitos, eleições e a parafernália toda e ainda assim não ser considerado particularmente constitucional se as massas populares jazerem em estado de analfabetismo e pobreza, de modo que seja impossível a expressão de seus interesses comuns, ainda que legalmente permitidos, e, se, no dia da eleição, as massas votarem como lhe pedem. Neste sentido, portanto, de uma articulação radical do corpo político e do consentimento articulado, o regime inglês alcançou um grau elevado de constitucionalidade.

Se formularmos a questão nesses termos, entretanto, podemos ver também que a constitucionalidade inglesa, através da articulação, se aproxima de um ponto crítico. A plena articulação não se estendeu para além da pequena nobreza e da classe média alta. Com o fim do *ancien régime* em 1832, as populações foram gradativamente absorvidas no sistema através do dispositivo técnico do direito de voto para os Comuns. A dubiedade desse dispositivo, do ponto de vista da articulação política, sempre foi compreendida. Foi exposto pela primeira vez de modo brilhante na análise de Hegel do Projeto de Reforma [*Reform Bill*] de 1831 e as suas consequências; foi discutido em linhas similares por Disraeli em seu *Coningsby*; o conde Grey propôs correções em seu tratado sobre a reforma parlamentar. No século XX, e após a guerra de 1914-1918, os autores, ligados ao movimento trabalhista, tinham de tratar do problema de uma articulação adequada da classe média baixa e da classe trabalhadora e sugeriram várias reformas do regime, tais como o plano de Corporações Socialistas de G. D. H. Cole, a Constituição para a Comunidade Socialista da Grã-Bretanha dos Webbs, ou a concepção de um estado pluralista, de Harold J. Laski. As dificuldades que obstruem o movimento em direção a uma maior articulação da sociedade inglesa derivam da própria estrutura que resistiu por séculos; sua firmeza é, por vezes, experienciada hoje como o "pesadelo" de um milênio de história pesando sobre a era industrial. A relevância social das comunas que remontam ao século XIII, chegando à conquista, ainda é forte, mas diminuiu na proporção da relevância das novas classes mais baixas. A articulação adequada dos novos estratos sociais implicaria, graças ao grande peso dos seus números, talvez não simplesmente uma extensão do processo, mas uma rearticulação radical da sociedade inglesa às custas da nobreza, da Igreja estabelecida e da classe média. A consciência de que a atual articulação é um sobrevivente medieval, que já não se apresenta em conformidade com o presente, juntamente com a lealdade de sentimento a uma estrutura de sociedade que tornou a Inglaterra grandiosa e ainda a protege contra a inclemência do tempo, produz o mal-estar peculiar inglês, que se expressa na nova simpatia dirigida à Casa Real após a última guerra e na idolatria da instituição parlamentar.[6] A arte de governar inglesa pode encontrar uma solução para a articulação dos grupos que se tornaram relevantes recentemente sem perturbar o sistema estabelecido. Mas se o milagre for conseguido, será um tanto duvidoso – precisamente por causa de sua realização, como Arnold Toynbee viu corretamente – caso a Inglaterra, no futuro, surja como modelo possível de instituições governamentais para outras nações, como acontecia no século XIX e após 1918. As formas de articulação política da sociedade industrial teriam que ser desenvolvidas alhures; e o centro da criatividade institucional certamente já se deslocou para a Rússia, Alemanha e Itália – embora essas primeiras experiências se mostrem questionáveis e efêmeras.

§ 4. Símbolos

Com o debate sobre o constitucionalismo, já transcendemos o campo do desenvolvimento institucional propriamente dito e entramos em questões de simbolismo. Na análise das instituições, temos de usar categorias como a relevância social das classes, o desenvolvimento da consciência comunitária até ao ponto em que a articulação da ação comunitária se torna possível e a integração de comunidades articuladas se torna um sistema nacional. No processo de articulação e integração, podemos, além disso, distinguir as fases da articulação apenas no nível de autogoverno local, de integração por meio de doações de *auxilium* com deliberação prévia, de

---

[6] Sobre o problema do mal-estar e idolatria, ver as observações pertinentes de Arnold J. Toynbee em *Study of History,* vol. 4. Londres, Oxford University Press, 1939, seção "Idolization of an Ephemeral Institution", subseção "The Mother of Parliaments", p. 408 ss; ver também suas notas sobre "*lenta penetração*" no apêndice sobre "Idolatry and Pathological Exaggeration", p. 638 ss. Na medida em que determinados elementos da estrutura inglesa entraram na composição da politeia americana, deparamo-nos aqui com um problema similar. Sobre o mal-estar americano e idolatria, ver Ralph H. Gabriel, *The Course of American Democratic Thought.* Nova York, Ronald Press, 1940, especialmente o cap. 30, "The New American Symbolism", p. 396 ss.

deliberação quanto ao consentimento à legislação, ou participação em questões judiciais e administrativas a nível nacional, de iniciativas através de petições endereçadas a uma autoridade política central, de iniciativa legislativa e, numa fase final, da capacidade de dar origem a uma liderança para a ação em escala nacional como no moderno sistema inglês de gabinete. O caso inglês é o tipo ideal de articulação na medida em que, desde o século XVII, a sociedade politicamente articulada foi capaz de absorver quase completamente nas suas funções a estrutura do estado régio, deixando-lhe apenas o pequeno mas importante resíduo da prerrogativa. O termo *constitucionalismo*, por outro lado, não é um conceito, mas um símbolo que significa um sistema de articulação como um todo, porquanto absorve em seu conteúdo explícito somente as características acidentais do sistema.

A introdução de tais símbolos tem escassa utilidade na ciência, mas é da maior importância na política porque os símbolos são concentrados emocionais que protegem o sistema pelo seu feitiço contra incursões de todos os tipos. Pode ser difícil repelir um ataque contra partes específicas de um sistema mediante argumentos racionais, mostrando as forças históricas em ação e os perigos de modificações contra elas; mas é fácil organizar a resistência emocional contra um ataque, alegando que é dirigido contra o governo constitucional. Não menos importante, embora nem sempre feliz nas consequências, é o apelo exercido por estes símbolos *ad extra*. Quando os símbolos deste tipo são explicitados, a explicação mostra uma tendência, como já dissemos, a absorver os dispositivos técnicos incidentais para o funcionamento da instituição e a negligenciar a articulação que possibilitou a operação dos dispositivos. Quando falamos de democracia ateniense na discussão política média, temos em mente uma assembleia popular, tribunais, e assim por diante, mas estamos propensos a esquecer a articulação tribal da pólis helênica que estabelece o quadro para as técnicas de governo; e quando falamos de constitucionalismo pensamos em parlamentos, eleições e representação e estamos inclinados a esquecer que o Parlamento Inglês não é simplesmente um dispositivo para gerir os assuntos políticos de um povo, mas um instrumento de ação que cresceu em articulação com a sociedade inglesa.

Como na explicação de símbolos nos concentramos em aspectos instrumentais e negligenciamos a articulação, surge a falácia de que os padrões instrumentais podem ser transferidos de uma sociedade para outra. Uma vez que a transferência é de fato possível dentro de certos limites, se na sociedade para a qual o padrão é transferido houver uma articulação que torne a transferência aceitável, a opinião equivocada segundo a qual tais transferências são sempre possíveis ganha aparência de verdade. Não há qualquer garantia de que a introdução da constituição em um país produzirá um governo constitucional; pode apenas criar uma confusão revolucionária. A liberdade de expressão, por exemplo, é considerada um elemento essencial da constitucionalidade; e de fato é apropriada como instrumento de governo quando a sociedade está firmemente integrada, pois neste caso cria condições para a compreensão das políticas governamentais que chamamos de coalizão, enquanto o seu abuso pode ser irrelevante, porque enfrenta uma resistência social forte o bastante para impedir efeitos perturbadores. Se uma sociedade estiver menos integrada, a liberdade de expressão pode não criar opinião pública, pressão sobre o governo nem consentimento – que é o seu propósito enquanto instrumento –, mas sim uma degeneração da sociedade numa selva de desconfiança, deslealdades e caos revolucionário, como vimos no período que antecedeu a queda da França e, com efeitos ainda mais desastrosos, nessa maravilha constitucional que foi a República de Weimar.

§ 5. Representação

a. Definição

Tivemos que discutir a questão dos símbolos relacionados ao constitucionalismo com algum cuidado e delinear claramente a distinção entre a articulação da sociedade e os dispositivos técnicos empregados na sua operação, pois a negligência na distinção é um dos obstáculos mais lamentáveis à compreensão das instituições. Os dispositivos operacionais são meios para um fim; não são fenômenos independentes. Portanto, não podem ser tratados cientificamente como se fossem unidades fundamentais da realidade política. A incapacidade de entender o caráter instrumental dos dispositivos governamentais obscureceu especialmente o problema da representação. Temos que lidar com isso em detalhe porque a representação, enquanto dispositivo para o funcionamento do Estado nacional, teve sua origem na alta Idade Média. O debate tem sido amplo e intenso, mas vem sendo assolado por dificuldades decorrentes da confusão entre os valores emocionais do símbolo e o uso pouco excitante e até monótono da representação como dispositivo para a ação comunitária. Como primeiro passo para desembaraçar o problema, talvez seja melhor esclarecer a diferença entre um agente e um representante. Por agente vamos entender uma pessoa autorizada por seu superior a realizar um negócio específico sob certas instruções. Por representante vamos entender uma pessoa que tem o poder de agir em nome de um grupo social, em virtude da sua posição na estrutura da comunidade, sem instrução específica para assuntos específicos, mas cujos atos não serão efetivamente repudiados pelo grupo. Um agente, por conseguinte, não é o representante principal de um grupo, mas pode agir apenas em virtude do poder derivado do próprio representante. Uma ilustração seria uma conferência de embaixadores como agentes, distinta de uma conferência de primeiros-ministros que são os representantes propriamente ditos. Empiricamente, às vezes é difícil afirmar se uma pessoa age como agente ou como representante. Por exemplo, é incerto se um membro do parlamento em uma democracia que impõe a disciplina partidária rígida ainda pode ser chamado de representante caso lance seu voto de acordo com as instruções recebidas da liderança do partido; e é especialmente incerto se, como na Checoslováquia, o supremo tribunal decreta que um membro do parlamento perde o seu lugar se votar com frequência ou de forma consistente contra as instruções do partido. Embora em casos específicos seja difícil discernir claramente o grau em que uma pessoa age como agente ou como representante, a distinção é clara, em princípio. Neste contexto, apenas trataremos da representação adequada.

O tratamento tradicional da representação e das suas origens começa, no entanto, implicitamente, com uma definição diferente. A representação é entendida tradicionalmente como o dispositivo que representa um grupo local numa assembleia central através de delegados, como por exemplo a representação de cidades através de burgueses na assembleia do reino. A representação das pessoas da cidade de um vasto reino territorial através de seus delegados é considerada uma representação adequada; como tal, distingue-se da democracia direta da pólis helênica ou da presença, em conselho régio, dos barões que não representam ninguém senão a si próprios. Como consequência, o problema da representação é reduzido a um dispositivo para a participação no processo governamental de um grupo social disperso e numeroso demais para agir como um corpo e em um só lugar. Se limitarmos o problema desta forma, surge a questão de saber quando e onde o dispositivo de integração de cidades ao sistema de governo foi utilizado pela primeira vez. Temos de dizer, então, que as cidades espanholas começaram a ser representadas em Cortes na segunda metade do século XII; as cidades da Sicília, com Frederico II, na primeira metade do século XIII; as cidades inglesas, na segunda metade; e os franceses com o início dos Estados Gerais no século XIV. Podemos, ainda, perguntar se a presença da representação na Inglaterra se deve ao dispositivo difundido a partir da Espanha ou se, em vários casos, a instituição se desenvolveu de forma independente mediante uma convergência.

Por isso, o problema da origem da representação depende da definição da representação que se optar por utilizar. Se mudar o significado do termo, o problema talvez não desapareça completamente, mas com certeza será diferente. A pergunta que se impõe, portanto, é saber se somos obrigados a aceitar a definição tradicional e com ela o problema que ela induz. Acho que não temos essa obrigação, porquanto esse significado revela, claramente, as marcas da projeção anacrônica de uma ideia evocativa moderna no século XIII. Destacar a representação de cidades como merecedora de atenção acima de qualquer outro problema contemporâneo é um procedimento que só pode ser explicado como consequência da preocupação excessiva com o fato de a representação das comunidades na Câmara dos Comuns ser o sistema que, historicamente, devido a uma mudança de significado e ao alargamento das liberdades, foi convertido em representação do povo. A ideia de representação popular, no entanto, faz parte da moderna evocação do governo constitucional; não se encontra nos reinos nacionais incipientes da Alta Idade Média. O dispositivo de representação pode servir a mais de um propósito, mas não está necessariamente ligada ao povo. Se quisermos saber o que significa no século XIII, não podemos começar com a suposição dogmática de que significa o início da representação dos "povos", mas temos que consultar os decretos através dos quais os delegados eram convocados.

b. Os decretos de convocação

O decreto de Eduardo I para o Parlamento de 1295 incita o xerife a escolher sem demora dois cavaleiros do condado, dois cidadãos de cada cidade e dois burgueses de cada burgo, e enviá-los a Westminster na data marcada; os homens têm de ser escolhidos entre os mais discretos e adequados a este tipo de trabalho (*de discretioribus et ad laborandum potentioribus*); os delegados devem ter poder suficiente para agir por si mesmos e por suas comunidades, de modo que nenhum atraso nas deliberações resulte de uma falta de poderes. O que o termo *eleição* significa, nestas circunstâncias, é duvidoso. O procedimento, tanto quanto podemos supor a partir dos decretos, pressupõe a existência de comunidades com um grau de articulação suficiente para possuir membros que são prudentes e hábeis na condução dos negócios e funcionários da administração central com poderes suficientes para persuadir ou coagir as comunidades à "eleição" dos delegados adequados que podem ser considerados "representantes" em virtude das suas qualificações pessoais, mas que também são "agentes" com poderes específicos.[7]

Justifica-se, portanto, falar de uma representação da *communitas comitatus* e da *communitas civitatis*, e podemos falar ainda de uma representação das comunas na medida em que os representantes do município deliberaram em conjunto e suas resoluções foram assumidas por todos. Mas não podemos falar de uma representação incipiente do povo ou da nação através dos delegados das cidades. Não só as fontes omitem essa relação; pelo contrário, elas são explícitas em atribuir a função representativa integral ao próprio rei. O reino é do rei, os prelados e os magnatas são dele, e suas são as cidades. Os comerciantes, por outro lado, não são dele, mas sim "do reino" ou "da cidade", uma linguagem que indica que não estava em vista o povo como comunidade suprema de indivíduos, mas que os indivíduos estavam politicamente articulados nas comunas e no reino como um todo.[8] Como pessoa que representa o reino, o rei tem que cuidar de sua segurança externa e da paz interna "para a glória de Deus e o bem-estar de todo o reino";[9] o termo *populus* pode ser usado como sinônimo de *regnum* na fórmula do "bem-estar comum do reino".[10]

---

[7] Sobre a função do xerife na produção de representantes, o aparato nas comunidades para a seleção e, acima de tudo, a resistência bem-sucedida das comunidades ao envio de representantes e sua habilidade surpreendente para escapar de ser notado como comunidades durante períodos prolongados, e ainda mais detalhes, consulte as fontes apresentadas em D. Pasquet, *An Essay on the Origins of the House of Commons*, 1925; reedição: Hamden, Conn., Archon, 1965, p. 158 ss. Mais pormenores, qualificando em muitos aspectos, os resultados de Pasquet, são encontrados em: May McKisack, *The Parliamentary Representation of the English Boroughs during the Middle Ages*. Oxford, 1932; reedição: Londres, Cass, 1962.

[8] A respeito da designação dos comerciantes, ver *Writ of Summons* to *a "Colloquium" of Merchants*, de 1303. In: Stubbs, *Select Charters*, p. 500.

[9] Sobre esta fórmula, ver *Summons to the Parliament,* de 1265. In: Stubbs, *Select Charters,* p. 415.

[10] *Summons to the Parliament of Lincoln*, de 1301. In: Stubbs, *Charters Select*, p. 99.

Para indivíduos únicos encontramos o termo habitantes (*incolae*) ou concidadãos (*concives*) do nosso reino.[11] Uma teoria bastante clara da constituição inglesa emerge destas fórmulas; o rei é o representante e o chefe responsável pelo reino conforme articulado em magnatas, prelados e nos vários municípios; o indivíduo singular tem estatuto não como membro do povo, mas sim como membro da sua comunidade ou do reino.

Temos de ter em mente esta concepção quando abordamos a famosa frase de Eduardo I, no decreto para os bispos de 1295: "o que a todos toca, por todos deve ser aprovado" (*quod omnes tangit ab omnibus approbetur*). A fórmula, extraída do *Codex Justinianus*, foi entusiasticamente interpretada como a política de um grande rei que quis dar ao povo inglês o seu lugar na constituição, ou, com um propósito mais limitado, estabelecer o princípio de que não há tributação sem consentimento. Essas interpretações mais antigas foram agora descartadas como anacrônicas, e a fórmula foi desconsiderada como floreio sem importância de um funcionário.[12] No entanto, este passo radical de desconsiderar completamente a fórmula talvez não seja necessário se tão somente não insistirmos em lhe atribuir o significado romano ou um significado extraído das modernas ideias constitucionais, mas se nos satisfizermos em colocá-la no contexto dos significados da época. No debate corrente, a fórmula está fora de contexto. No contexto, ela não indica um princípio independente, mas é usada como uma premissa geral a partir da qual se deriva uma regra mais específica para a ocasião; assim, o significado da premissa não deve ser determinado de forma independente, mas à luz da conclusão desenhada a partir dela. O texto completo da passagem é o seguinte:

---

[11] *Summons of the Archbishop and Clergy to Parliament*, de 1295. In: Stubbs, *Select Charters*, p. 485.

[12] Ver Pasquet, *Origins of the House of Commons*, 174. [Para uma discussão sobre o contexto do direito romano, em que a frase se refere aos conflitos decorrentes de vários guardiões que cuidam da mesma matéria, consulte P. G. Stein, "Roman Law". In: *Cambridge History of Medieval Thought*, p. 47.]

Sicut lex justissima, provida circumspectione sacrorum principum stabilita, hortatur et statuit ut quod omnes tangit ab omnibus approbetur, sic et nimis evidenter ut communibus periculis per remedia provisa communiter obvietur.
[Assim como uma lei adequada, estabelecida pela previsão previdente dos santos príncipes, exorta e decreta que o que a todos toca por todos deve ser aprovado, assim também claramente requer que as ameaças comuns sejam enfrentadas com meios que são fornecidos em comum.]

A regra específica para a ocasião diz que "uma ameaça comum deve ser enfrentada por meios fornecidos em comum". O perigo é a preparação bélica do rei da França, destinada a destruir o reino da Inglaterra. Na fórmula clássica de *res vestra maxime agitur* (literalmente: trata-se de coisa vossa em particular), o rei dirige-se às comunas do reino, ordenando que se reúnam em pessoa ou por meio de representantes para deliberar e agir numa emergência. A motivação da ameaça ao reino, para a qual as providências têm que ser tomadas por todos, não está contida apenas nos decretos para os prelados, mas também nas convocatórias para os senhores temporais e os representantes dos burgos e das cidades.

Tomando como ponto de partida o significado claro da regra específica, reduz-se consideravelmente a gama de significados da premissa geral. Não pode ser interpretada de forma a implicar direitos nacionais de qualquer tipo, mas implica o dever de participação e ajuda nos assuntos comuns, principalmente em assuntos com caráter de emergência. Uma chave para um significado que encaixa no contexto pode ser encontrada na linguagem da convocação dos bispos para um grande concílio no início de 1295.[13] Aqui encontramos a premissa geral do decreto posterior elaborada em termos específicos. O que a todos "toca" são os "casos difíceis"; e tocam a "nós" (o rei), "o nosso reino", e "os prelados do reino", bem como aos magnatas convocados para o concílio. O rei não deseja agilizar assuntos sem

---

[13] *Summons of the Archbishop for a Great Council*, de 1294. In: Stubbs, *Select Charters*, p. 485.

a presença daqueles que são "tocados" por eles. A premissa geral do decreto posterior parece-nos uma fórmula breve para a motivação mais elaborada do decreto anterior. A tradução mais adequada talvez fosse: "os assuntos que dizem respeito a todos devem ser assumidos por todos"; e pode-se cumprir este dever mediante uma reunião com o rei no parlamento "*ad tractandum, ordinandum et faciendum* (...) *qualiter sit hujusmodi periculis et excogitatis malitiis obviandum*" (para gerir, organizar e agir (...) de todos os modos por que perigos e ameaças sejam enfrentados).[14] O decreto posterior apenas amplia o círculo das pessoas "tocadas" até incluir "*alii incolae regni nostri*" (outros habitantes do nosso reino). Embora na ausência de qualquer evidência seja inseguro atribuir o aparecimento da fórmula geral diretamente à intenção do rei, reflete decerto objetivamente a política de Eduardo I para acelerar a transformação do reino feudal em um reino dos estamentos.[15]

c. *Representação e articulação*

Na análise da representação, somos remetidos para o problema da articulação. Quando o processo de integração de estratos articulados da sociedade em uma assembleia nacional atinge os condados e as cidades, o dispositivo de envio de delegados é usado como meio óbvio para a representação de comunidades que não podem estar presentes como um corpo nas reuniões de um reino territorial. Como as instituições inglesas não se desenvolveram em um vácuo, é bem possível que práticas semelhantes nas Cortes de Aragão e Castela, ou, como o professor Barker sugeriu, a constituição da Ordem Dominicana, tenha tido alguma influência na evolução inglesa; mas não possuímos qualquer prova de tal influência, exceto a contiguidade dos fenômenos no tempo. A articulação interna de um condado inglês alcançara um nível que tornava

---

[14] *Summons of the Archbishop and Clergy*, de 1295. In: Stubbs, *Select Charters*, p. 485.

[15] Sobre os motivos de Eduardo I, ver o resumo em Pasquet, *Origins of House of Commons*, p. 171 ss.

supérfluo, como o professor McIlwain justamente sustenta, pesquisar influências externas no desenvolvimento do dispositivo. A questão só pode ser ampliada em "problema" caso se pressuponha que o envio de delegados representativos para a assembleia do reino é uma façanha de inteligência inventiva da qual os ingleses não seriam capazes. O problema não reside no envio de delegados, algo que parece evidente uma vez que a substância política esteja formada e articulada, mas sim na formação e articulação da própria substância da comunidade.

Aqui reside, de fato, o problema que merece atenção. O dispositivo de representação através de delegados de comunidades locais a uma assembleia central não foi usado pela primeira vez na história nos reinos nacionais emergentes. Temos os casos das dietas provinciais romanas, dos concílios da igreja dos primórdios, e das convocatórias das ordens mendicantes. O pano de fundo das dietas provinciais do Império Romano é obscuro nos detalhes, mas as assembleias eclesiásticas têm pressupostos claros: quando existem comunidades locais articuladas como as igrejas cristãs, que fazem parte da comunidade cristã maior, territorialmente dispersa, a assembleia de delegados adquire importância de instrumento, porque cumpre a condição de uma grande comunidade com subcomunidades locais. Ainda mais revelador é o desenvolvimento constitucional das ordens mendicantes no século XIII. Atribuiu-se grande importância aos elementos eletivos inseridos na constituição dos Dominicanos: a eleição dos priores dos conventos e a participação de representantes eleitos a par com os representantes *ex officio* nos capítulos provinciais e gerais. Temos de dizer, neste caso, como no caso dos representantes dos condados e da cidade, que nada se encontra de espetacular no dispositivo dos eleitos como tal. O que é novo e, de fato, revolucionário é o crescimento de uma comunidade que necessita de representantes eleitos para sua articulação. Existiam representantes nas novas ordens soberanas desde a reforma de Cluny, mas sob a organização cluniacense os conventos eram representados nos capítulos pelos priores e não por delegados eleitos. Podemos dizer que o modelo secular correspondente à organização cluniacense é o parlamento de barões, um *consilium* que poderia ser o *commune consilium regni* com o princípio de representação virtual enquanto os estratos sociais mais baixos não estivessem suficientemente articulados. A inovação da Ordem Dominicana não é o capítulo representativo, mas sim a concepção do frade como "o invencível atleta de Cristo" perseguindo a vocação apostólica de pregar a palavra de Deus. A Bula de Honório III, de 23 de dezembro de 1216, afirma que os irmãos devem ser "os campeões de fé e verdadeiras luzes do mundo". A fórmula, aplicada na liturgia dos apóstolos e evangelistas, introduz na estrutura da igreja feudal medieval a comunidade dos cristãos espiritualmente maduros e ativos.[16] Este novo tipo de comunidade, composta por indivíduos espiritualmente ativos e maduros, tinha de se articular por meio de processos eletivos nos conventos, bem como nas comunidades maiores das províncias e de toda a ordem.

A evolução das comunidades urbanas na esfera secular tem paralelo com a evolução das novas comunidades espirituais na esfera religiosa. Ambos os fenômenos estão intimamente entrelaçados socialmente; e temos de lidar com este aspecto do problema num capítulo posterior, "O Povo de Deus".[17] O fato de que a substância de novas comunidades entrou no campo da história, acompanhada por novas formas de representação, não justifica a hipótese de que a própria representação era um fenômeno novo. A representação, tal como já foi definida, pode ser encontrada em toda a comunidade que se articula. O rei é o principal representante do reino, enquanto a comunidade de barões não for suficientemente coerente para agir através de seus próprios representantes. Contudo, no início do século XIII, a coerência interna dos barões estava

---

[16] Sobre a constituição dominicana e seus problemas, ver John-Baptist Reeves, O.P., *The Dominicans*. Nova York, Macmillan, 1930.

[17] *History of Political Ideas*, vol. IV, *Renaissance and Reformation*. Ed. David L. Morse e William M. Thompson. Columbia, University of Missouri Press, 1998 (CW, vol. 22), parte 4, cap. 3, "The People of God". [Edição brasileira: *História das Ideias Políticas*, vol. IV, *Renascença e Reforma*. Trad. Elpídio Mário Dantas Fonseca. São Paulo, Editora É, no prelo.]

forte o bastante para produzir órgãos representativos. A *forma securitatis* da *Magna Carta* estipula que os barões elejam uma comissão de 25, cujo dever é assegurar que o rei cumpra as suas obrigações; quatro dos 25 barões podem formar uma subcomissão, apresentando suas queixas ao rei ou ao provedor de justiça. Na medida em que está em causa a articulação através da representação, o baronato tem a mesma estrutura de comunidade de um convento ou de uma cidade. A representação é uma função da articulação uma vez que é um fenômeno político onipresente; as formas institucionais podem variar de acordo com os tipos de comunidades articuladas, mas não podem estar ausentes; as novas formas de representação são, portanto, os sintomas de novas comunidades em formação. A representação do condado e da cidade no século XIII não só indica o crescimento de comunidades locais, mas, na medida em que resulta em uma Assembleia Central, indica também a articulação da comunidade do reino.

d. O Reino

Este último fenômeno, o crescimento do "reino", que resultará no crescimento do "povo", é, de alguma forma, tomado como um dado adquirido, embora seja precisamente o processo que deve despertar a curiosidade. A civilização greco-romana teve um desenvolvimento urbano imenso; no entanto, a civilização helênica nunca alcançou uma grande estrutura de poder territorial, ao passo que o Império Romano teve uma grande extensão, mas não foi um reino, nem um povo, nem teve representantes de instituições – exceto no tardio desenvolvimento provincial. No mundo da pólis helênica encontramos, durante o período clássico, as ligas religiosas, que têm mais o caráter de um armistício que de um reino, e as ligas hegemônicas, que organizaram uma série de pólis numa aliança mais ou menos obrigatória, sob a liderança da cidade mais forte; não ocorreu a união em um "reino", embora até existissem conselhos compostos por delegados das pólis membros. O Império Romano foi uma imensa conquista militar, tendo a pólis romana como centro de poder, enquanto os territórios conquistados eram administrados e explorados como *provinciae*. Os termos *imperium* e *orbis terrarum* referem-se significativamente a elementos da estrutura: o poder romano e a extensão de seu domínio. Mas não é visível nenhuma força articuladora e integradora, comparável ao poder régio ocidental; há paz na fundação, por fim, mas não há vida. A substância da comunidade da pólis não foi capaz de chegar a um ponto em que as unidades locais altamente articuladas se integrassem com outras para formar comunas maiores. Os dramas históricos da fundação régia, governo aristocrático, *fronde* e o surgimento do terceiro estado foram encenados com diferentes resultados em cada pólis individual. O resultado foi na Hélade, como em Roma, a curiosa "seca" do centro e a desintegração da periferia em estados sucessórios.

Esta comparação com o mundo antigo esclarece a função decisiva da realeza ocidental, com a organização feudal de grandes territórios como as forças integrantes do reino e dos povos que crescem no seu abrigo e sob sua pressão. Onde esta força estava ausente, como na Itália, a estrutura política mostra certas semelhanças com a Antiga com o surgimento das cidades-estados e cidades-ligas como a Lombardia, as guerras mortais entre elas, e a redução de número por meio da ascenção de poderes hegemônicos como Veneza e Gênova.

§ 6. *Fortescue*

Não poderíamos concluir este capítulo de maneira mais adequada do que fazendo observações sobre as ideias de Sir John Fortescue acerca da estrutura política do reino da Inglaterra. Na sua obra encontramos, se não uma teoria profundamente analítica do governo medieval, pelo menos uma tentativa de conceitos do tipo descritivo, redigida nos termos e imagens da época. Suas ideias têm sido usadas para uma interpretação *whig* da história constitucional inglesa desde o século XVII.

Mas alguns estudos excelentes e mais recentes começaram a reconsiderar suas obras como uma fonte de grande importância para a compreensão do reino medieval antes do período Tudor.[18] Anteriormente, expressou-se certo receio contra o uso das ideias de Fortescue para a interpretação do reino *medieval* porque sua obra é dos anos sessenta e setenta do século XV e, portanto, posterior à experiência constitucional da casa de Lancaster com aspectos modernos. Mas a "experiência de Lancaster", durante muito tempo um dos pilares da história constitucional inglesa, começa a desaparecer sob o impacto de um estudo mais cuidadoso das fontes. Quanto a esta questão, S. B. Chrimes diz:

> A detecção de uma notável experiência constitucional com os Lancaster torna-se cada vez mais difícil e, consequentemente, qualquer teoria de retrocesso por parte dos York tem cada vez menos sentido. O presente autor (...), no decurso da sua leitura das fontes, não discerniu quaisquer vestígios, segundo as ideias contemporâneas, de uma experiência constitucional consciente como se poderia esperar se as antigas apreciações fossem justificadas.[19]

A continuidade da evolução no quadro do reino medieval ainda não estava quebrada no tempo de Fortescue.

Os conceitos fundamentais da teoria política de Fortescue são o *dominium regale* e o *dominium politicum et regale*. Neste contexto, não precisamos entrar na intrincada questão acerca da derivação desta terminologia desde Santo Tomás,

---

[18] Cf. McIlwain, *Growth of Political Thought*, p. 354 ss, e o grande estudo de S. B. Chrimes, *English Constitutional Ideas in the Fifteenth Century*. Cambridge, 1936, cap. 4, "The Theory of the State".

[19] Chrimes, *English Constitutional Ideas,* xviii ss. Posso observar, nesta ocasião, que o argumento de Chrimes para o século XV é válido também para o século XIII? Durante o período em que se formou a representação das cidades, nenhum historiador contemporâneo parece ter-se apercebido de qualquer acontecimento sensacional. A maioria das fontes não mencionam o provimento do Parlamento através dos condados e cidades; os poucos que o mencionam não consideram isso um evento revolucionário, o que parece provar conclusivamente que o crescimento da representação das cidades não implicou uma ruptura com as ideias políticas aceitas.

Ptolomeu de Lucca e Egídio Romano porque a derivação é antes um dos termos que um dos significados; quanto ao significado temos que investigar no uso que Fortescue faz dos termos na sua teoria. Os dois conceitos têm três funções: (1) são usados para designar duas formas de governo, que se distinguem pelas diferenças de origem; (2) designam duas fases na evolução do governo; (3) designam tipos contemporâneos de governo, independentemente da origem ou fase evolutiva, como a França e a Inglaterra. Os três conjuntos de significado não se distinguem sistematicamente; são usados de acordo com as exigências do contexto e, por vezes, misturam-se numa passagem; no entanto, convergem no propósito de descrever adequadamente a politeia inglesa.

O *dominium regale* tem origem no estabelecimento de uma regra pela força superior de um homem forte e ambicioso cujo modelo é Nemrod, o poderoso caçador. A lei pela qual a comunidade é governada emana da vontade do governante; se a lei é boa, a regra régia pode evoluir para o análogo terrestre do reino de Deus. A regra "*quod principi placuit, legis habet vigorem*" [o que agrada ao príncipe tem força de lei] encontra a sua justificação através da identificação da vontade régia com a lei natural divinamente sancionada.[20] Tal regra obtém o consentimento das pessoas porque o governante é também o defensor da sua própria posição, e a aceitação da regra pelo menos protegerá os indivíduos contra a violência alheia.[21] A teoria do direito natural implícita nessas passagens é longamente elaborada em *De Natura Legis Naturae*, parte I; para o nosso propósito, basta caracterizá-la como a teoria tradicional do direito natural relativo.[22] O *dominium regale* do governante absoluto é a forma mais primitiva. O *dominium politicum et*

---

[20] *The Governance of England*. Ed. Charles Plummer. Oxford, Clarendon, 1885, cap. II. A edição mais recente de Fortescue é *On the Laws and Governance of England*. Ed. Shelley Lockwood. Nova York, Cambridge University Press, 1997.

[21] *De Laudibus Legum Angliae*. Ed. Amos (1825), cap. XII. Edição recente: Ed. S. B. Chrimes. Cambridge, Cambridge University Press, 1942.

[22] *Works*. Ed. Lord Clermont. Londres, 1869, vol. 1.

regale aparece mais tarde, quando a humanidade se tornou mais civilizada.[23] Neste estágio avançado, ou os governos mais primitivos se tornam políticos, como, por exemplo, Roma,[24] ou podem surgir novas fundações, imediatamente como *dominium politicum et regale*, como por exemplo a Inglaterra.[25]

Por ocasião do *regnum politice regulatum*, Fortescue escreveu uma página que leva a teoria do reino intramundano a dar um passo a mais na linha fixada por João de Salisbúria e Marsílio de Pádua.[26] João desenvolvera o conceito de comunidade e usou a analogia orgânica a fim de tornar inteligível a coerência interna da unidade. Marsílio viu que o todo orgânico assim imaginado era um fato contundente de origem inexplicável e desenvolveu as ideias de *universitas* e de *legislator*, como o todo preexistente dá origem às peças individuais e suas relações jurídicas. A teoria de Marsílio foi um grande avanço na construção da unidade política intramundana na medida em que reconheceu que as partes articuladas do todo não derivam a sua origem e autoridade das outras, mas que o fundo total das partes cria um problema. No entanto, experimentou a dificuldade de que o todo foi concebido em termos de um *legislator* constituinte já articulado, deixando em aberto a questão mais radical de como se articulou o próprio legislador. E experimentou a limitação de que na construção do *legislator*, Marsílio utilizou o padrão institucional das cidades italianas, que não podia ser transferido para os reinos nacionais e territoriais transalpinos.[27] Fortescue sobrepujou essas duas desvantagens, pois fez que sua teoria se adequasse aos problemas do reino nacional e aprofundou os processos obscuros pelos quais uma substância política se forma e se articula.

---

[23] *Governance of England*, cap. II; "whan mankynde was more mansuete" [quando a humanidade era mais gentil].

[24] *De Natura Legis Naturae* I.16. In: *Works*, vol. 1.

[25] *De Laudibus*, cap. XIII; *Governance*, cap. II.

[26] *De Laudibus*, cap. XIII.

[27] Sobre João de Salisbúria, ver vol. II, *Idade Média até Tomás de Aquino*. Trad. Mendo Castro Henriques. São Paulo, Editora É, 2012, cap. 6, p. 131-41; sobre Marsílio de Pádua, ver cap. 17, acima.

Os seus termos principais para a designação deste processo são a *erupção* e a *prorrupção* do povo. A analogia orgânica alarga-se da comparação entre o corpo político constituído e o organismo para uma comparação entre a criação do reino e o crescimento de um corpo a partir de um embrião. O povo irrompe em um reino (*ex populo erumpit regnum*) como o corpo articulado surge do estado embrionário. No caso de um povo até então inteiramente inarticulado, Fortescue fala de erupção; no caso de um reino *tantum regale* que experimenta a transição para um Estado político, fala de prorrupção. O conceito de povo utilizado nestas passagens deve ser cuidadosamente considerado. Fortescue considera deficiente a definição de povo em Santo Agostinho como a multidão associada por meio do "consentimento numa ordem justa e uma comunhão de interesses". Um povo assim seria *acéfalo*, sem cabeça; não seria um corpo, mas apenas um tronco. O povo que deseja erguer-se como reino tem que erigir um chefe (*rex erectus est*) que governe o corpo. O termo *povo* é, obviamente, usado nos dois sentidos – povo politicamente inarticulado e povo politicamente articulado; o termo *reino* é sinônimo do segundo.[28] Não se consegue derivar desta concepção a ideia de soberania popular, embora a linguagem seja tentadora, como, por exemplo, quando Fortescue diz que o rei não deve usar *hanc potestatem a populo effluxam* (este poder que flui do povo) para quaisquer fins exceto a proteção da lei e dos corpos dos súditos. Nesta passagem, o povo não são as pessoas desarticuladas a que Fortescue se refere noutros contextos como os comuns, mas o povo em embrião antes de sua articulação. Se procurarmos paralelos posteriores para teoria de um povo que se articula como um corpo político através do estabelecimento de um rei, não devemos procurar na direção

---

[28] Veja *Governance of England*, cap. II, onde Fortescue fala de "grandes comunidades" (o povo desarticulado) que estão "willyinge to be unite and made a body politike callid a reawme, hauynge an hed to gouerne it" [desejosas de ser unidas e formar um corpo político chamado reino, tendo uma cabeça para as governar]. *Reino*, *corpo político* e *corpo latino* são usados como sinônimos para designar o fenômeno que chamamos de reino, e que avançou na sua articulação até as camadas mais baixas da sociedade.

da especulação de Locke sobre o direito natural, mas, antes, como Chrimes sugeriu, na direção do *Leviatã*, de Hobbes.[29]

Por isso, o reino é um povo em estado de articulação política, e o rei faz tão parte dele como os barões e os comuns. Fortescue contribuiu ainda para a criação de um quadro terminológico para tratar do mistério de uma evocação política, ao utilizar o *corpo místico* como termo para o reino. Tal como o corpo natural tem o coração como seu centro de vida, assim também o *corpus mysticum* do reino tem como seu centro a *intentio populi* a partir da qual é transmitida à cabeça e aos membros do corpo como a corrente sanguínea da disposição política para o bem-estar das pessoas. A transferência desta categoria religiosa para o campo secular é sintomática da força que a esfera nacional alcançara no sentimento dessa época e, correspondentemente, da fragilidade em que se afundara o corpo místico imperial do cristianismo. É, além disso, um dos muitos exemplos em que podemos assinalar definitivamente a origem do simbolismo político secular nos símbolos do cristianismo. E, por último, atesta o excelente entendimento de Fortescue quanto aos problemas fundamentais da política. A origem do reino não deve ser procurada na natureza ou na lei, mas nas forças da alma que Fortescue designa pela categoria de "erupção". A natureza da evocação política, e a ascensão do reino a partir das forças de uma personalidade carismática, já não era tão clara para ele como fora para os historiadores do período de migração e para os autores da literatura das sagas nórdicas; mas era muito mais clara para ele do que para os teóricos do direito natural que procuraram a origem do Estado num contrato. Somente com Vico alcançamos novamente um nível de penetração realista dos problemas da evocação política. Esta compreensão do caráter mítico do corpo político, no entanto, não se deve inteiramente a uma visão imparcial; é fortemente determinada pelo fato de que

---

[29] [Para uma narrativa do renascimento da análise tomista segundo estas tendências no século XVI, ver Skinner, *Foundations of Modern Political Thought*, vol. 2, *The Age of Reformation*, especialmente as suas observações sobre a superioridade do tratamento de Suarez ao de Hobbes sobre a forma de um povo atuar como *universitas* (p. 165).]

Fortescue ainda vivia ativamente o mito do reino que tem continuidade com a migração. Vimos que para o *dominium tantum regale* o Antigo Testamento tinha de fornecer o caso principal de Nemrod. A fundação do reino político da Inglaterra deve-se, segundo Fortescue, a Brutus, que veio para a ilha com uma comunidade de troianos após escaparem dos gregos. O mito da fundação por troianos errantes que as tribos da migração trouxeram de Roma a fim de alcançar a igualdade de estatuto com a civilização mediterrânea, tal como os romanos a adotaram a fim de alcançar a igualdade mítica com os gregos, ainda é o pano de fundo da história que impede uma investigação mais exata do processo de fundação.[30]

A ideia do reino político é elaborada em pormenor para o caso inglês na *Governance of England*. O *regnum politicum* é um reino governado por leis às quais o povo deu o seu assentimento; assentimento significa que, institucionalmente, o rei não pode mudar a lei do reino, nem lançar impostos sem o consentimento do seu povo (cap. II). O reino da França, em que os comuns são tributados sem o assentimento dos estados, é, por isso, classificado como um *dominium tantum regale* (cap. III). As definições parecem sugerir a ideia de uma monarquia constitucional; mas esta impressão seria errônea – tão errônea quanto a opinião de que o dito de Eduardo I "o que a todos toca deve ser aprovado por todos" implica a ideia de governo com consentimento popular. Os termos *aprovação* e *assentimento* não tinham, à época, as conotações modernas. O assentimento não é um direito no moderno sentido constitucional, e não pode ser negado nem outorgado. O assentimento ou aprovação tem o caráter de uma participação

---

[30] Sobre o mito de Brutus, o herói homônimo dos britânicos, e a sua *comitiva trojenorum*, ver *De Laudibus*, cap. XIII, e *Governance*, cap. II. A principal fonte do mito inglês pode ter sido a narrativa de Geoffrey de Monmouth em *Historia Regnum Britanniae*. Para uma pesquisa de outras fontes acessíveis a Fortescue e sobre o papel do mito nos debates históricos e políticos na Inglaterra, ver a nota de Plummer na sua edição de *Governance*, p. 185 ss. Sobre o mito da fundação troiana, em geral, ver de Eric Voegelin, *História das Ideias Políticas*, vol. I, *Helenismo, Roma, e Cristianismo Primitivo*. Trad. Mendo Castro Henriques. São Paulo, Editora É, 2012, parte 1, cap. 7, § 5, "O mito de Troia entre os gauleses e os francos", p. 194-95.

no acordo entre os estados do reino no que diz respeito aos esforços a fazer para a sua manutenção. O assentimento dos comuns é, nessa época, uma extensão da relação feudal aos estratos recém-articulados em que os comuns têm de cumprir as suas funções, tal como os barões, enquanto estes podem, por sua vez, insistir que o rei cumpra as obrigações decorrentes de sua posição como protetor do reino e administrador da lei. Quaisquer dúvidas referentes a esta questão são rapidamente eliminadas pelo corpo principal da obra de Fortescue. O seu tema é o "estado do rei", que está em risco de deteriorar-se e, com essa deterioração, prejudicar a estabilidade do reino. Nesta situação crítica, torna-se o dever dos outros estados estabilizar o estado do rei no interesse do todo.

A *posição* do rei é uma ideia muito complexa que combina os direitos de propriedade do rei com os poderes carismáticos de cura e uma composição das qualidades carismáticas expressas pelos termos majestade do rei, sua vontade, sua liberdade, sua graça; ao mesmo tempo, a *posição* é um cargo com funções de ministrar a defesa e a justiça (cap. VIII). A *posição* do rei é "a mais elevada posição temporal sobre a terra". A fim de representar de modo adequado esta posição exaltada e o desempenho das funções conexas, o rei tem que ser o senhor mais rico no seu reino, pois, se algum dos seus súditos for igual ou o ultrapassar em propriedade como parte da posição, pode tornar-se um rival para a coroa e encontrar súditos rebeldes para o ajudar. "Porque o povo segue quem melhor o sustentar e recompensar." Fortescue parece considerar a rebelião devido a esta causa como normal. É nesta ocasião que adquirimos talvez o mais profundo conhecimento sobre a estrutura e a dinâmica do reino. O sustento do rei é tanto o dever do povo quanto a defesa das pessoas é dever do rei. Os súditos favoreceriam a rebelião de um senhor rico porque desejam com esse avanço ser dispensados de, pelo menos, uma parte dos seus encargos de sustento (cap. IX). Um homem é "erigido" rei porque a sua riqueza superior é o sintoma mais tangível da posse de outras qualidades carismáticas que são necessárias para a posição do rei; com ele, o reino irá desfrutar de prosperidade, que é posta à prova drasticamente com a segurança e com impostos baixos para os comuns.

A preocupação de Fortescue, portanto, é a dotação adequada de bens do rei com os meios necessários. De primeira importância é a substância dos comuns. Se os comuns forem ricos podem suportar mais facilmente os sacrifícios financeiros necessários para sustentar a posição do rei e, com ele, o reino. Além disso, é desejável que os comuns sejam prósperos, porque assim podem equipar-se com arcos e flechas e armaduras defensivas. O corpo de arqueiros inglês é a espinha dorsal da defesa do reino de que a Inglaterra carece devido à sua vulnerabilidade a um ataque por mar (cap. XII).[31] Os meios mais diretos para a introdução de estabilidade nas finanças reais seria o aumento e a prudente administração da própria posição. A este problema Fortescue dedica a maior parte da sua obra. Sugere vários meios para o aumento e entra em pormenores sobre um plano de um conselho que administraria os bens de tal maneira que não os desperdiçaria com recompensas inadequadas a numerosos peticionários. Se esse plano tivesse sido posto em prática, resultando em que a receita real tornar-se-ia suficiente para cobrir as principais despesas da casa real, da administração interna e da defesa do reino, a Inglaterra teria evoluído em direção a uma poderosa monarquia absoluta e o "parecer favorável" provavelmente teria morrido de atrofia.

Podemos concluir com a formulação teórica clara da posição régia no capítulo VIII. Fortescue cita Santo Tomás no sentido de que "*Rex datur propter regnum, et non regnum*

---

[31] No século XV, a situação insular da Inglaterra ainda era considerada uma fraqueza militar. A sensação de que poderia ser um trunfo e uma ajuda para a segurança começou a crescer somente após a construção das fortificações costeiras no século XVI. Antes do período Tudor, parece ter prevalecido uma ansiedade, alimentada pelas memórias das invasões até a conquista normanda e pela guerra de fronteira permanente contra o "instável bárbaro" (frase de Toynbee) da Escócia e do País de Gales, algo de semelhante ao "complexo alemão" de estar cercado. Sobre a reação das tribos germânicas continentais às derrotas da migração, e a origem do mito alemão da derrota, ver vol. II, *Idade Média até Tomás de Aquino*, cap. 2, p. 54-55.

propter regem" (Um rei é dado para o bem do reino, e não o reino para o bem do rei). Na interpretação de Fortescue, a máxima implica que a posição real é um cargo com funções que dizem respeito ao reino. Contudo, para Fortescue, o elemento ministerial da posição é a premissa da qual ele deriva o dever do povo de sustentar o rei de forma adequada. Como a posição é um cargo, o rei pode dizer de si mesmo e do seu reino o que o papa diz de si mesmo e da Igreja: que ele é *servus servorum Dei*, o servo dos servos de Deus. O rei é o primeiro servo do seu reino, o *corpus mysticum* secular, e o Senhor diz, *dignus est operarius cibo suo*, o servo vale a sua vida. Nesta reversão do papel de senhor e servo, temos a fórmula perfeita para a estrutura equilibrada e recíproca do reino.[32]

---

[32] Podemos notar novamente a transferência de categorias da esfera religiosa e a sua aplicação à interpretação da esfera secular. E podemos notar, também, que a ideia de *servus servorum* reaparece quando se repete a situação da "erupção do reino", como no famoso dito de Frederico, o Grande: "Eu sou o primeiro servo do meu estado".

20. Da cristandade imperial à paroquial

No capítulo anterior, analisamos a articulação do reino como um problema de desenvolvimento interno. Trataremos agora deste desenvolvimento interno na sua relação com a evolução do Ocidente como um todo, desde a fase imperial medieval até à fase paroquial moderna. O crescimento da população até atingir o nível de relevância social e de articulação política apresenta, na esfera dos reinos feudais, o problema de integrar as novas forças na estrutura do reino. Na medida em que esta dificuldade é resolvida com sucesso na esfera doméstica, agrava-se no cenário mais vasto da cristandade ocidental. Quanto mais os reinos feudais fincam suas raízes no povo, mais lassos se tornam os elos dos relacionamentos supraterritoriais – ao nível temporal e espiritual – com a estrutura imperial do Ocidente. A realeza e as classes superiores se voltam cada vez mais para os povos inseridos nos limites territoriais do reino, como fundamento da sua força; e os povos, à medida que se tornam articulados, se voltam para a estrutura do reino em que encontram a sua forma política. Após a ruína de Hohenstaufen, o imperador tinha sido praticamente destituído da sua função de senhor temporal da cristandade; e nenhuma instituição substituta evoluiu para ocupar o seu lugar. Nos séculos XIV e XV, o papado teve rumo semelhante, em consequência do cativeiro da Babilônia e do Grande Cisma. O sucesso da integração das novas forças nos reinos – e o malogro de tal integração, diretamente ou por mediação dos reinos, na sociedade ocidental como um todo – constituiu a decisão histórica fundamental que determinou a estrutura paroquial do mundo moderno. Mais uma vez, como no capítulo anterior, remetemos o leitor para os detalhes históricos dos tratados modelares sobre o período. Seguiremos somente as linhas principais da evolução e selecionaremos os fatos característicos.

§ 1. A transformação organizacional da Igreja

A residência dos papas em Avignon, de 1305 a 1378, constituiu um evento de extrema relevância simbólica. Rompeu de modo tangível, ao menos temporariamente, a ligação com a tradição romana. A proximidade física da França, em si mesma pouco importante, acentuava o fato – que de outra maneira talvez não tivesse ficado evidente para a grande massa de cristãos – de que o papado foi tragado por uma controvérsia anárquica que resultou na organização paroquial do Ocidente. O denominado Cativeiro Babilônio foi o sintoma externo, compreendido por todos, de que a direção da política ocidental tinha escapado das mãos da Santa Sé e que o papado estava à deriva num oceano de forças que não podia dominar.

A residência em Avignon e a sua relevância como um sintoma são evidentes. Menos evidente é a situação complexa da qual é sintoma. A mudança de residência foi a consequência mais direta dos problemas internos na Itália, que tornaram a residência em Roma impossível, dado o perigo físico a que o papa se expunha. Bento XI, o sucessor de Bonifácio VIII, vivia exilado em Perúgia, e o arcebispo de Bordeaux, Bertrand de Got, quando foi eleito como Clemente V em 1305, foi aconselhado a não enfrentar a anarquia dos barões em Roma. A primeira necessidade do papado era conseguir um refúgio territorial a partir do qual pudesse agir em segurança, num mundo novo de poderes capazes de atacar fisicamente o papa, como o episódio de Anagni tinha mostrado. Desde a época de Gregório VII, o problema peculiar tinha partido da política da cúria para os estados papais. Sobre as suas possessões *de jure*, originadas da doação dos carolíngios e de Matilda, o papado não exerceu uma soberania temporal, mas, ao contrário, favoreceu o desenvolvimento da cidade soberana na Toscana bem como no próprio *Ducatus Romanus*. O maior trunfo da política papal, no que diz respeito aos "estados fronteiriços" do império, foi o fato de que absteve-se de exercer autoridade temporal, inclusive em Roma. A difícil posição de um papado sem poder temporal em Roma fez com que Bonifácio VIII, no final do século XIII, constituísse as fundações do estado dos Caetani na Toscana do sul, servindo de bastião territorial contra a aristocracia romana. A escolha de Avignon, em 1305, como residência não foi um indício de submissão à França, mas realizou-se porque em 1274 esta tinha cedido Venaissin, no entorno de Avignon, ao papado, estando sob administração papal, numa época em que os senhores de Avignon eram vassalos do papa. Avignon foi adquirida por Clemente VI em 1348, formando com Venaissin o núcleo de uma igreja-estado. Em Avignon, as diversas tentativas do papa de obter, por meios militares, um território seguro na Itália foram fracassadas, até à nomeação, em 1353, do cardeal Albornoz, como núncio apostólico para Itália – um espanhol que tinha recebido o seu cardinalato como recompensa de serviços eminentes contra os mouros em Andaluzia. Suas realizações diplomáticas e militares lançaram as bases da construção da igreja-estado como um dos principados italianos despoticamente governados, até 1870. A conquista de Albornoz possibilitou o regresso do papado para Roma, mas a etapa decisiva consistiu na rendição da política de Hildebrandine. A Igreja tinha manchado a sua pretensão espiritual universal com a mesquinhez de submeter-se ao princípio do poder territorial, imitando os novos reinos paroquiais. A profundidade com que a administração paroquial do poder impregnou o sentimento ocidental é evidenciada pela postura dos papas como presos no Vaticano, quando a sua soberania territorial foi abolida em 1870, e no seu restabelecimento pelo

Tratado de Latrão de 1929 – "um erro da diplomacia papal", como Toynbee acertadamente caracteriza esta etapa.

A residência em Avignon impôs-se, além disso, devido aos novos problemas da política estrangeira. Na ocasião da *Unam Sanctam*, tinha ficado claro que o papado era o único herdeiro da política imperial do Ocidente com relação ao Islã. O grande obstáculo à consecução de uma política ocidental comum *ad extra* era a preocupação da França e da Inglaterra com os problemas da sua consolidação nacional. Uma reconciliação entre os dois reinos era uma condição militar e econômica para o reinício das Cruzadas. Apesar da contrariedade experimentada por Bonifácio VIII, os papas continuaram – na sua situação vantajosa em Avignon – as negociações para um acordo no conflito entre a Inglaterra e a França, assim como para o empreendimento de Cruzadas adicionais. Um acadêmico distinto, como o professor Guillaume Mollat, fala de uma "obsessão" dos papas de Avignon com a ideia de uma Cruzada.[1] A linguagem usada indica um viés que ainda distorce, com frequência, a compreensão do desastre que sobreveio à cristandade nos séculos XIV e XV. A "obsessão papal" significa, simplesmente, que o poder espiritual da cristandade não tinha renunciado à ideia de uma comunidade ocidental em que os interesses do todo fossem mais importantes do que as diferenças internas. A disputa entre Inglaterra e França, por outro lado, que paralisou a ação comum, marca a "paroquialização" da política ocidental por meio da elevação de problemas internos ao nível de problemas estrangeiros, em detrimento dos problemas da cristandade imperial. As repetidas tentativas de reconciliação entre Inglaterra e França, a preparação das Cruzadas e sua conduta real impediram por diversas vezes uma saída planejada de Avignon.[2]

---

[1] Guillaume Mollat, "The Popes of Avignon and the Great Schism". In: *CMH*, vol. 7, 1932, cap. 10.

[2] O problema das campanhas contra o Islã, que poderia ser resolvido com sucesso por meio de Cruzadas do Ocidente sob a liderança papal, encontrou finalmente sua solução dentro da nova estrutura de soberanias territoriais pela evolução da monarquia de Habsburgo na "carapaça" (termo de Toynbee) do Ocidente contra os turcos. Com o declínio do Império Otomano, esta *raison d'être* ocidental universal desapareceu da fundação de Habsburgo; o declínio turco foi, por esta razão, um dos fatores importantes no declínio da monarquia austríaca.

No século XIV, a população e a riqueza da Europa tinham aumentado consideravelmente, as cidades estavam crescendo em número e demograficamente, com a imigração vinda do interior superlotado, e a economia monetária estava avançando rapidamente, enquanto a economia feudal de serviços estava em declínio. O rendimento extrafeudal da taxação constituía uma parte cada vez maior do rendimento total dos reinos, e as guerras possibilitadas pelo novo poder econômico talvez tenham sido da mesma proporção que as guerras para ampliar a fonte de renda pelo aumento do rebanho de ovelhas que podiam ser tosquiadas. Se o papado pretendesse tirar proveito nesta disputa do novo poder monetário, teria de reorganizar seu sistema financeiro à perfeição. As despesas de João XXII, com 63,7% para a guerra, 12,7% para manutenção e entretenimento da corte, 7,16% para as esmolas, até as despesas da biblioteca com 0,16%, dão um retrato claro do problema. Avignon era geograficamente o centro ideal para uma organização que tivesse de abranger a área da Europa cristã, consideravelmente mais bem situada, para este fim, que a Roma periférica. Com o propósito de fornecer um rendimento adequado, os papas de Avignon confiaram principalmente em duas medidas: (1) uma reorganização da administração financeira na *camera apostolica* com o tesoureiro à cabeça, como o mais importante oficial papal; e (2) a centralização extrema de assuntos eclesiásticos na Cúria, particularmente quanto à colação de benefícios eclesiásticos. Nenhuma dessas medidas constitui uma inovação na administração da Igreja; o que era novo era a racionalização burocrática e a eficiência do sistema. A Igreja fazia uso da sua extensa propriedade de terras (diz-se que, na Inglaterra, esta chegou a ter um terço do país) para elevar os impostos a valores incomuns e com cobrança incomum, e do igualmente extenso aparato de ofícios não hereditários para coletar taxas de nomeações, anatas, primícias, rendimentos de férias e assim por diante. Como resultado, a Igreja tornou-se a primeira monarquia absoluta da renascença com uma burocracia central competente e um sistema financeiro impiedosamente eficiente. Padrões de eficiência similares foram alcançados nos reinos nacionais somente no final do século XV, na Inglaterra dos Tudors e na França de Luís XI – embora se deva ter cuidado para não interpretar, como às vezes acontece, o *post hoc* como *propter hoc*.

§ 2. A reação inglesa

O inevitável conflito entre a administração financeira do papado e a dos reinos pode ser mais bem estudado no caso da reação inglesa. O século XIV produziu a grande série de medidas que criou o arcabouço legal para a nacionalização da Igreja da Inglaterra. O Estatuto de Carlisle, de 1307, formula como principal reclamação que os fundos dos mosteiros, conventos e casas religiosas, criados para ajudar os pobres e os doentes, foram desviados do seu objetivo devido à taxação papal. O estatuto proíbe a evasão do dinheiro dos contribuintes e ordena que todos os "estrangeiros" a serviço das casas inglesas deixem de arrecadar impostos. A medida se voltava contra o fluxo de rendimentos para fora do país, para as mãos de uma organização que, em última instância, podia utilizá-lo para apoiar a França. Em 1343, solicitaram que Clemente VI revogasse suas reservas e provisões pelas quais estrangeiros eram nomeados para cargos ingleses, porque os forâneos não eram capazes de atender às necessidades do povo inglês e, quando apareciam, não se limitavam a cobrar o rendimento, enquanto o ofício era desempenhado por um procurador que recebia uma ninharia. Em 1351, o Estatuto dos Provisores restabeleceu "a eleição livre de bispos, arcebispos e todas as demais dignidades e benefícios eclesiásticos eletivos na Inglaterra". Em 1353, o Estatuto de Praemunire ameaçava com proscrição e confisco a todos os que levassem a tribunais papais casos de que os tribunais do rei tivessem conhecimento. Em 1366, o tributo para o papa foi negado; a homenagem ao papa, feita por John Lackland em nome do reino da Inglaterra, foi declarada ilegal, pois não foi consentida pelos barões. Em 1390, o Segundo Estatuto dos Provisores renovou o primeiro, adicionando sanções severas de exílio e banimento em caso de violação.

As medidas constituíam um corpo jurídico que, se executadas plenamente, tornariam a Igreja da Inglaterra quase independente do papa, do ponto de vista organizacional. O Ato de Supremacia de Henrique VIII, em 1534, acrescentou apenas a pedra angular ao edifício do século XIV. Na época, entretanto, a fachada era mais imponente que a realidade. O Estatuto de Carlisle e o Estatuto dos Provisores tiveram de ser renovados porque não foram rigorosamente observados. As disposições papais permaneceram, frequentemente com a conivência dos reis, cuja posição de poder, econômico e geral, tornava as negociações desejáveis. A principal consequência dos estatutos foi que eles colocaram o rei numa melhor posição de barganha nas negociações com a Cúria. Além do mais, a questão não se colocava apenas entre reis e papas, mas havia o parlamento, os patronos e os corpos eletivos como terceiro elemento. Porém, no fim, a vitória coube ao rei. As "eleições livres" de 1351 foram uma formalidade, pois a circular régia, admitindo a eleição, nomeou a pessoa a ser eleita e não encontrou resistência. No século XVI, quando a posição real se fortaleceu, o procedimento da circular pôde ser formalizado pelo Ato de Nomeações Eclesiásticas, em 1534, e a desobediência podia ser sancionada pelas penas do Estatuto dos Provisores e do Estatuto de Praemunire. A Igreja da Inglaterra, assim, foi integrada na administração do reino territorial como movimento paroquializador contrário à intensa administração da Igreja Romana nos territórios do reino.

§ 3. Wycliffe – Caráter geral

A resistência organizacional dos reinos contra a administração centralizada da Igreja – o que é conhecido como anglicanismo e galicanismo – não seria possível a menos que tivesse ocorrido uma profunda reestruturação do sentimento religioso em direção ao que estamos chamando de cristandade paroquial. Figura proeminente do século XIV, que representa o novo tipo religioso, é John Wycliffe (1320-1384). Ele era uma figura notável e se tornou o grande símbolo da pré-Reforma por causa da amplitude de sua personalidade, que podia assumir as funções de acadêmico, político e reformador. Ele era singular em sua época graças a essa amplitude, mas amplitude às vezes se confunde com profundidade e intensidade, tendo como consequência o fato de que a sua posição na história das ideias políticas ainda não foi julgada de maneira estável e clara. Podemos observar uma tendência a superestimá-lo como o orgulho do protestantismo e da nação inglesa; e, mais recentemente, sob o impacto de um estudo conclusivo sobre sua obra em relação à de outros autores, uma tendência a subestimá-lo, sobretudo com relação às suas ideias políticas. As oscilações de julgamento se devem ao fato de sua grandeza ser vista de modo excessivamente estreito em suas doutrinas, e não nas qualidades do sentimento que lhe permitiu expressar, por meio da teologia escolástica, os problemas de sua época.

Para se chegar a um nível adequado de interpretação, em primeiro lugar, temos de afirmar, negativamente, que Wycliffe não foi um grande pensador conciliador, como Santo Tomás, nem um grande crítico como Duns Scot ou Guilherme de Ockham; não foi um grande místico como Eckhart, nem assumiu a tensão escatológica do humilde autor de *Piers Plowman*; tampouco tinha a fé elementar, selvagem, de um Lutero, ou as qualidades da diplomacia eclesiástica de um Calvino. A decepção é inevitável se procurarmos na obra de Wycliffe uma realização extraordinária no plano do espírito ou do intelecto. Às vezes, consideram-no o escolástico mais proeminente do seu tempo, o que pode ser correto. Mas a escolástica tinha tomado o rumo de seus grandes problemas, do realismo ao nominalismo, e já não se podia ter a primazia no movimento das ideias sendo um escolástico; nenhum mérito particular pode ser vinculado à posição realista de Wycliffe, embora determinasse a sua posição heterodoxa a respeito da transubstanciação. A alardeada teoria da fundação do *dominium* na graça estava pré-formada no *De pauperie Salvatoris* de Fitzralph (cerca de 1347); sua teoria da predestinação, na posição de Bradwardine; para Wycliffe, era natural que ele nunca pudesse harmonizar as duas doutrinas em seu sistema. A discussão sobre o ofício real na obra *De Officio Regis* se aproxima do radicalismo presente nos *Tratados de York*. Sua doutrina da Igreja, mesmo na forma radical, segundo a qual Deus concede seus dons a todo cristão, constituindo assim o corpo místico sem precisar, para este fim, da mediação de oficial da Igreja Romana, não é mais radical que o anticlericalismo das várias seitas heréticas. E mesmo o seu excelente trabalho organizacional, a preparação da Bíblia inglesa, segue de tal maneira a tendência de sua época que Herbert B. Workman, na sua monografia, é obrigado a dizer que "esta foi a expressão de um movimento que teria produzido uma tradução da Bíblia no final do século XIV e início do XV, com ou sem Wycliffe".[3]

A importância de Wycliffe não reside em qualquer de suas doutrinas ou ações tomadas isoladamente, mas na riqueza do conjunto. Tendências que até então corriam separadamente, ou no plano dos estratos sociais mais baixos ou das seitas heréticas, reuniram-se em sua pessoa e se ergueram ao nível do distinto acadêmico, o homem de Oxford, e o homem da política associado à corte. Em sua vida e obra, um novo movimento social e religioso rompeu pela primeira vez a superfície da respeitabilidade institucional e tornou-se politicamente relevante por sua convergência com as medidas organizacionais do reino contra o papado. Se formularmos o problema apresentado por Wycliffe dessa maneira, formulamos ao mesmo tempo a sua força e a sua fraqueza. Wycliffe marcou a sua época porque era sensível, mais do que qualquer outro, às agitadas forças, espirituais e políticas, da Inglaterra no período. Mas não pôde fazer mais do que uma marca passageira,

---

[3] Workman, *John Wyclif: A Study of the English Medieval Church*. 2 vols. Oxford, Clarendon, 1926, 2, p. 170. Estudos mais recentes incluem *The Law of Love: English Spirituality in the Age of Wyclif*. Tradução e Edição de David Jeffrey. Grand Rapids, Eerdmans, 1988; Anne Hudson e Michael Wilks (eds.), *From Ockham to Wyclif*. Oxford, Blackwell, 1987; Anthony Kenny (ed.), *Wyclif in His Times*. Oxford, Oxford University Press, 1986; Louis B. Hall, *The Perilous Vision of John Wyclif*. Chicago, University of Chicago Press, 1983; e John L. Daly, *The Political Theory of John Wyclif*. Chicago, University of Chicago Press, 1962.

porque ele não era mais forte do que as forças que ele concentrava em si mesmo. Numa época que ainda não estava madura para o evento, ele sentiu religiosamente e compreendeu intelectualmente os problemas que mais tarde possibilitariam a Reforma. Mas não estava profundamente radicado espiritual e metafisicamente para manter-se como um grande místico ou filósofo. Deste modo, a abordagem mais adequada para compreender Wycliffe não é analisar a sua obra sistemática. Sua sensibilidade peculiar às forças de seu tempo e a sua permeabilidade a elas tornam aconselhável caracterizá-las sucintamente e só depois analisar as respostas propostas por ele.

§ 4. Os movimentos espirituais regionais

Seguimos a evolução interna da espiritualidade cristã através das ondas de reforma monástica até às ordens mendicantes. Com o início do século XIII, esta evolução passou por uma fase crítica na medida em que parecia enfraquecer a capacidade da Igreja de institucionalizar em ordens os novos movimentos espirituais. A energia das reformas cluniacense e cisterciense não pôde ser canalizada somente na nova forma da ordem soberana, mas afluiu diretamente para a reforma do papado e da Igreja. A energia das ordens militares, por outro lado, serviu às Cruzadas, ao passo que a das ordens mendicantes foi empregada no serviço missionário nas cidades europeias e, no século XIV, durante o período de residência papal em Avignon, na atividade missionária na Ásia. O papado foi relativamente pouco afetado por esses desenvolvimentos. Que o período fora marcado por ondas de intensificação e expansão espirituais fica claro pela decisão do Quarto Concílio de Latrão, em 1215, que proibiu a fundação de ordens novas. Mesmo assim, a última das ordens já se mostrou uma fonte de problemas. A Ordem dos Templários foi dissolvida no começo do século XIV porque se opôs ao poder temporal territorial francês. A Ordem dos Franciscanos atravessou um período crítico paralelo, pois a sua ala espiritual entrou em conflito com a organização eclesiástica. De ambos os centros da comunidade imperial em desintegração, tanto do espiritual quanto do temporal, emergiu, de modo forçado, um terceiro poder formado pelas novas ordens. Os Templários, na qualidade de instrumento da política imperial ocidental, tinham se tornado inúteis no novo campo de política internacional entre reinos que se contraíam. Os espirituais e o seu ideal de pobreza eram incompatíveis com a evolução do papado para o papel de principal poder econômico-burocrático do período.

As últimas ordens, as mendicantes, obtiveram apenas um sucesso parcial. Os franciscanos podiam absorver em suas fileiras, particularmente com a Ordem Terceira, parte do povo religioso das cidades. E ambas as ordens – franciscanos e dominicanos – podiam, por meio do trabalho missionário disseminado na Europa, controlar uma parte significativa do povo e atrelar os seus sentimentos, por meio das ordens, à Igreja. Mas uma parte nada desprezível do movimento fugiu desse controle e constituiu seitas heréticas. Como essas seitas permaneceram pequenas e localizadas, não constituem objeto de análise neste contexto. Mas, em paralelo com a fundação das ordens mendicantes, surgiu um movimento social marginal que pressagiava os eventos posteriores da pré-Reforma e da Reforma. No caso dos albigenses, um movimento herético difundiu-se pelas cidades da Provença, e foi bem acolhido pela nobreza local. Este é o primeiro exemplo em que um movimento religioso novo, marginal à Igreja, se inseriu numa área cultural e elevou-se acima do nível de sua origem nas cidades, alcançando a nobreza governante. A Provença possuía uma cultura, mas não era um reino; se tivesse permanecido imperturbada, poderia ter-se tornado um reino e desenvolvido uma nação provençal. No início do século XIII, não se notava mais do que tendências de uma evolução na direção indicada. O movimento albigense não apresenta as características de uma disputa nacional que são típicas dos movimentos regionais que surgiram mais tarde na Inglaterra, Boêmia e Alemanha, mas temos de classificá-lo como o primeiro na série de revoltas que resultaram na paroquialização da cristandade.

As principais características estavam presentes na (1) ruptura com a Igreja Romana, (2) na impossibilidade de absorver minorias espiritualmente ativas em organizações de elite, aos moldes das ordens, (3) na penetração da aristocracia e (4) na fundação numa cultura regional.[4]

O primeiro movimento regional foi suprimido pela Igreja, eficazmente, com a ajuda dos reis capetíngios – com tal eficácia que uma das civilizações mais desenvolvidas do Ocidente foi destruída por completo nesse processo. Na segunda onda de cristianismo paroquial, na Inglaterra e na Boêmia, uma supressão completa era impossível. Os movimentos associados aos nomes de Wycliffe e Hus foram denominados de pré-Reforma. O termo ficou estabelecido, mas não é completamente adequado. Realça em demasia a Reforma do século XVI e apresenta Wycliffe como um "precursor"; os verdadeiros problemas ficam obscurecidos por esse traço linear meio simplista da história. O que distingue o período da Grande Reforma dos movimentos do século XIV é a reação internacional que uma centelha, involuntariamente deflagrada por Lutero, pôde suscitar. No século XVI, o sentimento de paroquialização cristã tinha progredido tanto que uma revolta contra a Igreja Romana, como remanescente da cristandade imperial, uma vez iniciada num ponto qualquer, podia difundir-se por vastas áreas da Europa, de modo tão rápido e tão unifome que adquiriu características de um movimento internacional. De Genebra, Calvino podia elaborar a política de uma federação protestante internacional. A Internacional Protestante foi o

---

[4] A respeito de outros aspectos do movimento albigense e sobre o problema dos movimentos heréticos em geral, ver vol. IV, *Renaissance and Reformation,* cap. 3, "The People of God" [Edição brasileira: *HIP,* vol. 4, *Renascença e Reforma.* Trad. Elpídio Mário Dantas Fonseca. São Paulo, Editora É, no prelo, cap. 3, "O Povo de Deus"]. Malcolm Lambert, *Medieval Heresy: Popular Movements from the Gregorian Reform to the Reformation.* Oxford, Blackwell, 1992; Norman Cohn, *The Pursuit of the Millennium.* Nova York, Harper, 1972; Bernard McGinn, *Visions of the End.* Nova York, Columbia University Press, 1979; Gordon Leff, *Heresy in the Later Middle Ages: The Relation of Heresy to Dissent c. 1250-1450,* 2 vols. Manchester, Manchester University Press, 1967; e os estudos de Emmanuel Le Roy Ladurie, como *Montaillou: Cathars and Catholics in a French Village, 1294-1324.* Trad. B. Bray. Harmondsworth, Penguin, 1980.

primeiro movimento internacional, no sentido técnico de um movimento com centros paroquiais, mas com uniformidade suficiente para tornar alianças possíveis e iniciar uma política de intervenção quando surgiam guerras civis nos centros paroquiais. O internacionalismo, neste sentido, é uma forma secundária de unidade espiritual que toma o lugar, na era da paroquialização, da unidade imperial anterior. Portanto, podemos descrever a chamada pré-Reforma como uma primeira fase de paroquialismo, que se sobrepunha a uma cristandade imperial relativamente forte. O fenômeno do internacionalismo e da intervenção ainda estavam ausentes. As empreitadas militares contra os hussitas no século XV ainda tinham a forma imperial das Cruzadas, assim como as guerras albigenses do início do século XIII.

Embora a influência de Wycliffe sobre Hus fosse um augúrio da situação vindoura, o internacionalismo ainda estava, em geral, ausente. Por outro lado, o nacionalismo organizado, aliado ao movimento cristão paroquial, estava presente, de tal modo que prevaleceu sobre o movimento religioso. O esforço da Igreja para suprimir a pré-Reforma foi bem-sucedido, no que se refere ao movimento religioso propriamente dito e a seus líderes, mas foi ineficaz no que diz respeito à resistência nacional.[5] Wycliffe foi silenciado; o estatuto *De Haeretico Comburendo*, de 1401, comprometeu o poder do reino para expulsar os lollardos, e com a execução de Sir John Oldcastle em 1417, o movimento wycliffista foi levado à clandestinidade. Por outro lado, a resistência do reino frente ao papado não se enfraqueceu de modo perceptível; os esforços de Bonifácio IX (1389-1404) para obter a abolição das medidas legislativas, introduzidas pelo Estatuto de Carlisle, foram em vão. Na disputa contra os hussitas, podemos observar um padrão similar: Hus e Jerônimo de Praga foram executados em 1415 e em 1416, respectivamente, tendo como consequência um fortalecimento do movimento nacional checo, enquanto o movimento religioso se desintegrava em

---

[5] [Ver B. M. Bolton, *The Medieval Reformation*. Nova York, Holmes and Meier, 1983.]

seitas que, por fim, se fundiram na Grande Reforma. Podemos afirmar, portanto, que a organização do reino e o nacionalismo constituíam os fatores – ainda ausentes no caso albigense – que forneceram o fundamento ético, civilizacional e político para a evolução contínua rumo à cristandade paroquial, embora o movimento religioso não fosse forte o bastante para efetivar o cisma eclesiástico. Mais precisamente, a fraqueza do movimento pode ser definida como a incapacidade de os líderes da pré-Reforma unificarem as forças do sectarismo, orientando-as para a fundação de igrejas paroquiais contrapostas à Igreja de Roma. Nem os movimentos ingleses nem os da Boêmia podiam dominar as tendências centrífugas da revolta cristã, mantendo-as sob o jugo de uma nova instituição eclesiástica. E, mesmo no século XVI, o elemento disruptivo do sectarianismo ainda era tão forte que tanto Lutero quanto Calvino empregaram todos os seus esforços no sentido de evitar que a Reforma caísse num abismo de destruição civilizacional. Os sacerdotes pobres de Wycliffe, da primeira fase de sua atividade, e os leigos lollardos, da fase mais tardia, detinham o caráter de uma comunidade de ordem de tipo franciscano primitivo, e é difícil ver como poderiam tornar-se o núcleo de uma igreja reformada mesmo se as circunstâncias fossem mais favoráveis, pois a igreja não vive apenas do espírito, mas também de boas obras de diplomatas perspicazes. Os hussitas estiveram quase a tornar-se uma organização eclesiástica, pois a disputa contra os alemães no território da Boêmia somou a pressão do nacionalismo checo às forças que exigiam coerência dos vários grupos sociais e religiosos. Mas mesmo nessas circunstâncias excepcionais, a confusão de influências sectárias incoerentes dilacerou o movimento ao ponto da guerra civil. Apenas uma tendência sectária ocidental importante não fez sentir o seu impacto na controvérsia da Boêmia. O wycliffismo inglês determinou, de forma acentuada, a atitude do próprio Hus e de seus sequazes mais diretos; complementarmente, encontramos o valdensianismo de grupos na Boêmia do sul e de Nicolau de Dresden, o puritanismo racional dos refugiados de Picard após 1418, de movimentos quiliásticos radicais – adamitas, cátaros albigenses e, naturalmente, de um número vasto de religiosos checos: de Jan Milic e de Tomás de

Stitny no século XIV e de Peter Chelcicky no século XV.[6] Não se sabe em que medida elementos orientais entraram diretamente na mistura; mas a pergunta merece atenção, levando-se em conta que as carroças hussitas encouraçadas ligadas por correntes, desenvolvidas por Ziska como um instrumento de guerra defensiva e ofensiva, foram provavelmente uma importação dos otomanos.[7]

§ 5. *Espiritualismo inglês* – Piers Plowman

A cristianização do Ocidente tinha começado pelo topo da hierarquia social; pelo século XII, introduzira-se profundamente nas cidades florescentes; pelo século XIV, alcançara o campesinato. A efervescência religiosa nas classes mais desfavorecidas e a articulação política caminharam paralelamente; as duas tendências relacionam-se tão intimamente que, às vezes, como no movimento hussita, é difícil, se não impossível, distingui-las. Uma grande onda de inquietação surgia em toda a Europa, acentuada por profundas revoluções na esfera dos fatores materiais. Os séculos XII e XIII testemunharam um crescimento demográfico considerável, expresso na migração do campo para as cidades, na dificuldade de manter os camponeses no interior de um sistema feudal agrícola, no crescimento da riqueza e no avanço da economia monetária, na substituição de rendas por serviços, e assim por diante. A Peste Negra de 1349 acelerou a evolução econômica por meio de uma queda repentina da população e da subsequente falta de emprego. A legislação econômica absurda, como o Estatuto Inglês dos Trabalhadores de 1351, agravou a situação congelando os salários e, deste modo, roubando dos trabalhadores a renda que teriam de receber num mercado desregulado; a

---

[6] A Fraternidade fundada por Chelciky atingiu em 1467 o *status* de organização independente, e seu sacerdócio rompeu com a sucessão apostólica. Por isso pode ser considerada a primeira igreja reformada.

[7] Sobre essa questão, ver Toynbee, *Study of History*, vol. 1, n. 2, p. 352.

desvalorização da moeda de prata inglesa do mesmo ano conduziu a um decréscimo do valor real dos salários. A migração acentuada do campo para as cidades originou uma ampla base popular para a disseminação do descontentamento bem como de ideias entre grupos sociais distintos. No século XIV, o campesinato entrou no cenário político pela primeira vez como fator importante, embora os efeitos políticos imediatos fossem efêmeros devido à ausência de liderança. A Jacquerie francesa de 1358 e a Revolta Camponesa Inglesa constituíram sintomas violentos de alterações sociais e econômicas.

A formação de uma ampla camada social mais baixa em ebulição espiritual tem de ser compreendida como o contexto das expressões literárias do século XIV que, de outro modo, podiam ter surgido mais isoladas e sem ressonância social do que realmente foram. O cenário inglês, do ponto de vista espiritual e intelectual, não era tão diversificado como na Alemanha ou na Boêmia, e o movimento do cristianismo dos povos ainda não tinha produzido a grande variedade de seitas encontrada no continente, mas a agitação foi suficientemente intensa para que a obra de Wycliffe surgisse como a culminação de uma evolução que já tinha obtido impulso histórico. Os franciscanos de Oxford constituíam um poderoso centro de difusão da religiosidade espiritual. O próprio Robert Grosseteste (ca. 1175-1253) tinha traduzido os escritos de Dionísio Aeropagita do grego, criando, assim, uma corrente de teologia mística. Ricardo Rolle de Hampole (ca. 1300-1349) foi o primeiro grande representante da nova era espiritual. Era um homem de Oxford e, provavelmente, passou um período na Sorbonne. Deve ter experimentado as influências do espiritualismo franciscano, dos místicos continentais de sua época, talvez do joaquimismo, e certamente dos escritos de Pseudo-Dionísio. Era um místico por temperamento, inclinado à *vita contemplativa* e vivendo como um eremita à parte da estrutura institucional das igrejas e das ordens. Seus escritos místicos mais importantes e mais volumosos estão em latim, mas ele exerceu maior influência através de sua obra em inglês. Traduziu *o livro dos Salmos* para o inglês e acrescentou uma tradução do *Comentário* de Pedro Lombardo, sendo um poeta que escreveu líricas religiosas de grande profundidade e beleza. Sua obra foi bastante difundida na Inglaterra e no continente durante um século e meio antes da Reforma, mas é impossível julgar a influência exercida nas pessoas fora da instituição religiosa. Seus escritos em língua vernácula não são uma prova de sua influência popular, pois, para Rolle, assim como para os místicos alemães, a razão para escrever em língua vernácula era a necessidade das mulheres religiosas que não tinham aprendido latim. Outro centro, talvez ainda mais importante, da religiosidade mística é o anônimo autor de *Cloud of Unknowing*, que, sob influência do Pseudo-Dionísio, realizou uma das mais profundas análises de experiências místicas. O mesmo autor, ou um membro do seu grupo, traduziu de modo livre, pela primeira vez, a *Theologia Mystica* de Donísio sob o título *Dionis Hid Divinite*. Mencionemos, por fim, Walter Hilton, o autor de *Scale of Perfection*, um clássico da literatura devocional, comparável à *Imitatio Christi*.

O fato de ser impossível traçar influências diretas a partir desse gênero literário até chegar aos grupos revolucionários não deve obscurecer a sua importância. A agitação do misticismo como tal, o distanciamento da ordem institucional da sociedade e a contração numa existência espiritual solipsista estão entre os mais fatídicos sintomas da desordem civilizacional.[8] É uma questão de temperamento, contexto social, educação e dons religiosos que define se o distanciamento da ordem em desintegração assumirá a forma de contemplação mística, visão escatológica ou revolução social. A destruição civilizacional perpetrada por um grupo campesino que luta pelo reino

---

[8] Sobre a relação entre o declínio de uma civilização e a ascensão dos místicos individuais, ver Friedrich Heiler, *Das Gebet*. 4. ed., 1921. Reedição: Munique, Reinhardt, 1969, p. 250 ss. *Prayer: A Study in the History and Psychology of Religion*. Trad. Samuel McComb. Londres, Oxford University Press, 1932. Em geral, ver Steven Ozment, *Mysticism and Dissent*. New Haven, Yale University Press, 1973; McGinn, *Visions of the End*; Marjorie Reeves, *The Influence of Prophecy in the Later Middle Ages*. Oxford, Clarendon, 1969; Cohn, *Pursuit of the Millenium*; Gordon Leff, *Dissolution of the Medieval Outlook*. Nova York, Harper, 1976; e Johan Huizinga, *The Waning of the Middle Ages: A Study of the Forms of Life, Theory and Art in France and in the Netherlands in the XIVth and XVth Centuries*. Trad. Frederik Jan Hopman. Londres, Arnold, 1927; reedição: Harmondsworth and Baltimore, Penguin, 1976.

perfeito não difere, em princípio, da aniquilação do conteúdo mundano do autor de *Cloud of Unknowing*: "É-te necessário sepultar numa nuvem de esquecimento todas as criaturas que Deus criou, para que possas dirigir tua atenção a Deus". As formas de misticismo individual e de especulação escatológica estão intimamente relacionadas.

Temos de estar cientes dessa relação quando abordamos o conjunto de poemas costumeiramente apresentados sob o título de *Piers Plowman*. Constitui um debate acalorado saber se as várias partes do conjunto têm Guilherme Langland como autor, ou se devemos assumir a existência de diversos autores.[9] Felizmente, esta controvérsia de história literária não precisa nos preocupar, pois a questão da autoria individual ou múltipla tem pouca relevância na análise do conteúdo dos diversos poemas. Contudo, temos de ser claros quanto à identificação das partes do aglomerado e devemos distinguir entre a (1) *Visio de Petro Plowman*, que compreende o Prólogo e os Passos I-VIII do chamado Texto-A; (2) a *Vita de Dowel, Dobet and Dobest*, que compreende os Passos IX-XI do Texto-A, e, possivelmente, mas não necessariamente, o passo XII;[10] e (3) a recriação dos poemas do Texto-A e a sua integração no grande poema de *Piers Plowman* contido no denominado Texto-B.[11]

---

[9] A respeito da controvérsia sobre a autoria, ver os artigos reunidos de Manly, Jusserand, Chambera e Bradley na edição da *Early English Text Society*, n. 135b e 139b, c, d e e. Ver também John A. Alford, *A Companion to Piers Plowman*. Berkeley, University of California Press, 1988; *Piers Plowman. The Three Versions*. Ed. George Kane. Berkeley, University of Califórnia Press, 1988.

[10] Para uma cuidadosa análise dos dois poemas do texto-A, ver T. P. Dunning, *Piers Plowman: An Interpretation of the A-Text*. Londres, 1937; reedição: Nova York, Oxford University Press, 1980.

[11] As fontes usadas são: *Langland's Vision of Piers Plowman, the Vernon Text, or Text-A*. Ed. Walter W. Skeat. Early English Text Society, n. 28, Londres, 1867. *Langland's Vision of Piers Plowman, the Crowley Text, or Text B*. Ed. Walter W. Skeat. Early English Text Society, n. 38, Londres, 1869. *Langland's Vision of Piers Plowman*. Ed. Walter W. Skeat. Early English Text Society, n. 67, Londres, 1885. *Langland's Vision of Piers Plowman, the Whitaker Text, or Text C*. Ed. Walter W. Skeat, Early English Text Society, n. 54, Londres, 1873. Edições recentes: *Piers Plowman: A New Translation of the B Text*. Trad. A. V. Schmidt. Nova York, Oxford University Press, 1992; *Piers Plowman: The C-Text*. Ed. Derek Pearsall. Exeter, University of Exeter Press, 1994.

A *Visio* é o mais acessível e o mais conhecido dos três poemas. Constitui uma crítica ao seu tempo, comparável, em sua intenção, ao *Inferno* e ao *Purgatório* de Dante, embora não numa escala imperial, mas de uma cristandade paroquial inglesa. O assunto do poema é a orientação da vida cristã em direção aos seus propósitos transcendentais em Deus, tendo como concepção teológica fundamenal o tomismo. O maior dos tesouros é a Verdade e a sua aquisição. No contexto de *Piers Plowman*, o significado da verdade é enformado pela referência de 1 João 4,8: "Aquele que não ama não conheceu a Deus, porque Deus é Amor". O Espírito da Verdade (1 João 4,6) pode ser reconhecido como tal porque nos induz a amar Deus e ao próximo. A vida do cristão deve ser orientada para a Verdade, embora muitas pessoas vivam como se o mundo material fosse a única realidade e deixem suas vidas ser dominadas pela cobiça do mundo. A descrição da sociedade inglesa religiosamente desorientada da época preenche a parte principal da *Visio*. O poema é um depósito de tipos realistas de todas as camadas da sociedade inglesa e, em virtude de sua riqueza empírica, um recurso importante para a compreensão dos problemas econômicos e sociais do século XIV.[12] O homem ideal que vive a verdadeira vida cristã é representado por Piers Plowman, o camponês temente a Deus, empenhado e caridoso que aceita a sua posição na vida. Este último aspecto, a aceitação de sua posição, é essencial. Na *Visio* não é visível nenhuma tendência a identificar Piers Plowman com a figura salvífica de um novo reino espiritual, como no poema do Texto-B. O trabalhador humilde da *Visio* vive em imitação ao Cristo, mas não mais que isso. Ele é o representante do estamento que sustenta a *bona temporalia*; o fato de levar uma vida exemplar não prejudica a legitimidade do sacerdócio que sustenta a *bona spiritualia* ou do cavaleiro que defende os outros

---

[12] Para um levantamento dos materiais empíricos que podem ser traçados a partir do *Piers Plowman*, ver D. Chadwick, *Social Life in the Days of Piers Plowman*. Cambridge, Cambridge University Press, 1922. Obras recentes: Morton Bloomfield, *Piers Plowman as a Fourteenth Century Apocalypse*. New Brunswick, N. J., Rutgers University Press, 1962; Britton Harwood, *Piers Plowman and the Problem of Belief*. Toronto, University of Toronto Press, 1992.

dois estamentos. A hierarquia social é aceita como a articulação própria da comunidade cristã. Por isso, a *Visio* é uma crítica da época pelos padrões da lei cristã do amor, marcante por seu realismo e a sua aguda e sarcástica caracterização dos desvios de uma vida reta orientada pela Verdade, não sendo uma visão escatológica. Contudo, uma revolução silenciosa ocorreu, mesmo na *Visio*. O *rudis homo*, o *idiota* de Sigério de Brabante e Santo Tomás, tornaram-se as figuras cristãs representativas no poema de Langland. A maturação do espírito cristão que, no século XIII, tinha produzido o intelectual cristão como o seu tipo representativo estava agora se expandindo abaixo do nível das cidades, em direção às massas iletradas. A articulação política da sociedade no reino estava parelha com a articulação espiritual que chegou às camadas mais baixas.

O desenvolvimento do homem simples rumo a sua estatura espiritual plena é o assunto do segundo poema, a *Vita de Dowel, Dobet and Dobest*. Agir-Bem [*Do-Well*], como fórmula para a vida cristã, já está presente na última parte da *Visio*. A *Vita* se dedica a uma discussão das fases da perfeição desde o Agir-Bem [*Do-Well*], passando pelo Agir-Melhor [*Do-Better*], chegando ao Agir-Perfeito [*Do-Best*]. A discussão está relacionada com a *Visio* na medida em que elabora uma questão tratada no poema anterior, mas não dá continuidade à narrativa alegórica; o Piers Plowman não tem nenhuma função nela, exceto como o modelo do tipo Agir-Bem [*Do-Well*]. Além disso, o nível do poema mudou das categorias gerais da vida cristã e vida mundana para o processo místico da alma. As três fases do Agir-Bem [*Dowel*], Agir-Melhor [*Dobet*] e Agir-Perfeito [*Dobest*] foram claramente concebidas sob a influência de Pseudo-Dionísio; correspondem a três estágios: Purificação, Iluminação e União da *theologia mystica*. A primeira fase – *Dowell* – é temer a Deus; o medo do julgamento induz o homem a lutar contra suas paixões e a viver uma vida virtuosa. A segunda fase – *Dobet* – é marcada pelo sofrimento; a alma castigada voltará as costas ao mundo e dedicar-se-á a Deus por amor. Na terceira fase, a vontade própria é quebrada e a alma, guiada pela razão, viverá em união com a lei divina. A penetração da alma em seu próprio centro racional – isto é, o ponto da união com a razão divina – tem de proceder, na *Vita*, dos passos que conduzem à perfeição sob a orientação do Kind-Wit (*ratio*, no sentido cristão). A existência madura do Agir-Perfeito [*Dobest*] é possível em todos os estados da vida, no mais humilde como no mais elevado. Esta tese principal da *Vita* implica, como na *Visio*, a aceitação de várias formas sociais de vida – ativa, contemplativa e ativa-contemplativa – e preserva ao mesmo tempo a possibilidade de uma vida cristã plena nos estratos sociais mais desfavorecidos.

Um problema específico é apresentado nesta relação pelo papel da Aprendizagem na procura da perfeição. A crítica do Estudo na *Vita* acompanha a crítica da Cobiça na *Visio*. Aprender pode ser útil se o homem está em estado de graça, mas pode se tornar um obstáculo à vida cristã caso esteja favorecendo seus próprios interesses. Neste contexto, talvez possamos mensurar com mais clareza a distância que separa Langland do ambiente de Santo Tomás, que fala da superioridade do intelecto filosófico sobre o entendimento do *rusticus* (*Contra Gentiles* I.3). A teologia escolástica já não é mais a expressão suprema da razão cristã; as ênfases mudaram da perspectiva do *intellectus* na razão para a caridade e para a razão natural do Kind-Wit [bom senso], sem estudo. A posição de Langland está mais próxima do espiritualismo franciscano que do intelectualismo escolástico, mas a conformação a Cristo não se dirige a uma vida elitista na pobreza; a perfeição mística pode ser alcançada no âmbito do trabalho, na ordem secular. O cristianismo pessoal não depende estritamente de uma ajuda institucional, mas pode ser aperfeiçoado pela orientação do Kind-Wit [bom senso], que acolhe a Vida, o senhor da Terra.[13] O homem adulto, na plena posse de suas capacidades, "é chefe soberano de si mesmo" (*Piers Plowman* X.72): "For worche he wel other wrong, the wit is his owne" (X.74).

---

[13] Texto-A, Passo XII, v. 43 ss: "my cosyn kynde wit'knowen is wel wide and his loggyng is with lyf' that lord is of erthe".

A declaração de independência do "domínio de si mesmo" cristão é quase protestante em seu individualismo; é, além disso, uma independência que tem sua fonte nas experiências místicas da alma; reflete, também, a consciência do homem simples como o estamento básico da sociedade, e está bem ciente de que o pobre tem uma vantagem sobre o rico para adentrar no reino de Deus. Temos de ser claros quanto a estes sentimentos que dominam o Texto-A a fim de compreendermos o desenvolvimento surpreendente da figura de Piers Plowman no Texto-B. A *Visio* deixa o problema no plano da alegoria, contrastando a vida de obstinação e cupidez com a lei cristã do amor; a *Vita* vai mais fundo e penetra o processo místico da alma; o Texto-B avança para uma filosofia simbólica da história, na esteira de Joaquim de Fiore e de Dante, com Piers Plowman diluindo-se na figura de Cristo, que derrotará o Anticristo e trará o reino do Espírito. Limitaremos nossa análise à parte principal do poema, começando com o Passo XV, que corresponde em seu conteúdo à visão apocalíptica do *Purgatório* 29-33.

O assunto ainda é o mesmo da *Vita*: a procura da Caridade. O que é a Caridade?, pergunta o sonhador (XV.145) e recebe a resposta de que é semelhante a ser como uma criança; se não conseguires ser como uma criança, não entrarás no reino; apenas a alma das crianças é *"afre liberal wille"* (XV.146). A Caridade elimina da alma o orgulho; quando a alma se torna contrita e humilde, Deus não a despreza (XV.188). Contudo, a Caridade só pode ser alcançada com a ajuda de Piers Plowman. O clero, por seus atos e palavras, não a conhece, mas Plowman tem um olhar mais profundo e vislumbra a índole da vontade. Somente a vontade purificada pode conhecer a Caridade, e a vontade somente é conhecida pelo Plowman *Petrus, id est, Christus* (XV.206).[14]

---

[14] A importância ligada ao "livre arbítrio", o *liberum arbitrium*, pelo autor do Texto-B mostra a influência do voluntarismo de Duns Scot e Guilherme de Ockham exercida sobre ele. Entretanto, essa relação específica com o escolasticismo dos franciscanos ingleses indica também relações mais profundas com todo o complexo de espiritualismo franciscano, que devem ter existido, considerando a concepção geral das visões que estamos analisando.

Seguindo o anúncio de Petrus-Christus como guia, a história simbólica da busca da Caridade começa no Passo XVI. No jardim que Deus construiu para si mesmo no coração do homem, cresce a Árvore da Paciência, deixada aos cuidados de Piers Plowman, dando seus frutos de Caridade. Quando o sonhador é dotado desta percepção, rejubila de alegria, e em seu sonho se desenrola o drama sagrado. O primeiro ato é a história do Antigo Testamento. A Árvore frutifica – Adão e Abraão, Samuel e Isaías, e, por fim, João Batista. Mas quando os frutos amadurecem e caem, o diabo os recolhe, e Piers tenta reavê-los com a ajuda do Espírito Santo (XVI.25-89). Numa segunda visão, o Espírito encarna em Maria. Jesus, que lutará com o diabo e defenderá o fruto da Árvore, aprende medicina com Piers, para curar as feridas da enfermidade e do pecado infligidas pelo inimigo (XVI.90 ss). O Passo XVII é um excurso sobre a fé, a esperança, a caridade, a Trindade e a graça. A história é resumida no Passo XVIII com a aparição de uma figura num jumento, similar em parte ao Samaritano e em parte a Piers Plowman. É aclamado pela Fé como o Filho de Davi, rumo a Jerusalém, para um confronto com a Morte. A figura é interpretada (XVIII.22 ss) como Cristo na armadura de Piers, em sua *humana natura*. Com o Passo XIX, a paixão começa. Cristo, na forma humana de Piers, reaparece "manchado de sangue" e carregando a cruz (XIX.6-7). A vida de Jesus é seguida pelas fases do Agir-bem [*Dowel*] dos milagres menores, do Agir-melhor [*Dobet*] dos milagres maiores e da paixão, até ao Agir-Perfeito [*Dobest*] do Ressuscitado que dá a Piers o poder de ligar e desligar (XIX.183 ss). A figura de Cristo na *humana natura* de Piers muda agora para a de Piers, sob o qual repousa o Espírito – Piers, o lavrador de Deus e fundador da Igreja (XIX.186-330). O Orgulho, contudo, ataca a obra de Piers; a Igreja torna-se corrupta, e as admoestações da Consciência não surtem efeito (XIX.331-406). A situação do cristianismo corrompido é resumida por um "vigário iletrado" (XIX.407-55), que desfere um ataque ao papa de Avignon e expressa a esperança de uma transfiguração derradeira e salvadora de Piers. O mal específico da época escolhido são os cardeais estrangeiros que vêm para a Inglaterra e são uma maldição para o país com a sua luxúria, pompa e pilhagem. Os cardeais, sugere o vigário, não devem vir "entre as pessoas comuns", mas devem ser mantidos em sua santidade em Avignon junto dos judeus que emprestam dinheiro: "Cum sancto sanctus eris" (XIX.420; com os santos, tornar-te-ás santo). Na Inglaterra, entretanto, ele ora: Que a Consciência esteja na corte real e que a graça seja o guia do clero.

"And Piers with his new plow and eke with his olde, Emperour of al the worlde that alle men were cristene" (XIX.424-25).

Na visão do Passo XX, por fim, o Anticristo surge e devasta o mundo; a última força de resistência, a Consciência, é atacada pelo Orgulho e pela Indolência num último assalto; a Consciência foge e vagueia pelo mundo como um peregrino em busca de Piers, o Salvador, que derrotará o Anticristo (XX.378-84).

Por necessidade, o relato da visão tem de ser breve e seco; não faz jus à riqueza dos tópicos principais nem ao poema enquanto obra de arte. Mas espero que ilustre com clareza suficiente o intuito da obra. À Árvore da Paciência do Antigo Testamento, segue-se a Caridade – isto é, o Espírito Encarnado – na Igreja do Novo Testamento, seguindo-se o reino do Espírito sob o comando de Piers, o imperador em pessoa. Entre o primeiro e o segundo reinos, surge o corrupto Satã e o curandeiro Jesus; após o segundo reino, surge o Anticristo corruptor e orgulhoso, empunhando o seu estandarte, enquanto o salvador Piers ainda tem esperança, que é a substância da fé. A sequência dos reinos é mantida coesa como uma história do Espírito pela metamorfose de Piers no jardineiro, o *logos* que ensina Jesus, a *human natura* de Cristo, Petrus, o vassalo do Espírito e vigário de Cristo, e Piers, o imperador-salvador. O paralelo com a história simbólica da Igreja, elaborada por Dante, e a esperança soteriológica de um *Dux* é evidente demais para insistirmos nela. Salientemos antes as diferenças existentes entre os dois autores referidos. Dante vê o *Dux* como a figura salvadora da cristandade imperial; seu ódio à política dos papas de Avignon e da França corruptora não o conduz a uma solução paroquial do problema. Para o autor do Texto-B, os papas e cardeais de Avignon não são apenas os corruptores da Igreja, mas também os "estrangeiros" que pressionam os "plebeus" do reino; a disputa organizacional do reino contra as exações fiscais e disposições da administração papal constituem o contexto de sentimentos do autor de *Piers Plowman*; o resultado da corrupção da Igreja não será a Igreja espiritual renovada do Ocidente, mas o reino cristão da Inglaterra. As fórmulas do Texto-B (Imperador do Mundo; todos os homens são cristãos) são, certamente, universalistas, mas a situação concreta a que o autor se refere é a do povo inglês. Não devemos omitir que a figura imperial, em Dante, tem como modelo a figura histórica do imperador ocidental, ao passo que a figura do Texto-B incorpora o espírito do homem trabalhador; o imperador Piers assume a substância do povo – um problema que dificilmente tem lugar nas ideias de Dante. Podemos dizer, portanto, que o Texto-B de *Piers Plowman* é a *Divina Commedia* da cristandade paroquial; é um documento de importância primordial no âmbito da nova religiosidade do povo na estrutura do reino.

Acrescente-se que o Texto-B, desde o Passo XV até ao final, é uma obra de mestria artística e intelectual. As acusações – enfadonhamente encontradas na literatura sobre o poema – de obscuridade e falta de organização dificilmente podem ter outra causa senão uma falha de compreensão. O autor do Texto-B não é um Dante, nem no escopo de sua obra, nem na erudição, nem na força poética e intelectual, mas a sua obra permanece como uma obra-prima de arte simbólica. O leitor há de notar que enfatizamos o desdobramento espiritual interno do assunto desde a *Visio*, passando pela *Vita*, até ao Texto-B. Um leigo em história literária não se pode aventurar, claro, a uma opinião definitiva sobre a delicada questão da autoria individual ou coletiva. Mas pode observar que seria bastante intrigante se a evolução interna na sequência de poemas não refletisse a evolução interna de uma personalidade, mas que dois ou três autores seguiram um ao outro por um acidente histórico de modo a formar esta série.

§ 6. Wycliffe – Doutrinas

A análise precedente muniu-nos com um quadro referencial para ordenação das principais doutrinas de Wycliffe. Como dissemos, as doutrinas, por si mesmas, são menos interessantes em virtude de sua qualidade teórica do que em função dos sentimentos e tendências políticas que elas expressam. Podemos classificar os sentimentos que dominam a evolução doutrinal de Wycliffe sob três categorias: (1) a religiosidade do indivíduo soberano livre; (2) o sentimento antieclesiástico que tende a cindir a ordem sacramental da Igreja e a reclassificar a humanidade em membros de uma igreja espiritual mística e do igualmente místico *corpus diaboli* dos réprobos ou dos "conhecidos de antemão", na terminologia de Wycliffe; e (3) o aperfeiçoamento da realeza e a tendência a considerar o reino nacional a última organização visível dos cristãos.

O primeiro destes sentimentos – a religiosidade do indivíduo livre – encontra na obra de Wycliffe uma expressão curiosa na famosa doutrina da dominação pela graça. No que diz respeito à filiação literária da teoria, pode-se dizer que ainda está relacionada com a controvérsia dos franciscanos quanto ao ideal de pobreza. Clemente VI nomeou uma comissão para investigar a controvérsia sobre a pobreza de Jesus. O arcebispo de Armagh, Richard Fitzralph, estava insatisfeito com os procedimentos da comissão e resumiu o problema num tratado de sua própria lavra, o *De Pauperie Salvatoris* (ca. 1350). Neste tratado, Fitzralph formulou o princípio de que nenhum ser humano pode participar do domínio sobre o mundo, como admitido no Gênesis, a menos que seja purificado do pecado adâmico e tenha recebido a graça ("donec a peccato mundetur et gratiam gratificantem reciperet", II.8).[15] Ele também

---

[15] Ricardi Aracharii, *De Pauperie Salvatoris*. In: Johannis Wycliffe, *De Dominio Divino*. Ed. R. L. Poole. Londres, 1890, p. 348. Ver também K. Walsh, *A Fourteenth Century Scholar and Primate: Richard Fitzralph in Oxford, Avignon, and Armagh*. Oxford, Clarendon, 1981. Edições recentes das obras de Wycliffe incluem *On Simony*. Trad. Terrence A. McVeigh. Nova York,

apresenta à exaustão exemplos de relações feudais para ilustrar os significados de propriedade e domínio. Em seu *De Dominio Divino* e *De Dominio Civili* (ca. 1375/76), Wycliffe mescla estes elementos numa teoria feudal do domínio pela graça que é transmitida pelo sentimento da existência cristã livre. Deus é o senhor do mundo porque há criaturas para o servir. Domínio e serviço são termos correlativos da relação que liga o homem a Deus. O senhorio de Deus, entretanto, difere do dos senhores feudais, pois Deus não governa por intermédio de vassalos, mas diretamente. Todo homem depende diretamente de Deus, sem um senhor intermediário.[16] Com esta fórmula, Wycliffe questiona o princípio da mediação institucional da Igreja e faz com que todo leigo seja um sacerdote diante de Deus, com a mesma relação de serviço que qualquer outro homem.

No *Civil Dominion*, Wycliffe aplica seus conceitos às instituições espirituais e temporais. Apenas um homem em estado de graça tem direito aos dons de Deus; aquele que permanece em pecado mortal não pode ser o detentor legítimo de algo. O domínio é concedido por Deus como retorno pelo serviço prestado a ele; aquele que incorre em pecado mortal defrauda o seu senhor e perde sua bondade. Todo homem em estado de graça é senhor do universo e, à medida que há uma variedade de homens, os bens da terra somente podem ser mantidos em comum por todos os homens.[17] O estado de domínio comunitário natural é, contudo, complementado pela instituição humana do domínio civil porque, após a queda do homem, o ímpeto pecaminoso do domínio individual criou uma ordem de propriedade humanamente instituída e tornou seu reforço pela autoridade civil inevitável. A instituição política da sociedade tem a sanção de Deus, e não é admissível quebrá-la à força. Essas doutrinas parecem, na superfície, ser nada mais do que a teoria convencional do direito natural relativo.

Fordham University Press, 1992; *Summa Insolubilim*. Ed. Paul Spade e Gordon Wilson. Binghamton, N. Y., 1986; *Select English Writings*. Ed. Herbert Winn. Nova York, AMS Press, 1976.

[16] Wycliffe, *De Dominio Divino*. Ed. Poole, I.5, p. 33.

[17] *De Civili Dominio*. Ed. Reginald Lane Poole. Londres, 1885, I.14, p. 96 ss.

Mas têm implicações imprevistas no pensamento de Wycliffe, pois as duas ordens, segundo a natureza e segundo o direito civil, não se distinguem como um estado de inocência e um estado do homem caído, claramente separados no tempo, mas penetram uma à outra na estrutura da sociedade empírica. A ordem civil não menospreza a validade da ordem natural no tempo presente. O mundo *está*, aqui e agora, sob o domínio do justo, pois "sabemos que Deus coopera em tudo para o bem daqueles que o amam, daqueles que são chamados segundo o seu desígnio" (Rom 8,28). O sucesso terreno dos maus é meramente fenomênico, ao passo que as aflições dos justos são instrumentos para a sua salvação.[18] Essa interpretação do mundo fenomênico da aparência e do mundo real do número constitui talvez a maior dificuldade para uma compreensão adequada das ideias de Wycliffe. No contexto das doutrinas formuladas, a interpenetração se expressa nas oscilações entre as tendências contraditórias de reconhecer a ordem civil como a ordem deste mundo e, ao mesmo tempo, esvaziá-la aplicando-lhe os padrões da ordem natural comunitária da graça. Um povo, por exemplo, pode aprovar um governante por consentimento comum, mas este não será ainda o governante legítimo a menos que seja aceito por Deus, pela graça, para este cargo (*De Civilo Domino* I.18, p. 130). A eleição popular pode ser a regra civil para eleger um magistrado, mas, sob a lei natural, a comunidade dos eleitores pode estar contaminada, em sua maioria, por um crime e, deste modo, proceder a uma eleição errônea (I.29, p. 209). O teólogo prudente, portanto, deve evitar decisões precipitadas em prol de qualquer instituição civil e permanecer no princípio de que é melhor que todas as coisas sejam mantidas em comum (I.30, p. 218). Wycliffe hesita. Ele não pode aceitar a ordem civil sem reservas sob o princípio do direito natural relativo, mas não a pode condenar claramente sob um princípio de direito natural absoluto. Podemos sentir

---

[18] Ver ibidem, I.16, p. 114 ss, sobre a vida mundana como um sonho: "omnes eterna temporalibus postponentes dormiunt sompno gravissimo" (todos os que priorizam os assuntos temporais, em detrimento dos espirituais, estão dormindo um sono muito profundo).

a tensão escatológica, mas a esperança revolucionária de um Terceiro Reino não pode ser cristalizada em doutrina. O sentimento escatológico pode sofrer diversas variações. Num contexto posterior, teremos de falar da escatologia *respeitável* de Calvino. No contexto da pré-Reforma, podemos falar de uma escatologia *suspensa* de Wycliffe. A sensibilidade espiritual de Wycliffe é suficientemente forte para permitir que a realidade se torne sombria em comparação com a realidade espiritual da ordem divina; mas não é forte o bastante para encontrar o caminho quer de um misticismo pessoal quer da profecia de um reino por vir. Sua ordem espiritual não é exatamente nem a ordem da vida vindoura nem a ordem obrigatória desta vida.

O sentimento escatológico permanece em suspense e não invalida, com a sua intensidade, as instituições empíricas. Assim, Wycliffe pode formular uma teoria dos poderes espiritual e temporal na presente dispensação. A hesitação continua, contudo, a se expressar no tratamento desigual segundo os dois poderes. Em relação ao governo civil, um equilíbrio entre o positivismo da ordem e a sua imperfeição espiritual é preservado até ao ponto em que, como vimos, o governante espiritualmente réprobo ainda é sancionado por Deus e tem de ser obedecido. Em relação à Igreja, Wycliffe é mais rigoroso na aplicação de seus padrões espirituais. Mesmo em *Civil Dominion*, ele exige que a Igreja, devido a seu caráter espiritual, não exerça domínio, em termos civis, sobre as posses terrenas. As exações temporais do papado, como o senhorio sobre a Inglaterra e a exação de tributo, são incompatíveis com o ofício espiritual e contrárias à Escritura; a lei do Evangelho, por si só, é suficiente para o governo da Igreja; o direito civil ou canônico é desnecessário (I.17). Com relação à Igreja, de fato, Wycliffe espera uma nova dispensação que abolirá o aparato legal e administrativo do sistema eclesiástico vigente. A intervenção do poder temporal está no lugar certo quando a Igreja se envolve em transações financeiras; os rendimentos ilegitimamente adquiridos têm de ser expropriados para uso do reino (I.37; II.12). Mesmo nessa fase inicial, já podemos encontrar formulado o princípio de que o estado de graça sob o *caput Christus* constitui todas as necessidades cristãs, como era suficiente na Igreja primitiva, enquanto a direção por qualquer outra liderança é supérflua (I.44, p. 394 ss). A consequência destes princípios é uma igreja sem hierarquia, reduzida ao nível das comunidades paroquiais dentro dos reinos nacionais.

O tratado posterior *De Ecclesia*, concluído no final de 1376 após o Cisma, versa sobre as implicações da obra anterior. A igreja militante é agora definida como o corpo dos eleitos (*universitas electorum*).[19] A igreja histórica tem como seus membros os réprobos e os eleitos; assim, esta não representa a igreja militante invisível (*De Ecclesia* III, p. 58). Os "conhecidos de antemão", por outro lado, constituem um corpo com o Diabo como cabeça (V, p. 102). Os materiais teológicos destas doutrinas são agostinianos, mediados através de Bradwardine, mas o radicalismo da tese destrói a estrutura sacramental da Igreja; em suas implicações sectárias, Wycliffe é mais ticoniano que agostiniano. A doutrina beira o dualismo maniqueísta, como se pode ver na obra de Wycliffe sobre o Anticristo, intitulada *De Contrarietate Duorum Dominorum*.[20] O radicalismo, entretanto, não conduz ao extremo de invalidar completamente a estrutura da igreja sacramental; mais uma vez, encontramos as reservas e emendas que tornam a doutrina contraditória e criam uma atmosfera de incerteza, como no *Civil Dominion*. Certamente o papa não é o chefe da Igreja, pois pode não ser sequer membro da igreja invisível. O estatuto do papa não depende do carisma do seu cargo, mas de sua dignidade pessoal. No entanto, a instituição papal não é condenada inteiramente; Wycliffe enfatiza que um papa pode representar uma figura anticristã, embora isto não se aplique necessariamente a todos os papas. O critério para identificar um bom papa é a sua conduta, que tem de se conformar com a vida e os ensinamentos de Cristo (*De Ecclesia* II, p. 34). Um conhecimento aprofundado da Bíblia como o padrão de julgamento é um dever do cristão (II, p. 38

---

[19] *De Ecclesia*. Ed. Johann Loserth. Londres, 1886, cap. IV; ver também cap. II, p. 37.

[20] John Wycliffe, *Polemical Works in Latin*. Ed. Rudolf Beddensieg. Londres, 1883, I. p. 668 ss; especialmente as fórmulas do capítulo I.

ss). Ao papa não é concedido o benefício do governante secular, que tem de ser obedecido mesmo que seja indigno, pois a autoridade do papa tem a aprovação de Deus.

As hesitações na teoria da Igreja são a consequência da disputa improfícua sobre a questão da predestinação. A fraqueza de Wycliffe consiste em não se enquadrar na ordem sacramental da Igreja nem, caso tivesse de cindi-la, encontrar o seu caminho no sentido de um predestinacionismo coletivo militante de um Calvino ou da fé de um Lutero. A experiência agostiniana da graça irresistível de Deus, que vence a demoníaca natureza caída do homem não estava acessível a ele. "Embora seguidor de Agostinho, Wycliffe nunca adota a sua doutrina da graça."[21] Igualmente inacessível era a experiência tomística de que uma vida de acordo com a natureza é uma vida de acordo com a vontade de Deus. O espiritualismo de Wycliffe está permanentemente prestes a rebelar-se, mas nunca alcança o solo firme de uma nova fundação; como consequência, também de modo permanente, corre o risco de escorregar para o isolamento do individualismo demoníaco. Sua fé tímida se debate na dialética da predestinação. Admite, sem sutileza especulativa, a ideia de predestinação em sua forma mais determinista – a imutável decisão de Deus antes da existência do homem, mas nunca exorta os cristãos a viverem na esperança da salvação e a crerem que eles mesmos fazem parte da igreja invisível de Deus. A predestinação não pode ser influenciada por uma vida meritória ou pecaminosa; tampouco os condenados serão condenados por suas culpas, nem os eleitos, salvos por seu mérito.[22]

Considerando a flagrante inabilidade de Wycliffe para compreender de modo decisivo os problemas especulativos de uma antropologia cristã, não surpreende que encontremos uma atitude igualmente hesitante quando aborda, em seus últimos

---

[21] Workman, *John Wycliffe*, 2.10.

[22] Ver, particularmente, *Speculum de Antichristo*. In: *English Works*. Ed. F. D. Matthew, p. 111. Reedição: Nova York, 1973.

tratados, a questão do poder real e papal.²³ O simbolismo destes últimos tratados está estreitamente relacionado com o dos *Tratados de York*. Mais uma vez, o rei e o papa aparecem como vigários de Deus e de Cristo, respectivamente – o rei representa a natureza divina de Cristo; o papa, a sua natureza humana.²⁴ Mas Wycliffe não traça suas conclusões deste simbolismo com o radicalismo intelectual do Anônimo de York. Seus tratados se dissolvem, antes, numa grande variedade de considerações e sugestões, em parte relativas aos deveres do rei em seu reino, em parte relativas à independência real frente ao papa e a sua supremacia sobre o clero da Inglaterra. Mesmo quando, nos panfletos dos últimos anos, Wycliffe assume a posição de que o papado devia ser dispensado, para o bem da cristandade, esta última formulação radical se deve menos a uma argumentação clara que à pressão da circunstância histórica.

No *De Officio Regis*, capítulo 3, Wycliffe apresenta um Espelho do Rei, que define o dever do rei de rodear-se de conselheiros sábios e de ser bom conhecedor da lei divina. Há um toque de Aristóteles na sugestão de que o rei deve promulgar poucas e sábias leis e aderir a elas ele próprio, suspendendo-as, através de seu poder legislador, somente no caso de haver uma boa razão (p. 57). Há uma reflexão sobre a ética do reino medieval na observação de que o rei está mais vinculado a seus súditos do que estes a ele (p. 10, 78 ss). Neste cargo de vigário de Deus, o rei tem de apoiar o clero. Este apoio tem de disciplinar o clero corrompido, restringir o seu sustento ao dízimo e às esmolas, afastá-los dos senhores temporais e usar a riqueza confiscada para sustento do clero paroquial. A base dessas reivindicações parece ter sido o sentimento de Wycliffe de que o reino da Inglaterra constituía um corpo místico. No capítulo 6 do *De Officio Regis*, ele desenvolve a sua doutrina de que os pecados individuais enfraquecem o reino e, por isso, o rei detém o poder supremo de inquirir sobre os pecados pessoais; este poder se aplica especificamente ao clero, inclusive o episcopal. Os males

---

²³ *De Officio Regis* (1378); *De Potestate Papae* (1379).
²⁴ *De Officio Regis*. Ed. A. I. Pollard e C. Sayle. Londres, 1887, p. 13 e 19.

particulares a serem corrigidos são a supervisão insatisfatória do baixo clero por parte dos bispos (p. 152 ss e passim), a ausência de detenção de prebendas (p. 163 ss e passim) e o estado dos estudos teológicos (p. 177 e passim).

A atitude de Wycliffe diante do papado sofreu uma radicalização no decorrer do Cisma, depois de 1378. Num primeiro momento, estava inclinado a reconhecer Urbano VI como o papa legítimo, mas, com o despontar de sua carreira, ambos os papas pareceram a ele sob uma luz anticristã. O elemento constante nas variações da atitude de Wycliffe é o sentimento que anteriormente chamamos de escatologia suspensa – um reconhecimento das instituições, prestes a se retrair a qualquer momento sob a tentação de abrir caminho para um julgamento pelos padrões da graça de Deus não institucionalizada; todo o reconhecimento de Wycliffe às instituições terá de ser permanentemente modificado por sua regra segundo a qual, em assuntos espirituais, se deve obedecer à mais humilde das pessoas, mais do que ao papa ou ao imperador, caso essa pessoa humilde seja um homem melhor (cap. V). A indecisão entre o reconhecimento das instituições e o apelo revolucionário ao homem comum em estado de graça se expressa no *De Potestate Papae*, na duplicação dos poderes espiritual e temporal. Existem dois poderes espirituais e dois poderes temporais. O primeiro poder espiritual é o poder do clero no ministério dos sacramentos; o segundo – a prática de ações espirituais de misericórdia – é compartilhado igualmente por todos os cristãos. O primeiro poder político é o poder dos governantes; o segundo é o poder geral da comunidade. Todos os poderes derivam de Deus, e o critério de aferição da posse legítima do poder é a retidão do detentor do cargo. Nenhum procedimento institucional que confere autoridade vai além do apelo a um padrão de justiça pelo qual será avaliada a conduta do detentor do cargo; quem cai em pecado mortal, em consequência, perde o seu poder. Munido deste aparato conceitual dos quatro poderes, Wycliffe aborda a questão do poder papal. Ele não questiona a sucessão de Pedro, nem a primazia do sucessor no cristianismo; a instituição da sucessão petrina não é interrompida, pois Cristo não abandona a sua Igreja (*De Potestate Papae*, cap. IV, p. 62). Mas, quando se tiver de determinar quem, num caso particular, é o legítimo sucessor de Pedro, uma série de problemas precisará de esclarecimentos. Em primeiro lugar, não existe um vínculo necessário entre o episcopado de Roma e a sucessão de Pedro; o elo entre os dois é uma instituição humana, em virtude do poder imperial de Roma e da Doação de Constantino (IX, p. 215). Além disso, a eleição do papa pelos cardeais é escandalosa, considerando que nem todos os membros do colégio são clérigos. Uma vez que tem de ser usado um procedimento que não deixe dúvidas sobre quem é o detentor do cargo, seria melhor deixar o peso da verdadeira escolha para Deus e eleger o papa por sorteio (IV, p. 68 ss).[25] Sob nenhuma circunstância, entretanto, o sucessor de Pedro detém qualquer jurisdição sobre a cristandade (p. 97 ss). A primazia é puramente espiritual, e um papa verdadeiro é reconhecido por sua imitação da vida de Cristo: viverá em pobreza; renunciará às ambições temporais; não entrará em disputas sobre direitos judiciais; e pregará o Evangelho aos que o desconhecem. Ambos os papas do Cisma mostraram, com suas ambições, o seu caráter anticristão (VII, p. 156).

No *De Potestate Papae* de 1379, Wycliffe ainda admite a necessidade de uma sucessão a Pedro e a desejabilidade de um centro da cristandade, mas não necessariamente em Roma, para o desempenho de funções administrativas, realizadas num espírito cristão. Nos anos seguintes, ele vai além desta concepção de um papado espiritualizado[26] e, sob influência

---

[25] Ver também *Responsiones ad Argumenta Cuiusdam Emuli Veritatis*, cap. VIII. In: *Opera Minora*. Ed. John Loserth. Londres, 1913, p. 282 ss. A respeito da eleição papal, ver, ademais, *De Blasphemia*. Ed. M. H. Dziewicki. Londres, 1893, cap. III.

[26] A respeito da revelação mística do papa, ver, particularmente, *De Potestate Papae* IX, p. 195: "Sed sicut in brutis dux ostenditur a natura, ut patet ex decreto predicto, sic dux Christiani exercitus debet ostendi revelacione divina, quia nihil falsius, quam quod humana eleccio facit papam, nam solus Deus justificat hominem" (Mas, assim como entre os animais o líder é revelado pela natureza, como fica claro a partir do decreto supracitado, assim também o líder do exército cristão deve ser conhecido por revelação divina, porque não há nada mais falso do que a eleição humana que escolhe o papa, pois somente Deus justifica o homem).

da controvérsia cismática, chega à conclusão de que seria melhor o cristianismo submeter-se somente à liderança de Cristo, dispensando todo o edifício episcopal. O *De Christo et suo Adversario Antichristo* lista os contrastes entre Cristo e o seu vigário de tal modo que o papa aparece como o Anticristo.[27] Wycliffe até encontra elementos positivos no Cisma, pois, por meio deste, Cristo graciosamente partiu a cabeça do Anticristo, de modo que as duas partes agora lutam uma contra a outra.[28] Nessas últimas obras, a posição da Reforma foi alcançada com a paroquialização das igrejas nos reinos, mantidos unidos pela liderança de Cristo.

---

[27] *De Christo et suo Adversario Antichristo*. In: *Polemical Works*. Ed. Buddensieg, vol. 2; as listas mencionadas no texto estão nos capítulos 11 e 12.

[28] *De Quatuor Sectia Novellis*, cap. 1. In: *Polemical Works*. Ed. Buddensieg, vol. 1, p. 243; *Cruciata*, cap. 5. In: *Polemical Works*. Ed. Buddensieg, vol. 2, p. 604.

21. A REGIÃO IMPERIAL

§ 1. Política subimperial

a. Política imperial e subimperial

O título deste capítulo, "A região imperial", resume as dificuldades que o historiador tem de enfrentar para narrar as correntes de ideias na vasta área entre a França e o Leste Eslavo, entre o Báltico e Roma. Não encontramos nesta área o crescimento de uma politeia nacional, como na Inglaterra, nem a força integradora de uma realeza carismática como na França do século XIII. O aparecimento de uma unidade política nesta área, e de um *continuum* de ideias políticas, é criada pelo fato de que, começando com o décimo século, a região leste da França forneceu os titulares da dignidade imperial. O *sacrum imperium*, no entanto, com a sua dupla liderança – do papa e do imperador –, era a instituição política abrangente do cristianismo ocidental, não era o reino alemão; enquanto a posição imperial, cedendo o controle sobre as terras da Igreja, certamente foi um fator decisivo na força militar da realeza alemã, o império não era mais que um estrato na estrutura política da região teuto-italiana. Existe um nível de problemas políticos subjacente, em princípio da mesma natureza daqueles que associamos no Ocidente ao surgimento do estado nacional. A estrutura dos problemas neste nível regional, abaixo da imperial, não é de todo desconhecida, mas é bastante negligenciada no quadro geral da Idade Média, e ainda está exposta a erros de interpretação.

As origens da negligência e da má interpretação são principalmente três. A grandeza do período imperial, a luta dramática entre o imperador e o papado na Controvérsia das Investiduras, e as grandes figuras imperiais dos Hohenstaufen que ofuscam os processos políticos regionais menos espetaculares. O interregno de 1254-1273 aparece na história alemã como uma incisão mais profunda do que realmente foi porque os problemas pós-imperiais do século XIV são vistos como posteriores aos do período imperial propriamente dito e não como continuação dos problemas regionais e subimperiais dos séculos anteriores. Em segundo lugar, a estrutura política regional não evoluiu para a forma do estado nacional. Os historiadores que se preocupam com a ideia nacional tendem a negligenciar as formas políticas não ortodoxas da área central; e na história das ideias políticas essa tendência é particularmente forte porque as evocações da região imperial não encontraram expressão escrita num pensamento político sistemático. Os princípios políticos que dão ao século XIV sua assinatura revelam-se apenas mediante a análise das instituições. E, em terceiro lugar, a historiografia alemã do século XIX, lançou um véu de interpretação *whig* que, até recentemente, cobria a história institucional inglesa deste período. O movimento para a unificação nacional e a criação do império de 1871 causou uma avaliação retrospectiva do período medieval como um tempo de oportunidades perdidas para a construção do estado nacional alemão. A incapacidade de imitar a França e a Inglaterra na criação de um reino nacional foi atribuído à obsessão dos imperadores com os problemas italianos, ao egoísmo dinástico dos construtores da política de Hausmacht do século XIV, e no período posterior com os Habsburgos como o obstáculo permanente à unidade política alemã. No entanto, também consideramos o reconhecimento de particularismo alemão como fator decisivo, embora este reconhecimento seja maculado pela explicação do particularismo como um traço do "caráter nacional" alemão.

b. O reino franco oriental e a Itália

Ao abordar os problemas subimperiais da política alemã, vale a pena lembrar que o termo *Império Alemão* foi usado pela primeira vez em um documento de estado em 1871.[1] A ausência de um nome que designe a unidade política alemã da mesma forma inequívoca com que os reinos da França e da Inglaterra são identificados por seus nomes é um sintoma das circunstâncias peculiares que cercam a história alemã desde o seu início. A Alemanha não tem uma data decisiva na sua história que marque uma época política, como a conquista da Gália pelos francos, a fundação carolíngia, a conquista da Inglaterra pelos normandos ou, em menor escala, a conquista da Itália pelos lombardos. Se atribuirmos um começo à história alemã, este só pode ser o ano de 911, com a eleição de um duque da Francônia para suceder ao último dos carolíngios como o rei das tribos que tinham caído, nas partilhas dos sucessores de Carlos Magno, na unidade do reino franco do leste. A coexistência de uma pluralidade de *Stammesherzogtumer* é o fator que determinou, desde o início, o padrão do chamado particularismo alemão, enquanto as conquistas de francos e normandos por tribos singulares introduziram um fator unificador nas fundações francesa e inglesa.

Econômica e civilizacionalmente os ducados alemães pertenciam à periferia do Império Franco. Uma vez separados, ficaram cercados entre o reino franco a ocidente, os escandinavos e eslavos não cristãos a norte e a leste, e os Alpes, ao sul. Uma vez que o centro da alta civilização da época era o Mediterrâneo e o Império Bizantino, tornou-se de fundamental importância para a área alemã inexplorada manter aberta a rota para o Mediterrâneo, acima de tudo para Veneza, a fim de não ser cortada do comércio mundial e da geopolítica.

---

[1] Para o levantamento do problema alemão, tenho usado, sempre que possível, Johannes Haller, *Die Epochen der deutschen Geschichte*. Stuttgart e Berlim, Cotta, 1924. Ver também Horst Fuhrmann, *Germany in the High Middle Ages c.* 1050-1200. Trad. Timothy Reuter. Nova York, Cambridge University Press, 1986; e Geoffrey Barraclough, *The Origins of Modern Germany*. 3. ed. Oxford, Blackwell, 1988.

A diplomacia italiana dos reis alemães tem de ser vista, portanto, sob dois aspectos. A renovação do Império Romano através de Otão, o Grande, em 962, continuou a tradição do Império Franco-Romano de Carlos Magno, que deixara de funcionar há pouco menos de um século; e os próprios reis alemães foram reis francos no sentido de sucederem à linha carolíngia no reino franco a oriente. Otão não era um sonhador romântico que teria continuado a tradição pela tradição. As suas expedições a Itália serviram o propósito muito realista de reduzir e, em última instância, conquistar o reino italiano emergente, que ameaçava bloquear as ligações da Alemanha à Itália. A expedição de 952 garantiu as passagens de montanha através da aquisição de Verona, Friuli e Ístria, retiradas a Berengário de Ivrea; a expedição de 962 conquistou o reino completamente, e Otão foi coroado rei da Itália, em Pavia. A conquista foi imediatamente seguida por um tratado comercial com Veneza. Os impostos, subsídios e taxas alfandegárias da Itália do norte devem ter sido um item considerável no orçamento dos reis alemães, que não conseguiam extrair muito dinheiro da economia subdesenvolvida da região transalpina. O controle sobre Roma teve importância semelhante para reforçar a posição régia, principalmente por dois motivos. Primeiro, um poder hostil em Roma e Toscana teria sido um grave perigo para a posse segura da Lombardia; e, em segundo lugar, um papado hostil poderia ter prejudicado gravemente a influência alemã na Lombardia, porque a maioria dos bispos lombardos eram sufragâneos de Roma. No estrato subimperial da política, a expansão na Itália e o controle do papado tinham, portanto, claro interesse geopolítico, financeiro e comercial do reino alemão.

c. *A concentração do poder régio e os interregnos*

A evolução desta estrutura política inicial alemã foi determinada por eventos tanto na Alemanha como na Itália. A norte dos Alpes, os imperadores fizeram esforços poderosos para concentrar o controle real sobre o reino. Em meados do século XI, a política de retenção de feudos vagos nas mãos da casa real tinha chegado a um ponto em que só o ducado da Saxônia ainda tinha certo grau de independência. Os outros ducados foram retidos por Henrique III (1039-1056). Ao mesmo tempo, o controle até então inconstante do papado foi mais firmemente estabelecido. Nos Sínodos de Sutri e Roma em 1046, os papas rivais foram depostos por pressão do imperador, e os anos seguintes trouxeram uma série de quatro papas alemães que iniciaram a reforma cluniacense do papado. Esta política muito bem-sucedida de reduzir os ducados e de integrar o reino foi fatalmente interrompida, no entanto, pela morte precoce de Henrique III. Quando o imperador morreu com a idade de 40 anos, teve de ser estabelecida uma regência para o filho, que tinha apenas seis anos de idade; esta regência provou ser o primeiro dos interregnos que destruiu radicalmente os esforços de integração dos reinos e, finalmente, impediu o crescimento de um reino nacional alemão. Quando Henrique IV, ao atingir a maioridade, pôde retomar a política régia, os príncipes, leigos e clérigos, tinham repartido as propriedades reais e distribuído gulosamente entre si os recursos dos feudos. O jovem imperador teve de começar de novo. Restabeleceu o controle sobre as terras da Igreja por meio de práticas abertamente simoníacas, e parece ter tentado formar um núcleo de domínio real na Saxônia que serviria como base de operações, de forma semelhante à concentração capetíngia na França. Mas os tempos mudaram. A reforma de Cluny tinha feito o seu trabalho; o prestígio espiritual do papado reformado tinha criado um novo poder, e as práticas simoníacas necessárias para controlar as terras da igreja como a principal fonte de receita precipitaram o conflito com Gregório VII. A luta, praticamente um segundo interregno, mais uma vez prejudicou, e desastrosamente, a posição real. As tentativas renovadas de Henrique V (1106-1125) e Lotário II (1125-1137) não amadureceram, e ao tempo de Frederico I (1152-1190) os danos eram irreparáveis. A nova casa real não tem ascendência na Alemanha; outros príncipes, como os Guelfos e os Babembergs, eram igualmente fortes, se não mais.

Como consequência da deterioração da posição régia na Alemanha, a política italiana dos Hohenstaufen difere radicalmente em compleição da anterior, embora superficialmente tenha continuado a tradição dos Otões. No século X, as expedições a Itália permitiram seu controle a partir da fortaleza na Alemanha. Na Itália do século XII foi necessária uma fortaleza para o controle da Alemanha. Os Hohenstaufen já não conseguiram formar um núcleo de força régia em solo alemão, e tiveram de fazer essa tentativa na Itália, a fim de recuperar uma posição dominante na Alemanha. A primeira tentativa de Frederico, a consolidação da Lombardia sob domínio imperial com um governo nas cidades, foi apenas um sucesso parcial, que terminou com a derrota em Legnano, em 1176. A paz de Constança de 1183 reconheceu na prática a independência das cidades lombardas. Ainda assim, os recursos da Lombardia foram suficientes para travar uma guerra bem-sucedida contra Henrique, o Leão, e para desmembrar a Saxônia em 1180, enfraquecendo assim o seu adversário alemão mais poderoso. Mais auspiciosa do que a política da Lombardia revelou-se a aquisição da Toscana, que conferiu ao imperador uma posição estratégica a partir da qual ele controlou o papado, a sul, e vigiou as cidades lombardas, a norte. O mais importante, no entanto, foi o casamento siciliano do seu filho. Os frutos deste plano foram colhidos por Henrique VI que, com a posse da Sicília, começou a reconquista da Itália e elevou o poder imperial mais uma vez à estatura antiga.

Henrique VI morreu em 1197 com 32 anos. Seu filho, o futuro Frederico II, tinha três anos; começava o terceiro interregno. Esta terceira interrupção da política régia levanta um problema relativo à classificação adequada dos fenômenos políticos deste período. Tradicionalmente, conta-se apenas um interregno, o grande intervalo de 1254-1273, entre o final dos Hohenstaufen e a eleição de Rodolfo de Habsburgo. O Grande Interregno tem uma importância específica porque, no seu termo, os fatores políticos em gestação durante os séculos anteriores determinam definitivamente um novo padrão de política: a tradição medieval imperial estava morta e ascenderam os principados renascentistas e estados nacionais. Mas, se a atenção estiver exclusivamente focada no Grande Interregno, ficam obscurecidas as fases de transição e a lenta acumulação de fatores que em conjunto determinaram o padrão do novo poder do século XIV. Enquanto o Grande Interregno é a incisão epocal no nível da política imperial, temos de considerar que o nível da política subimperial durante todo o período de 1197-1273 também pode ser classificado como um enorme interregno. O reinado de Frederico II retomou a magnífica tradição imperial de Frederico I e Henrique VI e, nesse sentido, Frederico é justamente considerado o último grande imperador medieval. Contudo, no que se refere à estrutura da política alemã subimperial, o seu reinado caracteriza-se por recursos que só aparecem mais claramente no Grande Interregno do século XIV. Frederico II já não foi um príncipe alemão. Usou a Sicília como sua base de operações e continuou a política lombarda e toscana de Frederico I; mas que "estrangeiro" fosse um rei da Alemanha e tentasse governá-la a partir de um principado fora do reino era uma novidade. Uma situação que diferia apenas em grau da eleição de Guilherme da Holanda, Ricardo da Cornualha e Afonso de Castela como imperadores alemães. Absorto nos seus problemas italianos, o imperador desistiu completamente de tentar criar uma posição régia na Alemanha. A Bula de Ouro de Eger, de 1213, entregou o controle da Igreja Alemã ao papado. As concessões do Estatuto de 1220 tornaram os príncipes clericais praticamente independentes como governantes territoriais, e as concessões do Estatuto de 1231 estabeleceram o controle completo dos príncipes leigos sobre os respectivos territórios. Estes três atos fixaram a estrutura do "particularismo" alemão e tornaram impossível para os sucessores de Frederico fazer reviver uma realeza alemã forte com os meios utilizados pelos imperadores saxões e sálicos, ou seja, mediante o controle dos territórios da Igreja e a acumulação de um domínio régio. A nova política Hausmacht [poder doméstico] que começou com os Habsburgos teve que reconhecer a estrutura particularista da Alemanha. Após o Grande Interregno, os soberanos já não conseguiram estabelecer no território dos antigos ducados um reduto que lhes desse ascendência sobre os outros príncipes alemães.

Nem os Hohenstaufen o conseguiram. Nem poderiam os territórios italianos servir de base após a perda da Sicília para os aragoneses e em face da resistência lombarda. A nova solução que se ofereceu foi a criação de um núcleo de poder a leste do antigo território alemão. Esta nova política foi possível devido à expansão alemã para os territórios eslavos do leste, ocorrida nos séculos anteriores.

d. *A colonização do leste*

A expansão alemã para leste é o processo mais marcante da Alta Idade Média por causa dos seus efeitos permanentes na estrutura política alemã. Nos séculos críticos em que os reinos da França e da Inglaterra adquiriram as características nacionais e um território fixo, em que as nações ocidentais cresceram internamente em sociedades coerentes, e em que a nação inglesa ganhou sua articulação política, os alemães estavam em movimento e expandiram o seu território das antigas fronteiras do Elba e Saale para leste até os territórios que hoje são a Polônia e a Rússia. A expansão alemã desde o século XII ao XIV é a maior façanha de colonização ocidental antes da expansão anglo-saxônica através do Atlântico. Uma colonização desta magnitude, em contiguidade espacial com a pátria, inevitavelmente teve repercussão no território metropolitano. O crescimento interno da civilização nacional alemã, comparável à inglesa e à francesa, foi quebrado por este evento; e a Alemanha nunca mais se recuperou completamente desta quebra. A partir deste momento, temos de distinguir na Alemanha entre uma civilização metropolitana a oeste e uma civilização colonial a leste. As duas civilizações começaram a combinar-se de forma eficaz apenas no século XVIII, com as preliminares do movimento romântico; mas a diferença civilizacional das duas áreas é claramente observável mesmo após este período.[2]

---

[2] Sobre esta questão, ver o excelente estudo de Josef Nadler, *Die Berliner Romantik*, 1800-1814. Berlim, Reiss, 1921. A monografia de Nadler apresenta o problema de forma mais clara do que a vasta *Literaturgeschichte der Deutschen Stamme und Landschften*. 3 vols. Regensburg, Habbel, 1912-1918; 4. ed. Berlim, 1938-1939, sob o título *Literaturgeschichte des Deutschen Volkes*.

O dano à coerência da sociedade nacional tem paralelo no agravamento do problema da integração institucional. O particularismo nos territórios dos velhos ducados foi um problema grave em si mesmo; a expansão para leste acrescentou fortes principados novos ao enraizamento territorial dos príncipes e cidades do oeste. Nestas condições, era impossível o surgimento das comunas nacionais de barões, pequena nobreza e plebeus, que caracteriza a Inglaterra, ou o crescimento de um terceiro estado, como o francês. A Alemanha nunca produziu um estilo de política e de homem político, porque a estrutura das instituições nacionais na qual esses tipos podem crescer através do acúmulo de experiência não evoluiu. Boa parte das peculiaridades políticas alemãs que atualmente são facilmente atribuídas a um especial "caráter nacional" alemão como uma constante são, simplesmente, os padrões de comportamento que cresceram na ausência de uma influência estabilizadora e da experiência de velhas instituições políticas como na Inglaterra e na França. Por fim, foi dado um duro golpe no crescimento autossuficiente da civilização nacional e das instituições nacionais pelo impulso oriental que tinha sido transmitido à política alemã pela colonização. A expansão levou os alemães para muito além das fronteiras dos atuais territórios alemães, até terras puramente eslavas. Os assentamentos alemães dispersos no leste e no sudeste criaram os problemas das minorias modernas. A fronteira civilizacional alemã no leste não é nítida; vai-se desvanecendo na Polônia, Checoslováquia, Rússia, Hungria e Romênia. Como consequência, a fronteira política permaneceu nos sentimentos das pessoas em um suspense que gera as tendências para estender a influência política alemã até aos confins do impulso colonizador alemão medieval até aos Estados Bálticos, a Polônia e a Boêmia, Hungria e Romênia, e talvez até o Volga.

A forma política da expansão merece atenção. Não foi o resultado de um plano imperialista por parte de um governo central; e sobretudo não foi dirigida pelo império. A iniciativa da expansão estava nas mãos de um grande número de autoridades subimperiais; o processo só atingiu o estrato da política imperial através do reconhecimento dos novos assentamentos pela chancelaria imperial. O caráter de um movimento livre das autoridades locais teve consequências no resultado global da colonização. Como o impulso veio do poder de príncipes e cidades, a expansão sobreviveu à catástrofe do império. Como não foi um movimento planejado e direcionado, a expansão ocorreu a esmo; posições importantes tiveram de ser capituladas mais tarde porque estavam isoladas e cercadas por países eslavos não colonizados.

Os pormenores do processo não nos preocupam, mas algumas datas têm de ser mencionadas, a fim de caracterizar a estrutura política. O movimento estava em andamento em meados do século XII. Em 1140, Adolfo de Schaumburg penetrou até a costa leste de Holstein, e em 1143 fundou Lübeck, criando assim o primeiro posto avançado alemão no Báltico. No ano seguinte, 1144, Alberto, o Urso, fundou o Margraviato de Brandenburgo. A Cruzada contra os Wendos, de 1147, estendeu o território colonial alemão para leste, exterminando brutalmente a população eslava e limpando a terra para o repovoamento com os alemães do oeste. O impulso para o Báltico cresceu quando Henrique, o Leão (1156-1180), começou a fundação de um principado a leste do Elba. Em 1158 ele adquiriu Lübeck do conde de Holstein e desde então começa a ascensão da cidade até ganhar uma posição predominante na região do Báltico. O século XIII assistiu à conquista da costa do Báltico. Riga foi fundada em 1201, e a organização da Livônia foi concluída em 1221 por Adalberto de Bremen. Em 1230 a Ordem Teutônica estabeleceu-se na Prússia; em aliança com os Irmãos da Livônia, ela cristianizou toda a costa sul do Báltico até a Estônia e pontilhou o país com cidades. Quando, em 1346, a Ordem adquiriu a Estônia, da Dinamarca, o assentamento alemão estendia-se desde o de Holstein ao Lago Peipus. Em toda esta série de conquistas, há apenas um exemplo de expansão devida à intervenção imperial: a adição da Silésia pelo imperador Frederico I, em 1163.

A expansão ao longo do Báltico fracassou por sua pretensão excessiva. A leste da Pomerânia, a colonização ocupava o litoral com uma faixa relativamente fina do interior. Quando os principados poloneses e lituanos se uniram em reinos nacionais politicamente eficazes, o controle sobre a costa ficou precário. Esta consolidação da Polônia e da Lituânia ocorreu no início do século XIV. Quando os dois reinos se uniram em 1386, foi selado o destino dos assentamentos no Báltico superior. A Ordem perdeu a batalha de Tannenberg em 1410, e na paz de 1411 Samogitia teve de ser capitulada, destruindo a ligação terrestre entre a Prússia e a Livônia. A Paz de Thorn de 1466, após a longa Guerra da Revolta da Prússia, quebrou as participações nesse local. A Prússia Ocidental com Danzig tornou-se polaca. O leste da Prússia, sem uma ligação terrestre com o território principal, permaneceu alemão, mas tornou-se um feudo polaco; a partir de então, a Prússia permaneceu fora do Império Alemão e até mesmo da Confederação Alemã de 1815 até depois de 1866.

A sul da grande colonização, o reino também teve uma nova articulação política desde o tempo dos antigos ducados. Após um episódio passageiro de cristianização desde Bizâncio, a Boêmia foi integrada no cristianismo ocidental através dos esforços missionários alemães que começaram no final do século IX. Nos séculos XI e XII, a influência alemã aumentou através de intervenções imperiais nas querelas de sucessão da família dos Premyslidas. Em 1158 o imperador Frederico I tornou hereditária a coroa da Boêmia como recompensa pela ajuda boêmia na luta com as cidades lombardas. No século XIII, Venceslau I (1230-1253) organizou a imigração de alemães em grande escala para a deflorestação do país e a fundação de cidades a fim de compensar com esta nova população o poder da nobreza. A revolta da nobreza em 1247-1250 parece indicar a importância que a política de imigração tinha recebido no equilíbrio de poder interno do reino. Em meados do século XIII, a Boêmia torna-se um principado semialemão, intimamente ligado à estrutura do reino através da dignidade eleitoral do rei, bem como através da eleição de Ottokar II como duque da Áustria em 1251. O sul da Boêmia estendeu o velho ducado da Baviera. A rearticulação deste considerável território começou no final do século X, com a separação do ducado de Caríntia. A Áustria tornou-se um ducado separado em 1156, e a Estíria, em 1180.

A colonização alemã desde o Báltico até a Boêmia, o crescimento de um reino semialemão da Boêmia, e a rearticulação do velho ducado da Baviera criaram em seu conjunto um campo de força que mudou o peso político alemão do antigo ocidente para o oriente. No leste estavam os territórios a partir dos quais se poderia tentar uma dominação e integração política da Alemanha com esperança de sucesso. A área política decisiva na história alemã após 1300 é definida pelos nomes de Áustria e Boêmia, de Brandenburgo e Prússia. A colonização e a articulação territorial do leste nos séculos da alta Idade Média determinou a estrutura política alemã da mesma maneira que a articulação interna do reino em comunas determinou a estrutura da politeia inglesa e a ascensão da realeza francesa determinou o estado francês, administrativo e centralizado. O fato de o desenvolvimento alemão não resultar em um estado nacional integrado não diminui a importância deste processo na política alemã, e na política ocidental em geral. Também não diminui a importância deste processo para a política alemã nem para a política ocidental como um todo. Tampouco diminui sua importância para o desenvolvimento de ideias políticas alemãs nos séculos vindouros: a reviravolta das ideias políticas alemãs ao nível sistemático mais elevado é incompreensível sem um conhecimento preciso da articulação institucional que aqui esboçamos.

e. Resumo

Resumindo este levantamento, gostaríamos de distinguir três fases principais na evolução da estrutura política alemã. Primeiro, a convivência inicial dos antigos ducados e a concentração do poder régio mediante o controle das terras da Igreja e a retenção de feudos vagos na casa real, que é característica do período saxão e sálico. Segundo, o fracasso desta política como consequência dos dois primeiros interregnos e a nova concentração do poder real nas possessões italianas, o que caracteriza o período Hohenstaufen. Terceiro, a política Hausmacht com sua concentração de poder nos novos territórios do leste, que é característica do período posterior ao Grande Interregno. Entre política italiana e o impulso para leste temos que observar um período de transição e de desintegração em que os príncipes não alemães assumiram a função de realeza e um alto grau de independência dos principados alemães tornou-se parte da constituição alemã.

§ 2. A Bula de Ouro

a. Carlos IV

As mudanças na estrutura política alemã ficaram reconhecidas e formalizadas na Bula de Ouro de 1356, no reinado de Carlos IV (1347-1378). Temos pouca informação sobre as negociações que determinaram o conteúdo do instrumento. Após um período de sugestões e palpites sobre quem poderia ter sido o "autor" do documento, a opinião hoje prevalecente parece ser a de que o próprio imperador tomou a iniciativa da legislação; que o documento foi elaborado pela chancelaria com base nas negociações entre o imperador e os eleitores; e que reflete, no todo, a política do próprio imperador. No entanto, a personalidade do homem que determinou a forma constitucional alemã nos quatro séculos e meio seguintes ainda não está esclarecida. Carlos IV não se conformava com o estilo imperial glamoroso como tinha sido magnificamente representado por Frederico I, nem tinha o calor e o apelo pessoal que despertou simpatias mesmo por figuras menores como Luís da Baviera. As qualidades que o converteram num dos estadistas mais bem-sucedidos no trono imperial eram qualidades impopulares – impopulares em seu próprio tempo e também para os historiadores posteriores. Era um cristão devoto, no sentido medieval, mas sem ilusões sobre o papado político. Sua ascendência e sua educação, que equilibravam influências francesas, alemãs e checas, fizeram dele um europeu, desenraizado de um solo nacional. O seu nome original,

Venceslau, foi mudado para Carlos por Carlos IV da França, na sua confirmação, e os seus dois patronos, Carlos Magno e São Venceslau, foram de igual influência na determinação da sua concepção de governo como imperador romano e rei da Boêmia. Sua sensibilidade à história e à tradição, no entanto, não era romântica; ele era um mestre da política racional, avesso a soluções violentas quando a diplomacia poderia alcançar resultados. Era um administrador cuidadoso da sua casa e, provavelmente, o único príncipe do seu tempo a quem nunca faltou dinheiro. Usou prudentemente seus recursos financeiros para fins políticos e com um rigor que só pode ser explicado por um desprezo profundo da natureza humana e pela experiência de que quase todo o homem tem o seu preço. A curiosa mistura de cristão devoto e estadista racional, a afirmação de pretensões imperiais – ele foi o último imperador a ser coroado como rei da Borgonha – por um lado e a construção do império como uma oligarquia dos príncipes, por outro, a sua posição entre ou sobre as nações – essas são complexidades que, provavelmente, têm mantido até hoje numa relativa obscuridade histórica um dos grandes estadistas ocidentais.[3]

b. A forma da Bula de Ouro

A Bula de Ouro é uma codificação cuja primeira parte foi promulgada na Dieta de Nuremberg (novembro de 1355-janeiro 1356) e a segunda parte na Dieta de Metz (novembro de 1356-janeiro 1357). No que diz respeito à sua forma, a Bula é um estatuto, promulgado por Carlos "na plenitude de seu poder imperial", "após madura deliberação anterior", "em tribunal solene", "na presença de todos os príncipes eleitorais,

---

[3] Sobre Carlos IV, ver Fritz Vigener, "Kaiser Karl IV". In: *Meister der Politik*. Ed. Erich Marcks e Karl Alexander von Müller. Stuttgart, Deutsche Verlags--Anstalt, 1921, vol. 2. A respeito da influência francesa sobre Carlos IV, ver a dissertação interessante de Wolfgang Klein, *Kaiser Karl IV: Jugendaufenthalt in Frankreich und dessen Einfluss auf seine Entwicklung*. Berlim, 1926. Para uma monografia em inglês sobre Carlos IV, ver Bede Jarrett, O.P., *The Emperor Charles IV*. Nova York, Sheed and Ward, 1935. Veja-se, também, W. T. Waugh, "Germany: Charles IV". In: *CMH*, vol. 7, 1932, cap. 5.

eclesiásticos e seculares, e de uma numerosa multidão de outros príncipes, condes, barões, magnatas, nobres e cidades".[4] No que diz respeito ao conteúdo, a Bula regula a eleição do rei, o estatuto dos príncipes eleitorais, o estado do reino da Boêmia e uma série de outros tópicos que se relacionam com a constituição do império. Como um todo, a codificação vive na tradição das *Constituições de Melfi*, de Frederico II, a tradição de uma legislação fundamental para a ordem do reino.

c. Imperium estatal e Imperium mundial

Para o tratamento especial neste contexto, podemos selecionar apenas algumas formulações e disposições que têm um impacto específico na estrutura política alemã. O leitor da Bula se choca, em primeiro lugar, com a complexidade da terminologia empregue na designação do reino e de seu cabeça. Para designar o reino, a Bula usa os termos *christianum imperium, sacrum imperium, sacrum imperium Romanum* e *sacro-sanctum imperium Romanum*. Ocasionalmente encontramos uma circunscrição como *sacri Romani celsitudo imperii*; e a concepção é aprofundada pela interpretação do reino como um análogo e *fundamentum* da Trindade Divina, ou como um *sacrum edificium* com os sete eleitores iluminando-o como os sete candelabros que brilham na sétupla unidade do Espírito. O chefe do reino, eleito pelos sete eleitores, é designado como *rex Romanorum in imperatorem promovendus*, ou como *rex Romanorum futurus imperator*; como sinônimo de *imperator* usa-se o termo *caesar*. Noutros contextos, no entanto, é usada a linguagem *imperator vel rex Romanorum*, o que implica que o *rex* tem as funções de um *imperator* (particularmente no capítulo V). Outras designações alternativas:

---

[4] Arenga da Bula de Ouro. Sobre o tema, ver Karl Zeumer, *Die Goldene Bulle Kaiser Karls IV*. Tomo 1, *Entstehung und Bedeutung der Goldenen Bulle*; Tomo 2, *Text der Goldenen Bulle*. Weimar, Buhlaus Nachfolger, 1908. A literatura sobre a eleição dos reis alemães e a Bula de Ouro é vasta. Uma das importantes monografias mais antigas é a de Herman Bloch, *Die Staufischen Kaiserwahlen und die Entstehung des Kurfürstentums*. Leipzig e Berlim, Teubner, 1911. Uma contribuição importante mais recente é a monografia de Heinrich Mitteis, *Die Deutsche Königswahl: Ihre Rechtsgrundlage bis zur Goldenen Bulle*. Baden bei Wien, 1938.

"o cabeça temporal do povo cristão" (*temporale caput mundi seu populi Christiani*) e "o cabeça temporal dos fiéis". Os antecessores são referidos como *divi Romanorum imperatores et reges*.

As variações dos termos refletem a estrutura do império, tal como crescera na história. A eleição para a realeza parece ter implicado originalmente não mais do que a expectativa ou esperança de que o rei eleito fosse promovido pela coroação papal à dignidade imperial como chefe temporal do mundo cristão. A consolidação dessa expectativa numa declaração – embora reconhecendo sempre a aprovação papal – parece ter ocorrido por volta do século XII, quando o título *rex Romanorum* começou a ser usado para designar o rei eleito. Esta afirmação é expressa na Bula de Ouro no título do rei *in imperatorem promovendus* ou como *imperator futurus*.

Mesmo sem a coroação em Roma, no entanto, a eleição para a realeza teve como consequência imediata a assunção de funções imperiais no sentido de que o rei alemão teve de cumprir deveres e privilégios em relação aos reinos que não faziam parte do reino alemão – isto é, em relação à Itália e Borgonha. A complicação jurídica das funções imperiais, desempenhadas por um rei que não foi coroado imperador, nunca foi terminologicamente racionalizada num ato formal; os vários estratos jurídicos só receberam denominações ocasionais. O núcleo da dignidade é a realeza alemã sobre o reino alemão, chamado *regnum Teutonicum*; essa realeza, então, acarreta funções de administração imperial na Borgonha e Itália, o chamado *imperium*. A distinção entre *regnum Teutonicum* e *imperium* encontra-se, por exemplo, na Concordata de Worms.[5] As implicações imperiais da realeza alemã foram reconhecidas até mesmo por Inocêncio III, que falou em uma ocasião do *regnum Teutonicum, et, quantum in eo est, imperium*.[6] Neste sentido, portanto, o *rex electus* era um *imperator*. Uma concepção secular de *imperium*

---

[5] No *Calixtinum* da Concordata de Worms. In: MGH, *Constitutiones* I, n. 108.
[6] A expressão pode ser encontrada na *Deliberatio Domini Papae Innocentii Super Facto Imperii de Tribus Electis*. In: *Registrum Super Negotio Romani Imperii*, n. 29. Migne, *Patrologia Latina*, vol. 216, p. 1028 A.

como os territórios governados pelo imperador de fato tem paralelo com a concepção de *sacrum imperium*, do império do mundo cristão. Em certa ocasião, fez-se uma interessante tentativa para distinguir terminologicamente entre a concepção de império limitada territorialmente e a de império mundial, quando os eleitores de Filipe da Suábia notificaram o papa de que tinham eleito o seu candidato em *imperaturam Romani solii*. A *imperatura* territorial e administrativa claramente se destaca do *sacrum imperium*.[7] O surgimento de um *imperium* territorial dos reis alemães é, na região imperial, o fenômeno paralelo ao surgimento dos estados nacionais no Ocidente. A fim de criar um termo definido para o novo fenômeno, vamos chamá-lo a partir daqui de o *imperium* estatal, distinto do *imperium* mundial.

A tensão entre as duas concepções talvez tenha ficado mais clara nos séculos XII e XIII, quando os Hohenstaufen tentaram tornar o *imperium* estatal coextenso com o *imperium* mundial. Frederico I utiliza a designação de *reguli* para os governantes dos reinos vizinhos independentes; Henrique VI prosseguiu a política de transformar reinos cristãos em feudos imperiais (Inglaterra, Armênia, Chipre, etc.); e com Frederico II a ideia de *dominus mundi* atingiu o seu clímax. A política de expansão de Hohenstaufen não deve sugerir, no entanto, a hipótese de que a liderança temporal do *sacrum imperium* seria desprovida de conteúdo político sem essa expansão. O imperador coroado era o que o imperador eleito não podia ser: o protetor do mundo cristão; só ao imperador coroado cabiam os deveres da Cruzada, da ação missionária entre os pagãos e da luta contra os hereges; e só ele tinha funções na reforma da Igreja e influência nas eleições papais.

Na dignidade do rei-imperador, temos de distinguir os seguintes estratos: (1) o reinado sobre o *regnum teotonicum*; (2) as funções imperiais com relação ao *imperium* estatal, incluindo a Itália e Borgonha; (3) a reivindicação de liderança do *imperium* mundial,

---

[7] MGH, *Constitutiones* II, n. 3, p. 3 ss. Todos os textos impressos têm *in imperatorem*. A cópia fotostática do original, no entanto, tem *in imperaturam*. O ponto foi descoberto por Heinrich Mittais; cf. *Die Deutsche Königswahl*, p. 99 ss.

contida na fórmula *futurus imperator*; e (4) a liderança temporal do *populus Christianus* com o protetorado sobre a Igreja. Esses estratos só podem ser claramente distinguidos na análise; na prática, não representam jurisdições separáveis que pudessem caber a várias pessoas. Têm de ser entendidas dinamicamente, no sentido de que por sucessivos passos processuais de eleição, de aprovação papal, e de coroação, a dignidade seria soerguida do reinado alemão à plena dignidade imperial. Inevitavelmente, uma dignidade cumulativa deste tipo tinha de ser uma fonte de conflitos políticos. A eleição recaía na esfera política dos príncipes alemães, enquanto a aprovação e a coroação caía na esfera do papado. A eleição dos príncipes podia e forçava mesmo o papa a aceitar candidatos inaceitáveis à dignidade imperial; o direito papal de aprovação levava a intervenções em assuntos alemães através de negociações preliminares com os eleitores sobre um candidato e através da influência papal sobre os três eleitores eclesiásticos. O resultado seria a guerra civil na Alemanha e a eleição de antirreis, se o rei primeiramente eleito não tivesse a aprovação papal.

Os primeiros passos importantes para deslindar esta situação foram tomados no reinado de Luís da Baviera, sob a pressão dos distúrbios durante a luta entre o imperador não aprovado e o papa. Em julho de 1338, uma reunião dos eleitores em Rense declarou que um rei eleito não precisa de aprovação papal para assumir legalmente o título real e para desempenhar as funções de administração imperial. Em agosto do mesmo ano, uma lei eleitoral do imperador, a *Licet juris*, foi ainda mais longe e estigmatizou como "dogma pestilento" que o *electus in imperatorem* não é um verdadeiro imperador enquanto não for confirmado, aprovado e coroado pelo papa. De acordo com o direito romano e o direito canônico, a dignidade imperial vem diretamente de Deus, e o rei eleito é um *verus imperator* sem aprovação papal.[8] A declaração dos eleitores ainda admite a aprovação papal como necessária à assunção da dignidade, afirmando o *imperium*

---

[8] *Weistum von Rense* e *Kaiserwahlgesetz Ludwigs des Baiern*. In: Mario Krammer, *Quellen zur Geschichte der Deutschen Königswahl und des Kurfürstenkollegs*. Leipzig e Berlim, Teubner, 1912, vol. 2, p. 91 e 97.

estatal do *rex Romanorum* eleito. A *Licet juris* vai ao extremo de colocar os eleitores a criar um *verus imperator* com a plenitude do poder imperial.[9] O radicalismo destas afirmações não poderia senão agravar a tensão nas relações entre papa e império. Quando a Bula de Ouro retomou a questão em 1356, adotou uma abordagem diferente. A Bula não declara como irrelevante a aprovação papal nem utiliza a terminologia extrema do *verus imperator*. Simplesmente não menciona de todo a aprovação papal, mas regula o procedimento de eleição com meticulosos pormenores, de tal forma que o recém-criado *rex Romanorum* é capaz de exercer as funções imperiais sem a aprovação papal. O silêncio sobre a aprovação deixa aberta ao papa a possibilidade de a dar e ao imperador de a aceitar, mas o procedimento não deixa espaço para que a aprovação fosse exercida sem qualquer efeito legal. Com diplomacia e técnica jurídica magistrais, a Bula exclui a aprovação papal do procedimento que resulta na criação do rei-imperador. A façanha é facilitada pelas variações (talvez intencionais) de títulos já anteriormente apresentadas. Não existe na Bula qualquer fórmula como o *verus imperator* do *Licet juris*, mas no juramento de eleição (cap. II, sec. 2) o *caput populi Christiani* é identificado com o *rex Romanorum in caesarem promovendus*, a primeira fórmula que antecipa a dignidade que é formulada no tempo futuro, na segunda.

As melhorias na técnica jurídica, especialmente no direito processual, que caracterizam este período, e o seu uso deliberado para a solução política não agressiva de um problema delicado, são uma das razões pelas quais os regulamentos da Bula tiveram êxito. O silêncio sobre o ponto crítico não causou danos evidentes ao prestígio papal e tornou desnecessário o papado recorrer a protestos oficiais. Mas os advogados da Cúria, naturalmente, não se deixaram enganar por um truque. A Bula

---

[9] A posição do *Licet juris* foi preparada e influenciada pelo memorando *Subscripta*, um parecer jurídico sobre a eleição do rei-imperador de um autor desconhecido, provavelmente um franciscano. Cf. Ficker, "Zur Geschichte des Kurvereins zu Rense", Sitzungsberichte der Bayrischen Akademie der Wissenschaften zu Wien, *Philosophische-historische Klasse* II, 1853, p. 673-710. O *Subscripta* foi reimpresso em Krammer, *Quellen zur Geschichte*, p. 96 ss.

não causou uma nova tempestade devido a outros fatores da situação política. Em primeiro lugar, o imperador escolheu criteriosamente o momento para publicar a Bula de modo a assegurar um mínimo de reação papal. Carlos IV fora coroado imperador em 1355 e, com essa coroação, o papa perdera o seu principal instrumento de pressão. Além disso, a Bula não inova na estrutura do reino, mas aceita o costume já existente e, em particular, a política dos eleitores, conforme declarado em Rense. Somente a aceitação realista da política dos eleitores por parte do imperador era nova, incluindo o reconhecimento da soberania prática dos príncipes eleitorais, e a transformação do reino numa federação oligárquica dos príncipes com uma liderança eleita. A Bula foi um compromisso entre o imperador e os príncipes, reconhecendo o particularismo dos estados territoriais que cresceram durante o interregno do século XIII. E, finalmente, não se deve ignorar o sentimento nacional que se expressa na nova política. A declaração de Rense teve conotações fortes de autoafirmação nacional contra as influências papais e francesas nos assuntos alemães, e estes sentimentos podem ser sentidos ainda mais claramente nos rascunhos de cartas de eleitores ao papa em Rense.[10] A Bula de Ouro exprime o aumento do sentimento nacional alemão, da mesma maneira que a reação contra Bonifácio VIII e o início da Guerra dos Cem Anos contra a Inglaterra exprime a crescente força do sentimento nacional francês.

d. O colégio eleitoral – O problema da maioria

Embora as disposições da Bula sistematizassem, no todo, o costume existente, conferem-lhe uma nova precisão e bloqueiam sua evolução. O rei tem de ser eleito em Frankfurt por sete eleitores. Quando todos os sete, ou a maior parte

---

[10] Ver *Entwuerfe*, reimpresso em Krammer, *Quellen zur Geschichte*, p 92 e ss. Ver, particularmente, o segundo *Entwurf* onde o papa é solicitado a aceitar Luís da Baviera em consideração à devoção "quam gens Germanica et ejus principes ad sanctam Romanan ecclesiam hactenus habuerunt" (que a nação alemã e seus príncipes tiveram até este ponto diante da Santa Igreja Romana). O *hactenus* contém ainda uma sugestão fraca que a devoção pode não ser tão fervorosa no futuro, se o papa insistir em irritar a *gens Germanica* e seus príncipes.

deles, votaram num candidato, a eleição tinha de ser celebrada como feita sem discordância (II.4). Se três deles votassem num quarto membro do colégio eleitoral, o voto do candidato tinha de ser contado como o quarto, completando assim a maioria (II.5). Esta monopolização da eleição nas mãos de três príncipes eclesiásticos e quatro príncipes seculares é a última fase de uma longa história sobre a qual temos de remeter o leitor para as monografias especializadas. De especial interesse para a história das ideias são os problemas de representação e de voto majoritário contidos nestas disposições. A maioria de quatro, que a Bula refere como suficiente para uma eleição válida, não é uma maioria no sentido moderno. A maioria dos quatro tem o caráter de um quórum: são necessários quatro votos eleitorais para eleger o rei; se os outros três estivessem ausentes ou votassem noutro candidato, a eleição não seria majoritária uma vez que se distinguia de uma eleição unânime, mas teria que ser considerada uma eleição "em concórdia".[11] O quórum de quatro é o requisito inicial para uma eleição válida, que agora está prestes a ser transformada numa maioria por meio da coincidência de o colégio de eleitores acabar por ter sete membros. A fórmula *concorditer* marca a transição da concepção anterior. Aqui temos um dos raros casos da história das ideias políticas em que a evolução do voto de maioria pode ser rastreado claramente até suas origens em uma fase anterior do voto representativo.

A fórmula da Bula é o último vestígio de um desenvolvimento que começou com o procedimento para a criação do rei alemão nos séculos X e XI. No processo anterior não se pode discernir claramente um ato eleitoral, mas tem-se de falar de uma "elevação" ao trono, um processo complicado, estendendo-se, por vezes, durante anos. A "escolha" de um candidato apropriado entre vários outros possíveis é um primeiro passo neste processo: depois seguem-se "negociações" com

---

[11] "Talis electio perinde haberi et reputari debebit, ac si foret ab ipsis omnibus nemine discrepante concorditer celebrata" (Tal eleição terá de ser realizada e refletida como se fosse celebrada harmoniosamente por todas essas pessoas sem nenhuma discordância; II.4).

o candidato escolhido; depois vem a "eleição" propriamente dita, o acordo dos nobres para a eleição do candidato; a seguir, sua "nomeação", seguida pelo "elogio", o acordo expresso dos homens menores, e a "aclamação" do povo; e, depois, a "entronização" e a "coroação", ainda interrompida por atos de louvor e aclamação; a conquista do consentimento das tribos que primeiro resistiram; a tomada de posse das insígnias; e entrada em funções contra dissidentes possíveis.

Este processo complicado e extenso em que se atinge o consenso real do reino para com o rei foi bastante reduzido por volta do século XIII. As regras eleitorais do *Sachsenspiegel* (ca. 1230) são, talvez, a melhor ilustração desta fase de transição. A eleição tornou-se agora o centro jurídico do procedimento. O número de eleitores principais é fixado em seis.[12] Após os seis principais eleitores votarem, participam da eleição todos os príncipes do reino, eclesiásticos e seculares. Os seis principais eleitores são intimados a não votar de forma arbitrária, mas no candidato escolhido previamente pelos príncipes. Obviamente, uma "escolha" que precede a eleição regular. O voto é um ato formal que sanciona um acordo substancial a ser alcançado antes do início da votação. Os seis principais eleitores devem votar primeiro no candidato escolhido, em virtude de seu prestígio social e autoridade; e os outros seguem o exemplo no voto eleitoral.[13]

A restrição adicional da votação aos príncipes eleitorais ocorreu no século XIII, quando o interesse nas eleições imperiais caiu tão baixo que em 1273 só a pressão do papa conseguiu persuadir os príncipes a avançar para a eleição. A eleição por um quórum de quatro, que se observa desde 1198, é um ato formal com a implicação de que o candidato representa o consenso substancial do reino. Na Bula de Ouro, a representação do consenso é, finalmente, reduzida à ficção da concórdia. A produção inicial do consenso através do extenso processo

---

[12] Eike von Repgow exclui o rei da Boêmia porque ele não é um príncipe alemão (*Sachsenspiegel* III.57); texto de Karl Zeumer, *Quellensammlung zur Geschichte der Deutschen Reichverfassung*. 2. ed. Tübingen, 1913, vol. 1, p. 64.

[13] O disposto em *Sachsenspiegel* III,57.

de "elevação", e o papel de liderança de determinados votos em virtude do prestígio social e da autoridade dos votantes, é agora penetrada por rigorosas formas processuais, que se aproximam da maioria de um colégio eleitoral. O caráter representativo do ato não é reconfirmado em cada eleição através da prática do voto de liderança e votos seguintes; o prestígio historicamente sedimentado dos sete votos eleitorais fica formalizado na instituição do Colégio Eleitoral.

e. A oligarquia dos príncipes

A eleição do rei-imperador, sem intervenção pontifícia, é o problema central da Bula. Em torno deste centro, no entanto, agrupa-se uma série de disposições que, no seu conjunto, pode chamar-se de constituição do reino. A eliminação da aprovação papal deixou o rei sozinho para lidar com os eleitores; daí que o *status* dos eleitores no reino e da sua relação com o rei teve de ser encomendada. A frente comum do rei e seus eleitores contra qualquer tentativa do papado para retomar suas prerrogativas anteriores foi habilmente garantida pela disposição de que o *rex Romanorum* tinha de confirmar imediatamente após a sua eleição os privilégios dos eleitores, a fim de ser capaz de desempenhar as funções imperiais com efeito legal. Qualquer inclinação dos eleitores para favorecer reivindicações papais contra o rei eleito seria contrariada pela consideração de que qualquer dúvida lançada sobre o estatuto jurídico do rei recairia como dúvida sobre os privilégios dos eleitores (II.4). O Colégio Eleitoral foi definido e fechado através da enumeração dos príncipes do Palatinado, Boêmia, Saxônia e Brandemburgo como detentores da dignidade eleitoral juntamente com os príncipes eclesiásticos de Mainz, Colônia e Trier (VII.1). Quanto aos quatro príncipes seculares enumerados, a Bula prevê a sucessão por primogenitura, evitando que qualquer partição de territórios entre os vários herdeiros leve eventualmente a reivindicações conflitantes quanto à dignidade eleitoral (VII.1). Os eleitores, como um grupo, têm precedência em eventos públicos, perante todos os outros príncipes do reino (VI). A precedência foi regulada cuidadosamente para evitar dissensões sobre este ponto (III e IV). Uma vaga no império até então tinha sido a ocasião para o papa reivindicar o vicariato até a eleição de um novo rei. Esta possibilidade foi agora eliminada, nomeando os eleitores do Palatino e Saxônia como provedores do reino em caso de vacância (V). Um dos desenvolvimentos mais interessantes foi a provisão para reuniões anuais dos eleitores como um conselho para deliberar com o imperador e para aconselhá-lo sobre os assuntos do reino. O colégio de eleitores tornou-se um "gabinete" imperial (XII).[14]

Apenas os eleitores são tratados pela Bula como uma *communitas*; os demais estados do reino têm estatutos singulares em relação ao rei; não existe qualquer desenvolvimento que leve à formação de comunas no sentido inglês. Esta regra do estatuto singular só tem exceção com as ligas de paz (*Landfriedensbüende*). Caracteristicamente, são tratadas no capítulo sobre "Conspirações" (XV). As ligas de paz eram federações regionais entre príncipes e cidades para a manutenção da paz pública no território. As ligas são autorizadas pelo imperador, conforme o seu critério. Todas as outras associações são estigmatizadas como "conspirações" e proibidas; o caráter conspiratório é especificamente assinalado para associações ilícitas nas cidades e para ligas de cidades. Estas disposições visam às crescentes ligas de cidades que prejudicavam o controle total dos príncipes sobre seus territórios e assuntos. Um capítulo proíbe ainda, em particular, o costume das cidades de ampliar seus privilégios a não residentes (*pfalburgerii*), retirando-os, assim, do seu estatuto de súditos dos príncipe (XVI). As disposições sobre "conspirações" tendem a preservar a estrutura do reino como um agregado de principados territoriais.

f. Leopoldo de Babemberg

Os problemas regulamentados pela Bula de Ouro foram objeto de uma literatura jurídica. O alcance teórico desta literatura

---

[14] Essa função, contudo, não se desenvolveu na prática.

não é notável,[15] mas temos de debater o tratado mais importante desta classe porque transmite um pouco da nova atmosfera em que os problemas deste tipo passaram a se mover. O tratado é *De juribus regni et imperii Romani* de Leopoldo de Babemberg.[16] Leopoldo era um canonista, e mais tarde bispo de Bamberg, um eclesiástico que ao mesmo tempo estava profundamente comovido com as desgraças políticas da nação. O seu tratado é dedicado ao arcebispo Balduíno de Trier, o principal estadista entre os eleitores eclesiásticos alemães. No capítulo final, ele confessa que foi levado a escrever o tratado pelo seu "zelo fervoroso pela pátria alemã", *patria Germania* (cap. XIX). Os capítulos iniciais (I-IV) revelam a sua atitude política: o *sacrum imperium* com o papa e o imperador já não é a realidade política absorvente; em vez disso, é o *regnum* dos francos, "livre", que existia antes de haver um *imperium*. Este *regnum* está centrado no território alemão; os francos que se estabeleceram na Gália são apenas um ramo do povo principal. Os francos são descendentes de um grupo fugitivo de troianos, de modo que, tendo em vista a origem e a antiguidade, o *regnum* alemão é de igual dignidade ao romano. Após a *translatio imperii* dos gregos para os francos pela vontade do povo romano através da ação do papa, o principal problema político não é a relação do imperador com o papa dentro do império, mas a relação do *regnum* alemão preexistente com o *imperium*. Resolvidas estas questões históricas, Leopoldo prossegue para a exposição da sua teoria jurídica em cinco artigos.[17]

De acordo com o artigo I, o rei-imperador, se eleito por unanimidade, pode assumir o título de rei e seguir a administrar os assuntos imperiais na Itália e nas outras províncias dependentes do império. A afirmação é baseada em princípios

---

[15] Uma pesquisa desta literatura (Jordan of Osnabruek, Alexandre of Roos, Engelbert of Admont, Lupold of Babenberg, Konrad of Megenberg) encontra-se em Dempf, *Sacrum Imperium*, III.3, "Die Konservativen", p. 494-503.

[16] Lupoldus de Babenberg, *De juribus regni et imperii Romani*, ca. 1340; texto editado por Simon Schardius, *De jurisdictione, autoritate, et praeminentia imperiali, ac potestate ecclesiastica*. Basileia, 1566. Ver também R. Most, "Der Reichsgedanke des Lupolds von Bebenburg". *Deutsche Archiv* 4, 1941, p. 444-55.

[17] Os cinco artigos são estabelecidos em cinco capítulos, V-IX. Os capítulos X-XIII apresentam e refutam as objeções aos cinco artigos.

legais aceitos: Carlos Magno recebeu o reino desde a Aquitânia à Baviera legitimamente por sucessão; as outras partes do reino foram adquiridas por guerras justas, uma forma legítima de aquisição de acordo com o *jus gentium*; quando a linha carolíngia se extinguiu, os príncipes alemães elegeram legitimamente um sucessor, pois um povo sem rei tem o direito, pelo *jus gentium*, de eleger um; e assim por diante. O detalhe do argumento é menos importante do que a tendência a fundar a estrutura política alemã em normas gerais de base política e restringir, tanto quanto possível, a participação da dignidade imperial mundial do rei na sua estrutura.

De acordo com o artigo II, o rei tem os mesmos direitos, mesmo que a eleição não seja unânime, mas apenas por maioria, se ela estiver em *discordia*. O argumento está bem próximo da concepção da Bula de Ouro. A *discordia* é apenas aparente, e não real, porque os eleitores não votam individualmente, mas como integrantes de um *collegium* ou *universitas*; o voto de maioria produz *concordia* no caso de uma *universitas*. Há que se assumir que os eleitores são um *collegium* e não sete príncipes isolados porque senão todos os príncipes terão que participar da eleição. A posição privilegiada dos eleitores só faz sentido se eles forem considerados uma comissão representativa dos príncipes, e, finalmente, do povo. A concepção dos príncipes como os *repraesentantes populi*, e da eleição como um ato do povo alemão através de seus representantes, marca fortemente o argumento.

O artigo III apresenta um detalhe curioso. Leopoldo distingue entre a função administrativa do rei no império, que se estende a atos de direito feudal, e um poder reservado ao imperador de legitimar filhos ilegítimos, de reabilitar pessoas infames, e assim por diante. Estes direitos, originalmente reservados ao *imperator*, são agora reivindicados para o *rex Romanorum* antes da aprovação e coroação. Os direitos em questão não são emocionantes, mas o argumento usado em seu apoio é bastante esclarecedor da tendência nacional na política alemã. Pois Leopoldo refere-se ao "costume geral dos reinos ocidentais" de atribuir esses direitos aos seus reis, embora eles não sejam imperadores. Os outros reis têm a posição de um *imperator in regno suo*, e o *rex Romanorum* também deveria ter essa posição. O artigo IV afirma que o rei eleito não tem qualquer obrigação de pedir a aprovação papal ou de a receber. E o artigo V, finalmente, explica que o juramento do imperador ao papa não é um juramento feudal, mas um juramento com fidelidade para defender o papa e a Igreja.

Leopoldo está obviamente empenhado em desembaraçar as duas esferas a que chamamos *imperium* estatal e *imperium* mundial. Só neste último é que a aprovação papal tem significado; pois no primeiro, para o qual Leopoldo escolhe o termo *regnum*, os princípios do *jus gentium* têm de ser aceitos. Podemos dizer que ele tenta separar legalmente o *regnum* alemão do império da mesma maneira que a França e a Inglaterra estavam a encontrar a sua independência nacional. Ainda assim, ele não chega ao extremo da *Licet juris* de declarar irrelevantes a aprovação papal e a coroação. O *imperium* mundial, implicando a proteção da igreja, ainda é claramente distinto e só pode ser adquirido através de atos papais. As ideias de Leopoldo estão muito perto dos regulamentos da Bula de Ouro, e é bem possível que tenham realmente influenciado a elaboração do instrumento. Mas essa influência teria tocado bastante o lado técnico da Bula. A atitude política de Leopoldo não favorece distintamente uma construção oligárquica do império; ao longo do seu trabalho corre a ideia de povo como a fonte do poder real imperial, enquanto a função dos eleitores só é admissível como uma representação do povo.

§ 3. As cidades-estado

a. A área das cidades-estado

O particularismo do império [alemão] através da ascensão de principados territoriais à independência virtual é o primeiro dos processos através da qual a estrutura política da região imperial se distinguiu da estrutura dos reinos nacionais ocidentais. De igual importância é o segundo processo, o surgimento das cidades-estado. As cidades cresceram em número e tamanho na Inglaterra e na França medievais, assim como na Alemanha e na Itália, mas apenas na região imperial se desenvolveram em unidades políticas autossuficientes, a tal ponto que se pode falar da cidade-estado como um tipo de política do mesmo nível de importância histórica que os reinos ocidentais nacionais e os principados territoriais alemães. As causas deste desenvolvimento são múltiplas, e variam consideravelmente em detalhe, conforme os exemplos específicos de centenas de cidades. No entanto, as poucas determinantes gerais são sugeridas pela propagação geográfica das cidades-estado. A área, ou como Toynbee chama, o cosmos das cidades-estado[18] estende-se da Toscana e da Itália superior, através da Suíça, sul da Alemanha, e o vale do Reno, para a Holanda e Flandres; a partir da região de Colônia ramifica-se para a Vestfália e o Báltico; e ao longo da costa do Báltico vai até à Estônia. Esta área abrange as grandes rotas comerciais da Idade Média; a partir do Oriente Médio através da Itália para as regiões ao norte dos Alpes, e de Novgorod (Lago Ilmen) para a Europa Ocidental. No cruzamento das duas vias, encontramos um aglomerado rico de cidades na Holanda e em Flandres. A posição nas rotas de comércio é a condição econômica para o surgimento de estabelecimentos que vivem do comércio e da indústria, em vez da agricultura. A área em questão pode, ainda, ser caracterizada politicamente como uma terra de ninguém entre os fortes poderes territoriais. As cidades italianas desenvolvidas no vácuo de poder relativo entre o papado, Bizâncio, o mundo islâmico, e o Império Transalpino; a faixa de terra entre a Suíça e a Holanda é a região entre a França e os maiores principados alemães; e as cidades da Liga Hanseática se dispersam no ângulo entre os principados alemães do norte e os reinos escandinavos e eslavos. A localização em áreas de equilíbrio entre poderes é a condição política para a evolução de cidades-estado como poderes menores. E, finalmente, tem de ser levada em conta a estrutura histórica da

---

[18] Sobre o cosmos das cidades-estado, ver Toynbee, *A Study of History*, vol. 3, 1934, p. 341 ss.

área. Não é por acaso que a região do norte da Itália e Flandres se situa entre grandes potências; esta região é idêntica à área do reino lotaríngio, conforme estabelecido em 843 no Tratado de Verdun. A região permaneceu uma zona intermediária durante mil anos. Somente no século XIX, grandes partes suas foram incorporadas nos estados nacionais italiano e alemão, enquanto Suíça, Bélgica e Holanda mantiveram o estatuto de potências menores entre Itália, França, Alemanha e Inglaterra como a equilibrar as grandes potências, e a Alsácia-Lorena se deslocou entre a França e a Alemanha.[19] A costa do Báltico é terra colonial que foi integrada apenas gradualmente nas órbitas dos poderes crescentes a sul, norte e leste. O processo de absorção durou até que as últimas cidades-estado alemãs perdessem o último vestígio de independência, com a incorporação de Hamburgo, Lübeck e Bremen nos territórios vizinhos durante o regime nacional-socialista.

b. As cidades e o mundo feudal

A propagação das cidades-estado só determina diretamente a estrutura política da região imperial; mas a magnitude do fenômeno – o vasto e forte arco inserido na Europa desde o Mediterrâneo até ao Mar Báltico a dividir o continente em duas metades – levantou um problema sério em relação à futura organização política do mundo ocidental. Até ao surgimento das cidades, a principal forma política da Idade Média tinha sido a organização feudal de grandes territórios com base numa economia agrícola. Com as cidades, surgiu uma organização política baseada no comércio e na indústria e na intensificação da vida intelectual e espiritual das comunidades densamente povoadas. Em vez de uma população agrária dispersa, integrada politicamente em unidades maiores através da sujeição aos senhores locais, por sua vez vinculados por relações feudais a um rei comum, encontramos agora um sistema de relações diretas

---

[19] Sobre a interpretação do Império Napoleônico como a organização do cosmos da cidade-estado no território lotaríngio, ver Toynbee, *A Study of History*, vol. 5, 1939, p. 619 ss.

entre os cidadãos e as autoridades governamentais das cidades. Comunas, evocadas por *conjurationes* como atos fundadores, uma comunidade de vida entre magistrados e povo, numa pequena área, sob mútua observação crítica, tendendo para a soberania virtual: esta é a substância do novo tipo. A cidade, entendida neste sentido, obviamente, foi mais do que apenas uma outra forma de governo. Foi um novo modo de vida que determinou um tipo de homem político que difere radicalmente dos senhores e dos súditos da ordem feudal, ou seja, o nobre, o eclesiástico e o camponês. A cidade não era, ademais, uma mera adição ao mundo feudal, mas sim o representante de uma nova fase da civilização ocidental. A dinâmica histórica estava do lado dos serviços econômicos, da racionalidade dos negócios e da política, das amenidades de luxo, da vivacidade intelectual superior, do avanço da alfabetização, das artes e das ciências, e da religiosidade ativa das cidades. É este estilo civilizacional das cidades que entra em rivalidade com o estilo dos estados mais antigos e que acabou por dominar a nossa civilização. O caráter das cidades como modelos para os futuros séculos de civilização ocidental confere à cidade-estado grande importância no cenário europeu mais vasto. Nas cidades do grande arco, as potencialidades políticas do novo estilo de vida puderam desenvolver-se de uma maneira que era impossível às cidades da França e da Inglaterra, que se foram integrando na estrutura do reino. Especialmente nas cidades-estado italianas, as formas e técnicas de governo foram desenvolvidas entre os séculos XIII e XV, e só na França de Luís XI e na Inglaterra de Henrique VII se transferiram para os reinos transalpinos. As cidades-estado produziram em pequena escala os problemas da oligarquia, democracia, regência absoluta, revoltas proletárias, e vida partidária que aí se repetem com um atraso de cerca de dois ou três séculos em relação às cidades do reino.

 O impulso histórico das cidades, seu papel de liderança na evolução das formas políticas pós-feudais, foi a fonte da grande alternativa que enfrentou a organização política europeia nos séculos que aqui estudamos. Seriam as unidades urbanas civilizacionalmente superiores capazes de tomar a iniciativa política, conquistar os territórios feudais e submetê-los à sua própria regra? Ou seriam os reinos feudais capazes de adaptar se às formas políticas desenvolvidas pelos municípios para a organização dos reinos, e integrar o novo setor social no reino como um terceiro estado? Os reinos terminaram vitoriosos, mas, nos últimos séculos da Idade Média, a alternativa teve de ser decidida por uma luta intensa. Os detalhes desta longa luta em que a questão foi resolvida pertencem à história política, mas o campo infinitamente variado e complicado de pormenores históricos mostra, pelo menos, algumas linhas dominantes de evolução e produz tipos dominantes de instituições que temos de elencar.

c. Rotas de comércio e abastecimento

Em primeiro lugar, temos de considerar os fatores que obrigaram as cidades a transcender os limites dos seus territórios e tornarem-se centros de organização das áreas vizinhas. A existência de uma cidade é precária porque uma comunidade industrial e comercial não é uma unidade política autossuficiente. Para a sua existência econômica, a cidade depende de mercados e matérias-primas, e para a sobrevivência depende do fornecimento de alimentos pelos campos circundantes; simbiose estável com o campo e segurança das rotas de comércio são as condições de existência. As soluções racionais destes problemas são as seguintes: (1) domínio político de um território suficiente para abastecer a cidade; e (2) a criação de forças ao ponto de a cidade ser uma potência militar capaz de garantir a segurança de suas rotas comerciais. Na sua forma mais pura e mais bem-sucedida esta solução foi perseguida na Itália. O caso de Veneza é talvez o mais ilustrativo, pois mostra o entrosamento destes dois problemas: fornecimento de alimentos e rotas comerciais. Desde meados do século XIII, Veneza estava envolvida em guerras intermitentes com Gênova pelo controle do Mar Negro e o comércio do Levante. Em meados do século XIV, sofreu a grave derrota de Sapienza (1354), que lhe custou a frota, e na subsequente Guerra de Chioggia (1378-1381) os genoveses foram capazes de bloquear Veneza.

O contrabloqueio veneziano de Chioggia finalmente obrigou a frota genovesa a render-se, e quebrou decisivamente o poder genovês. A Guerra de Chioggia tinha revelado a vulnerabilidade resultante do insuficiente controle da oferta de alimentos pelo continente e a primeira metade do século XV testemunhou uma política determinada de expansão para o interior que resultou na aquisição de Pádua, Bassano, Vicenza, Verona, Brescia, Bérgamo e Cremona. A conquista do continente era necessária para manter a posição de poder que sozinha pudesse proteger o Império Marítimo. O continente, além de assegurar o fornecimento de alimentos, servia diretamente para a proteção adicional das rotas comerciais: o aumento do comércio após a derrota de Gênova tornou imperativa a posse segura das passagens de montanha para o comércio transalpino. Finalmente, a expansão veneziana ilustra o processo em que as cidades mais fracas foram reduzidas e incorporadas nos territórios das grandes cidades-estado. Em 1300, a Itália a norte dos Estados Pontifícios tinha cerca de setenta a oitenta cidades-estado; no tempo de Maquiavel, a mesma área estava organizada em oito principados.

d. A Quarta Cruzada – Distribuição de poder no Mediterrâneo oriental

No continente italiano, as cidades-estado tiveram de expandir-se à custa de cidades rivais. Na área do Mediterrâneo, no entanto, estavam em concorrência com poderes feudais. O caso tem importância geral, pois mostra as possibilidades bem como as limitações do crescimento das cidades-estado. As conquistas do Mediterrâneo são o único exemplo de uma submissão de territórios feudais. Aqui, nos postos avançados das conquistas dos cruzados ocidentais, o poder naval das cidades-estado italianas foi mais forte que as dependências feudais francesas. Quando as cidades-estado entraram em conflito com as principais potências na própria Europa, os reinos foram mais fortes do que as cidades. Mais uma vez, o caso de Veneza ilustra bem esta tendência. A expansão de Veneza no Mediterrâneo para além do Adriático foi estabelecida através da Quarta Cruzada (1202-1204).[20] Esta Cruzada mostrou pela primeira vez em pleno vigor as técnicas não feudais do racionalismo político, militar e financeiro. A concepção original de um ataque contra o Egito necessitava do auxílio da marinha veneziana para o transporte de tropas. Os venezianos estavam prontos a investir a sua marinha na empresa mediante a promessa de uma soma considerável de dinheiro e metade do saque. No decorrer das negociações, o objetivo da Cruzada foi desviado do Egito para Constantinopla, uma decisão em que os venezianos provavelmente tiveram alguma influência. Como o prêmio não poderia ser pago em dinheiro, os cruzados, a pedido dos venezianos, como uma preliminar para a Cruzada, consentiram em conquistar e destruir a cidade cristã de Zara. O papa estava furioso e excomungou os venezianos, mas não conseguiu evitar o posterior ataque a Constantinopla, e a conquista da cidade em 1204. Após a conquista seguiu-se a divisão do espólio. Uma comissão de seis franceses e seis venezianos elegeu o conde de Flandres como imperador, enquanto o patriarcado foi para o cardeal veneziano Morosini. O imperador recebeu um quarto da conquista; os outros três quartos foram divididos igualmente entre franceses e venezianos. O domínio francês estendeu-se a Tessalônica, Atenas e Acaia; os venezianos tomaram as ilhas do Egeu, Creta, Eubeia, e os portos de Coron e Modon na Moreia. Por força da sua marinha e da sua riqueza, a cidade-estado tinha alcançado a igualdade de poder com os príncipes franceses no Mediterrâneo. Esta igualdade de poder, no entanto, não durou muito tempo. No século XIV, começou o declínio das cidades-estado para a esfera feudal. Guy de Lusignan teve que conceder a Gênova em 1372 o monopólio do comércio de Famagusta. Em 1466 os venezianos assumiram o protetorado do Chipre, e em 1489 a ilha tornou-se uma colônia de Veneza, até cair para os turcos em 1517. No continente grego, podemos observar o aumento dos Acciaiuoli. Niccolò Acciaiuoli, um mercador florentino, tornou-se o gerente de negócios de Catarina de Valois, a imperatriz titular de Constantinopla, em

---

[20] Sobre estas questões, ver Charles Diehl, "The Fourth Crusade and the Latin Empire". *CMH*, vol. 4, 1923, cap. 14.

Nápoles. Nos anos de 1330, obteve através de suas negociações para ela e seu filho o principado de Acaia e foi recompensado com propriedades consideráveis no ducado. Em 1358 tornou-se governador hereditário de Corinto. Na geração seguinte, os Acciajuoli adquiriram o ducado de Atenas através da conquista à empresa catalã. O domínio florentino só terminou com o avanço dos turcos para Atenas em 1456, e para Tebas, em 1460.

e. A organização das conquistas venezianas

A expansão das cidades-estado revela sua força; a ordem constitucional das conquistas revela suas limitações.[21] As cidades citadinas não se expandiram com o território; as populações recém-adquiridas não foram integradas à vida política da cidade. No caso de Veneza, a ordem constitucional do Império Marítimo era uma mistura de administração central e descentralização feudal; a ordem do continente, uma mistura de administração central e local, de autogoverno. Creta foi parcelada em feudos de cavaleiros para nobres e feudos de sargentos para burgueses. A ilha foi dividida em seis distritos, correspondentes aos *sestieri* de Veneza. O estabelecimento de feudos nos distritos foi incentivado por colonos dos *sestieri*, a fim de transplantar para a ilha o espírito de competição cívica. O governador, com o título de duque, era nomeado por Veneza e permanecia na presidência durante um ano; tal como o doge, tinha dois conselheiros pessoais. Os colonos foram representados em dois Conselhos, Maior e Menor. A população nativa podia participar na ordem através da insurreição como logo sucedeu no ano da sua imposição. Nas ilhas menores foram criados feudos para os nobres venezianos, que nem sempre preservaram a lealdade a Veneza. Esta aquisição aventureira de riqueza e poder no Mar Egeu através das famílias foi um fator importante na *serrata* [insurreição] de 1297, no encerramento do Grande Conselho, e no estabelecimento de uma oligarquia hereditária.

---

[21] Sobre esta seção, ver William Miller, "Greece and the Aegean under Frank and Venetian Domination (1204-1571)". *CMH*, vol. 4, 1923, cap. 15.

No continente, as instituições das cidades conquistadas ficaram intactas. Apenas o *podestà* ou *rettore* era um magistrado veneziano. Os três tipos de administração mostram os meios de ordem política à disposição de uma cidade-estado: (1) extensão da administração central com a colonização por feudos; (2) administração central, com autogoverno local; e (3) administração feudal com repercussão na reconstrução oligárquica da constituição metropolitana. Nenhuma destas formas presta-se à articulação política de um povo, na forma do reino nacional.

f. Borgonha

Uma dinâmica organizacional oposta à veneziana é a que se pode discernir na integração do conjunto de cidades dos Países Baixos no reino de Borgonha.[22] No caso de Veneza, a cidade-estado é o centro politicamente ativo que integra territórios por meio do aparelho preexistente, constitucional e administrativo. No caso da Borgonha, um senhor feudal integra no seu reino uma série de feudos, unidos na sua pessoa, mas de outra forma incoerentes, ao sobrepor uma constituição central e administração aos seus domínios pessoais preexistentes. A concentração começou quando Filipe II, filho do rei João II de França, se tornou duque de Borgonha em 1363 e se casou com a herdeira de Flandres e Artois. Através de compras, legados e cessões, o seu neto Filipe, o Bom, adquiriu a Holanda, Zelândia, Brabante, Limburgo, Luxemburgo, Hainault, Namur, Antuérpia e Mechelen. Seu sucessor, Carlos, o Temerário (1467-1477), acrescentou Gueldres e Liege. Para o governo deste agregado de domínios pessoais, Filipe, o Bom, e Carlos, o Temerário, criaram instituições centrais que transformaram as províncias em um reino. O Grande Conselho do Duque, sob a presidência do chanceler da Borgonha, composto por representantes de todas as províncias, ocupava-se dos assuntos de interesse comum. Uma câmara judicial deste Grande

---

[22] Sobre a Borgonha, ver Henri Pirenne, "The Low Countries". *CMH*, vol. 8, 1936, cap. 10.

Conselho foi organizacionalmente separada em 1473 como o Parlamento de Malines e tornou-se um tribunal de apelo para todos os domínios do duque. A administração financeira do reino foi organizada em três *Chambres des Comptes* [Câmaras de Contas] em Lille, Bruxelas e Haia. Um exército permanente, recrutado em todos os domínios, foi organizado nas *Compagnies d'Ordonnance*. Em 1463, pela primeira vez os Estados Gerais do Reino foram convocados para uma sessão, composta por representantes das comunidades locais. Este congresso federal das comunidades locais serviu para a racionalização do sistema financeiro ao consentir no levantamento de impostos nas províncias. A criação, em 1430, da Ordem do Tosão de Ouro, finalmente, mostra a tentativa do duque para formar uma nobreza do reino, diferente da nobreza dos domínios individuais. Uma área medieval feudal foi transformada em uma monarquia com uma administração racional central, mas temperada pelo reconhecimento das instituições locais e por um congresso federal das comunidades. O fator que permitiu a Borgonha conseguir o que Veneza não poderia sequer tentar era a posição do senhor feudal, que estava acima dos vários domínios de que tinha o título. A organização não procedeu de um membro do grupo de unidades políticas, mas sim do senhor comum, equidistante a todas. Nas cidades-estado italianas reencontramos as dificuldades observadas na criação do império de Atenas, assim como, em grande escala, na construção do Império Romano. As cidades parecem ter sido incapazes de ampliar as suas instituições ao nível da representação do reino. Com a exceção de Veneza, o fim das dificuldades na Itália foi provocado pela evolução da *signoria* na cidade, que evoluiu para a posição do príncipe hereditário absoluto de territórios maiores, como Toscana, Ferrara, Milão, e assim por diante.

g. A Liga Hanseática

De acordo com as condições específicas da região do Báltico, a Liga Hanseática foi desenvolvida como uma organização de cidades para a proteção do comércio.[23] Não se tratava de conquistar e organizar um território; a associação serviu para a proteção mútua, a aquisição e exploração monopolista de privilégios comerciais. A Liga Hanseática tem interesse para nós precisamente porque *não* procurou organizar um território nem um povo, mas o seu considerável poder político, e mesmo a força militar, serviu exclusivamente a um interesse econômico bem definido; nesta concepção política, não intervém qualquer ideia de uma *societas perfecta*. Temos de compreender bem o caráter fragmentário e unilateral desta política, e o desperdício de esforço quanto à fundação de um sistema de governo. Uma grande e importante parte da sociedade alemã ocupou séculos de iniciativa política na construção de instituições que foram um bom negócio para a prosperidade das cidades, mas que tiveram pouca ou nenhuma consequência na articulação política da nação alemã. O florescimento da Liga Hanseática foi impressionante, mas quando passou o tempo dos seus objetivos limitados, nem sequer terminou; foi-se esgotando aos poucos, e as cidades individuais permaneceram integradas em principados territoriais. Segundo os critérios de desenvolvimento institucional oferecido pelos reinos ocidentais nacionais, teríamos de dizer que o particularismo alemão, fixado no século XIV, foi um obstáculo para a organização política que tinha de ser superada por convulsões graves; o florescimento da Liga Hanseática no mesmo período foi um impasse político. Nas condições das áreas coloniais recentemente adquiridas, talvez a Liga Hanseática fosse uma forma adequada e inevitável de proteção política. Mas no que toca ao desenvolvimento nacional pós-colonial, foi um dos fatores que ditou a ausência, em séculos posteriores, de instituições nacionais com impulso histórico suficiente. Apesar de a liga ser extensa, não criou padrões nacionais de conduta política que transcendessem a órbita das cidades individuais. É preciso insistir muito neste ponto, a fim de neutralizar as interpretações arbitrárias e puramente imaginativas do problema

---

[23] A respeito da Liga Hanseática, ver A. Weiner, "The Hansa". *CMH*, vol. 7, 1932, cap. 8.

alemão do século XIX. As interpretações que operam com um suposto "caráter nacional" da Alemanha assim como as operações correspondentes com "caráter nacional" inglês, são atalhos que ignoram a importância de crescimento institucional de longo alcance para a determinação dos padrões políticos. As dificuldades alemãs mais recentes são determinadas pelos eventos dos séculos XIII e XIV, isto é, (1) pela destruição da obra de integração régia provocada pelos interregnos; (2) pelo obstáculo à articulação política em escala nacional criado pelo crescimento de principados territoriais, na esteira dos interregnos; (3) pelo desperdício de forças na colonização do leste que, de outra forma, poderiam ter ido para o edifício da ordem interna do reino; (4) pelo desvio das energias políticas das cidades para as ligas efêmeras.

Os objetivos limitados da Liga Hanseática foram a causa da sua negligência organizacional. Uma investigação cuidadosa revelou que, ao longo do tempo, a liga chegou a ter 160 cidades associadas, mas é impossível determinar para um dado momento quantos membros realmente teve e quais eram. A liga não teve um começo nem um final evidentes em 1350 e 1450 e a sua maior força numérica provavelmente foi atingida após 1450, numa altura em que o declínio já começara. Na evolução da liga, é possível distinguir duas fases. Significativamente, não começou como uma liga de cidades, mas como uma associação de comerciantes alemães em postos de comércio no exterior. Em meados do século XII, encontramos comerciantes alemães a adquirir poderes de autoadministração em Gotland e a receber proteção coletiva em Londres. Antes de 1200 foi organizada a feitoria de Novgorod, com subdivisões em Pskov, Polotsk, Vitebsk e Smolensk; em meados do século XIII, Wisby, Novgorod, Londres, Bruges, e Bergen haviam se tornado os principais centros associativos. A arma política muito eficaz à disposição destas associações era o boicote comercial. Não se pode determinar com exatidão quando surgiu a transição para uma liga de cidades. Habitualmente aponta-se o ano de 1241, com a aliança entre Hamburgo e Lübeck, como o início formal da Liga Hanseática. Mas a aliança de 1241 foi um acordo entre os *mercatores* das duas cidades, não entre as próprias *civitates*. As *civitates* só substituem os *mercatores* nos tratados a partir de meados do século XIV, por ocasião da guerra com Flandres. As subdivisões internas da liga tornaram-se visíveis no estatuto de 1347 para a feitoria de Bruges. O estatuto reconheceu três divisões, os chamados terços: as cidades de Wendos e Saxões sob a liderança de Lübeck; o grupo vestefálio-prussiano com Colônia; e as cidades de Gotland-Livland com Wisby. Os órgãos centrais da liga foram insuficientemente desenvolvidos. Desde meados do século XIV, há registros das sessões gerais de uma Dieta da Liga; a agenda deveria ser discutida com antecedência por dietas regionais; Lübeck teve a presidência e servia geralmente como o executivo da liga. O clímax da liga foi alcançado após a guerra com a Dinamarca. O Tratado de Stralsund, de 1370, deu à liga o controle das pescarias e alfândegas do estreito da Dinamarca, fortalezas na Escânia e a concessão de que nenhum rei da Dinamarca seria coroado se não fosse aceito pela liga e tivesse seus privilégios confirmados. O declínio da liga veio com a consolidação dos poderes territoriais no Báltico. Lituânia e Polônia uniram-se em 1386 e os países escandinavos entraram na União de Kalmar em 1397. O declínio da posição internacional foi seguido por uma desintegração interna porque a liga não conseguiu organizar o interior agrícola. Os principados territoriais podiam obrigar os rompimentos com a liga, quando começaram seriamente a afirmar jurisdição sobre os municípios pertencentes a seus territórios. Na segunda metade do século XV, a liga quebrou substancialmente com a retirada das cidades de Brandenburgo e Saxônia. Sua posição econômica predominante desapareceu, assim como a posição de Veneza, com a mudança das rotas de comércio principais para o Atlântico. Este final poderia ter sido evitado se, além da política comercial, a liga tivesse organizado o interior rural da Alemanha do sul como potência territorial sob seu controle e obtido acesso ao Atlântico através da incorporação dos Países Baixos. Um desenvolvimento deste tipo era militarmente possível, como mostra a respeitável demonstração de força na guerra com a Dinamarca.

h. As ligas alemãs do sudoeste

Que a Liga Hanseática tenha ganhado tanta força e sobrevivido tanto tempo, apesar de negligenciar a organização territorial, deve-se ao caráter colonial da região do Báltico e ao crescimento tardio de poderes territoriais que primeiro a reduziram e, finalmente, a dissolveram. No oeste e no sul da Alemanha, as ligas urbanas tiveram um breve ápice e tombaram abruptamente na luta com os príncipes. As ligas alemãs do sudoeste foram um produto do longo interregno do século XIII. Começando em 1247, encontramos ligas entre as cidades dos Rios Reno e Mosela e no século XIV começaram as ligas de cidades da Suábia e da Baviera para a proteção do comércio e das estradas e para a defesa contra invasões principescas. A crise veio depois de 1356 com a Bula de Ouro que proibia a expansão da jurisdição a não residentes e, assim, ilegalizou a organização territorial a partir das cidades. Nas décadas seguintes, cidades e príncipes começaram a preparar-se para solucionar o problema pela força. Nos anos de 1370 formaram-se as grandes ligas das cidades renanas e da Suábia e, em 1381, as duas ligas entraram numa aliança. Para contrariar este desenvolvimento, formou-se em 1383 a Liga dos Príncipes. Em 1386, as ligas das cidades estabeleceram uma aliança com as cidades suíças de Berna, Zurique, Zug e Soleure. Quando a guerra começou, a aliança das cidades não esperou. Os suíços, os primeiros a serem atacados, tiveram que lutar sozinhos em Sempach em 1386 e ficaram vitoriosos. Sem a ajuda da Suíça, a Liga da Suábia foi derrotada em 1386 e o Reno, em 1388. Em 1389, o imperador dissolveu as ligas e, nos séculos seguintes, as cidades foram absorvidas pelos territórios.

i. A Confederação Suíça

A Confederação Suíça foi a única liga do sudoeste da Alemanha bem-sucedida. A causa do sucesso foi a dinâmica política singular da região suíça. No caso de Veneza, a cidade teve a iniciativa política na organização de um território; no caso da Borgonha, o senhor feudal tomou a iniciativa de organizar as áreas da cidade em um reino; no caso suíço, nem cidade, nem senhor feudal, mas sim as comunas camponesas da área rural é que tiveram a iniciativa política. O núcleo da confederação consistiu nos cantões florestais de Uri, Schwyz e Unterwalden. Originalmente, os cantões eram partes do ducado da Suábia, mas, durante o interregno do século XIII, Uri e Schwyz conseguiram receber declarações de independência sob o império de Frederico II. O conflito com os poderes feudais começou quando Rodolfo de Habsburgo tentou restaurar para a sua casa a plena jurisdição do ducado da Suábia nos territórios suíços. As preocupações imperiais impediram, no entanto, de dedicar atenção suficiente aos argumentos dos cantões, e Adolfo de Nassau, seu sucessor, renovou para Schwyz e Uri o estatuto de inquilinos do império. Em 1309, Unterwalden recebeu de Henrique de Luxemburgo um estatuto semelhante. Esta combinação de comunas camponesas com um estatuto de inquilino foi o "território" que fez uma confederação com as cidades. Lucerna juntou-se em 1322, e Zurique em 1351. O tratado com Zurique tornou-se o modelo para as adesões posteriores à confederação, e manteve-se o modelo de concepção da federação suíça até 1848, quando a nova Constituição desse ano incorporou a experiência americana de governo federal no plano suíço. A aliança de 1351 proporcionava proteção mútua, autonomia local, jurisdição limitada da confederação, tribunais de arbitragem e uma dieta. Em 1353, Glarus, Zug e Berna juntaram-se, completando assim a federação dos oito "antigos" cantões. O rápido crescimento de um sentimento político confederado é mostrado pela Carta dos Padres de 1370, que já previa um juramento de fidelidade de todos os residentes do território unido à confederação, estabelecendo, assim, uma relação de lealdade direta entre a confederação e os indivíduos. Os pormenores da evolução posterior, que não foi fácil, é uma questão de história política. O que é relevante neste estudo é a solução do problema do interior das cidades. Os cantões da cidade não tinham que conquistar um território rural, mas podiam obter as vantagens de uma oferta de alimentos e da força militar da infantaria camponesa altamente eficaz através da federação. O perigo de perder a independência para os Habsburgos e Borgonha era suficientemente grande e durou o tempo suficiente para que a harmonia ocupasse a melhor parte da sabedoria, apesar das inevitáveis e muito fortes rivalidades entre a cidade e o campo. As proezas políticas e militares dos cantões florestais fizeram muito para compensar os seus sentimentos de inferioridade, causados pela menor experiência em certos assuntos e na condução da política externa das comunidades rurais, em comparação com as aristocracias das cidades. Uma coincidência singular e uma interação de fatores favoreceu esta solução federal do problema das cidades.

j. A estrutura interna das cidades

A estrutura interna das cidades é um assunto demasiado vasto para ser adequadamente tratado neste contexto. O leitor terá que consultar as monografias sobre o tema.[24] Vamos mencionar brevemente um ou dois problemas das cidades-estado italianas que antecipam, à escala da cidade, os problemas políticos do estado territorial. As cidades italianas têm mais interesse a este respeito que as alemãs porque apresentam uma rica estratificação social que se assemelha aos reinos do período em que evoluíram as constituições nacionais. O núcleo da sociedade da cidade é o *popolo grasso* e o *popolo minuto*: o estrato superior de comerciantes, banqueiros, industriais e empresários, e o estrato inferior dos artesãos. Além deste núcleo, que também é típico das cidades alemãs, a estrutura italiana

---

[24] Ver a excelente pesquisa dos problemas em M. V. Clarke, *The Medieval City-State: An Essay on Tyranny and Federation in the Later Middle Ages*. Londres, 1926; reedição: Oxford, Oxford University Press, 1964, com um guia para a bibliografia imensa até essa data. Estudos posteriores, úteis como guias para a literatura, são, sobre a Itália: Romolo Craggese, "Italy, 1313-1414". *CMH*, vol. 7, 1932, cap. 2, e Cecilia Mary Ady, "Florence and North Italy, 1414-1492". *CMH*, vol. 8, 1936, cap. 6. Estudos mais recentes incluem Henri Pirenne, *Medieval Cities: Their Origins and the Renewal of Trade*. Trad. Frank D. Halsey. Princeton, Princeton University Press, 1969; John K. Hyde, *Society and Politics in Medieval Italy: The Evolution of Civil Life*, 1000-1350. Nova York, St. Martins, 1973; e Skinner, *Foundations of Modern Political Thought*, vol. 1.

é complicada pela presença dos *grandi*, que não existiam nas cidades alemãs, e pelo proletariado industrial, que nas cidades alemãs onde predominavam os pequenos ofícios não se desenvolveu com a mesma intensidade. As cidades italianas mostram a escala completa de estratos: nobreza, alta burguesia, classe média baixa, e proletariado, que séculos mais tarde surge nos estados nacionais europeus industrializados.

A divisão da classe superior em nobreza e burguesia é a causa principal da luta violenta entre facções nas cidades italianas. Dois estilos civilizacionais, o feudal e o capitalista, estavam em constante atrito, e ambos os grupos tentavam assegurar a sua ascendência política, com o auxílio das classes mais baixas. O primeiro desenvolvimento típico constitucional nestas condições foi a redução política dos *grandi* através dos *popolani*. As Ordenações Florentinas de Justiça, de 1293, marcam esta fase. Nos termos da disposição das Ordenações nenhuma pessoa poderia participar do governo da cidade, que não fosse membro das guildas, e ninguém poderia ser um membro de uma guilda, a menos que, na verdade, exercesse a sua profissão. A segunda consequência típica do conflito entre as facções foi o enfraquecimento do espírito comunitário. O povo da cidade como um todo era a comuna, mas cada indivíduo pertencia a associações especiais – *arti* dos *popolani* e *consorterie* dos *grandi* – e com a rivalidade das associações para capturar o governo, as magistraturas comunais perderam o seu valor representativo do povo como um todo e tornaram-se instrumentos técnicos de poder nas mãos dos titulares de momento. As cidades não tinham instituições de integração comparáveis ao rei como representante do reino, e as associações de facções mostraram-se incapazes de produzir um representante executivo que equilibrasse os interesses particulares das facções. A ascensão da *signoria* sobre a luta de partidos, que se tornou necessária para a condução eficaz dos negócios, destruiu o autogoverno e inaugurou o absolutismo. A situação é ilustrada mais pela necessidade em que Florença se viu na primeira metade do século XIV, de se submeter aos príncipes feudais como *signori* temporários para a realização de campanhas militares:

ao rei Roberto de Nápoles para a campanha contra Henrique VII; ao duque de Calábria contra os gibelinos toscanos; a Walter de Brienne, duque de Atenas, para a campanha contra Pisa. A terceira característica instrutiva da política das cidades é o fracasso do proletariado em ganhar influência permanente no governo. Quando a existência da comunidade depende economicamente de ligações internacionais e do conhecimento de negócios dos comerciantes e banqueiros dominantes, é impossível ao proletariado industrial dominar politicamente a cidade porque a mera resistência passiva da classe empresarial pode levar rapidamente os trabalhadores a uma posição insustentável. As conquistas democráticas dos *ciompi*, na revolta de 1378 em Florença, foram exterminadas em 1382.

O levantamento destas características mostra a enorme importância da realeza representativa nos reinos nacionais para a evolução do governo constitucional. A comuna isolada, sem os serviços de integração de um rei, não tem coerência suficiente para vincular os interesses das facções numa unidade política viável quando a estratificação econômica de uma comunidade comercial e industrial já está totalmente desenvolvida. A ascensão da *signoria*, por outro lado, com efeitos sufocantes da iniciativa cívica, mostra a consequência de uma regra absoluta para o desenvolvimento econômico da comunidade. Esse efeito sufocante aparece também nos reinos transalpinos nacionais com a monarquia absoluta. A Inglaterra é a exceção a esta regra porque, como já vimos no capítulo anterior, a articulação do povo nas comunas do reino mostrou-se suficientemente forte para equilibrar e, por fim, superar os efeitos absolutistas da monarquia Tudor. A dissolução da comuna em associações particularistas, nenhuma das quais substitui a autoridade representativa das instituições governamentais, é um problema que só surgiu recentemente à escala do Estado nacional na Alemanha, França, Itália e Espanha, com o declínio dos valores representativos da monarquia constitucional. Mais uma vez a Inglaterra é a exceção, porque o estilo político da oligarquia dominante, e o tipo executivo que criou, tem preservado os seus valores representativos sem as fraturas das revoluções do tipo continental.

k. A Constituição de Veneza

Entre as cidades-estado italianas, Veneza teve uma posição excepcional, comparável à Inglaterra entre os estados nacionais. O equilíbrio e a estabilidade da Constituição de Veneza, durante séculos a admiração da Europa,[25] foram condicionadas pela absorção de fatores que causaram instabilidade nos outros municípios. Devido à situação periférica na Itália, Veneza ficou à margem da luta destruidora entre guelfos e gibelinos que dilacerou outras cidades. Além disso, nunca obrigou a nobreza original do *contado* a instalar-se na cidade e, portanto, não teve o problema dos *grandi*. Finalmente, a estrutura econômica estava tão focada no comércio que os ofícios e as indústrias não ganharam relevância social suficiente para perturbarem a homogeneidade da oligarquia comercial. Para Veneza, assim como para a Inglaterra, a simplicidade do estilo político foi a fonte de sua grandeza. A Constituição de Veneza começou a afastar-se da assembleia original popular após o desastre de 1172, causado pela decisão emocional do povo e a reação precipitada do doge. Um corpo de 480 cidadãos principais foi formado em 1172, eleito por um ano a partir dos *sestieri*, para gerir os negócios. O doge foi limitado pela presença de seis conselheiros e teve que prestar a *promissione ducale*. Em 1297, a Constituição começou a assumir a sua forma final. O Grande Conselho foi fixado em cerca de 1.500 membros hereditários. Este corpo tinha funções sobretudo eletivas. A legislação foi colocada nas mãos de um Senado, composto de 120 membros do Grande Conselho e os funcionários importantes. O Conselho dos Quarenta encarregava-se dos assuntos judiciais. O órgão executivo era o *Collegio*, que consistia no doge e 26 cabeças de departamento; tinha de iniciar a legislação no Senado para executar a lei.

---

[25] Da literatura considerável sobre a Constituição de Veneza, o tratado mais importante é De Gasparo Contarini, *De Magistratibus et Republica Venetorum*. Contarini viveu em 1484-1542. Edição em inglês: *The Commonwealth and Government of Venice*. Trad. Lewes Lewkenor. Nova York, De Capo Press, 1969; reeditado em *The English Experience*, Amesterdã, 1969; ver William J. Bouwsma, *Venice and the Defense of Republican Liberty*. Berkeley, University of California Press, 1968.

Em 1310 foi adicionado o Conselho dos Dez, um supremo de controle dos líderes oligárquicos. Esta Constituição não foi de um povo, mas sim o autogoverno de uma oligarquia.

§ 4. Cola di Rienzo

a. Estado da questão

Um problema complicado da política subimperial é apresentado pela comuna de Roma. A estrutura interna de Roma não difere substancialmente da de outras cidades italianas, e a revolta de Rienzo em 1347 parece, à primeira vista, uma típica revolta de *popolani* contra os barões, assumindo Rienzo as funções de um *signore*. Outras características da revolta foram especificamente romanas, como a revitalização das antigas formas constitucionais romanas, e o espiritualismo reformador dirigido contra a Igreja. Mesmo essas características, porém, embora pouco típicas de outras cidades italianas, não eram novas em Roma: tinham surgido dois séculos antes na comuna de Arnaldo de Brescia. Ainda havia outra coisa extraordinária na revolta de Cola. Nas *Florentine Histories* [Histórias Florentinas] (I.31), Maquiavel fala da impressão que a reforma de Cola causou nos seus contemporâneos, uma impressão tão forte que não só as cidades vizinhas, mas toda a Itália enviou embaixadores, e os outros países europeus levantaram a cabeça surpresos "quando viram que Roma tinha renascido" (*vedendo come Roma era rinata*). Nesta passagem, o termo *renaissance* é utilizado pela primeira vez com relação a um evento político. Considerando a função central da *ordo renascendi* no pensamento de Maquiavel, o uso deste termo só pode significar que Maquiavel reconheceu em Rienzo um precursor da sua própria ideia de uma Itália que voltaria a seus *principii*, sacudindo o jugo de tiranos estrangeiros, e retomando o seu papel de liderança entre as nações.

A interpretação de Maquiavel, que sentiu algo de novo no aparecimento de Rienzo, é substancialmente correta, e é preferível à visão mais atual do tribuno como um sonhador, um romântico e um conservador. No caso de Rienzo, estamos diante de um problema semelhante ao de Dante: o seu mundo de símbolos é medieval, mas os sentimentos dirigem-se ao futuro. Mas como Rienzo não é uma figura da importância de Dante, o homem e a obra só recentemente receberam a atenção que merecem, e os resultados estão ainda por apurar. Apesar da magnífica obra de Konrad Burdach, a personalidade de Rienzo ainda não está clara. A atenção tem-se concentrado na literatura recente sobre os múltiplos símbolos que ele usa nos seus escritos, e os símbolos foram explorados no contexto da história do simbolismo renascentista. A pessoa e as ideias de Rienzo são sufocados sob uma montanha de conhecimentos que carece de uma classificação mais completa e mais rigorosa. Voltamo-nos, portanto, neste nosso estudo para as cartas de Rienzo, e tentaremos dar uma imagem da sua concepção política com base na sua autoapresentação e retrospectiva autointerpretação.[26]

---

[26] O grande tratado padrão é Konrad Burdach, *Rienzo und die Geistige Wandlung Seiner Zeit*. Berlim, Weidmann, 1913-1938. Para uma crítica à obra de Burdach, ver Karl Borinski, "Politische symbolik des mittelalters and werden der renaissance". *Zeitschrift füer Deutsche Philologie*, n. 48, 1919, p. 459-75. Ver também ainda os dois estudos de Konrad Burdach, "Sinn und Ursprung der Worte Renaissance und Reformation" (1910) e "Ueber den Ursprung des Humanismus" (1913), ambos reimpressos em *Reformation, Renaissance, Humanismus*. Berlim e Leipzig, Paetel, 1926; Karl Borinski, "Die Weltwiedergeburtsidee in den neueren Zeiten, I: Der Streit um die Renaissance und die Entstehungsgeschichte der historischen Beziehungsbegriffe Renaissance und Mittelalter", Sitzungsberichte der Bayerischen Akademie der Wissenschaften, philosophische-philologische-historische Klasse. Munich, 1919; Karl Brandi, "Cola die Rienzo und sein Verhaltnis zu Renaissance und Humanismus". In: *Bibliothek Warburg, Vorträge*, 1925-1926. (Leipzig, 1928); Paul Piur, *Cola di Rienzo: Darstellung seiner Lebens und seines Geistes*. Viena, 1931; e o capítulo "Weltuntergangserwartung und Welterneuerungsglaube als Grundlage der Geistigen Neugeburt Italiens". In: Paul Piur, *Petrarcas "Buch ohne Namen" und die Päpstische Kurie: Ein Beitrag zur Geschichte der Frührenaissance*. Halle, 1925. As fontes utilizadas são *Epistolario di Cola di Rienzo*, a cura di Annibale Gabrielli, Fonti per la Storia d'Italia. Roma, 1890; e *Briefwechsel des Cola di Rienzo*. Ed. Konrad Burdach e Paul Piur. *Vom Mittelalter zur Reformation* II.3. Berlim, 1912. A biografia de Cola escrita por um contemporâneo está agora disponível como *The Life of Cola di Rienzo*. Trad. e Intr. John Wright. Toronto, University of Toronto Press, 1975; ver também Victor Fleischer, *Rienzo: The Rise and Fall of a Dictator*. Londres, Aiglon Press, 1948.

b. As cartas às cidades italianas

O golpe de estado de Rienzo ocorreu no dia de Pentecostes de 1347. Imediatamente após o sucesso da subida ao poder, o tribuno envia cartas para as cidades da Itália, convidando-as a equipar soldados, para se juntarem à luta pela libertação da Itália, enviar embaixadores que participassem no parlamento em 1º de agosto, e nomeassem um advogado que apontaria para o *consistorium* de juízes. A primeira dessas cartas, de 24 de maio, à comuna de Viterbo, já contém as principais formulações que revelam a concepção política (*Epistolario* n. 2, p. 5 ss). As comunas podem alegrar-se, pois ele anuncia-lhes o dom do Espírito Santo, que Jesus, neste dia de Pentecostes, optou por estender "ao povo [de Roma], a vós e a todos os nossos povos fiéis, que constituem os nossos membros". Roma é concebida como a cabeça da Itália, e as outras cidades são os membros do *corpus mysticum*. A categoria do corpo místico é transferida para Roma, não para a Roma papal ou a Roma pagã, mas a Roma de uma nova dispensação, que começa com a descida do Espírito sobre a cidade e seu povo, da mesma forma que a primeira comunidade cristã foi constituída pelo Espírito no primeiro Pentecostes. Há uma sugestão de uma concentração césaro-papal de poderes sob a nova ordem; o tribuno intitula-se a si mesmo *Nicolaus severus et clemens* – *severus* indicando o poder temporal e *clemens*, o poder espiritual.[27] Há, além disso, a tradição da *lex regia*, pois a descida do espírito restaurou a "unidade e concórdia" ao povo romano e inspirou-o a transferir para Rienzo o "pleno e livre poder e autoridade para reformar e conservar o estado de paz na Cidade e Província de Roma".

As cartas das semanas seguintes elaboram e esclarecem um pouco estas primeiras formulações. Aquelas dirigidas a outras comunas mostram um texto substancialmente idêntico ao da carta de Viterbo. Mas a carta de Florença anuncia a intenção de cunhar uma nova moeda (*Epistolario* n. 4, p. 12 ss). A segunda

---

[27] O significado espiritual de *clemens* é acentuado pela referência de Rienzo a *auctore clementissimo domino nostro Iesu Christo* (pelo autor mais misericordioso, o senhor Jesus Cristo).

carta a Florença (n. 7, p. 19 ss) substitui a *provincia Romana* pela *sacra Italia*, termo regularmente usado a partir de então. A carta ao papa Clemente VI, de 8 de julho, fala do regime que tem sua "origem e estatuto" no Espírito Santo, e acrescenta que o povo de Roma não está sujeito a mais ninguém exceto a Deus, à Igreja e ao papa; é, além disso, a primeira carta a ser datada "no primeiro ano da República libertada" (n. 8, p. 20 ss). A carta de 9 de julho, ao município de Mântua, amplia a função de Roma à liderança, não só da Itália, mas de "todas as cidades do *orbis terrarum*", e anuncia que o tribuno será promovido a "cavaleiro do Espírito Santo", em 1º de agosto, pelos *syndici* [juízes] de Roma e de outras cidades italianas (n. 9, p. 27 ss).

c. O Tribuno Augusto

A promoção e coroação de 1º de agosto está marcada por uma série de atos simbólicos. Para sua interpretação e seu lugar no contexto do simbolismo do renascimento, temos que remeter o leitor para a literatura anteriormente citada, em particular o tratado de Konrad Burdach. Podemos mencionar apenas o banho de Cola na fonte de pórfiro no batistério de San Giovanni em que o imperador Constantino recebeu o batismo, porque este banho tem grande importância em um documento de Estado, como a fonte de nova autoridade (convocatória do imperador, n. 17, p. 48 ss). O banho na fonte de Constantino repete analogicamente a purificação e reforma espiritual do imperador, a fim de significar a r*enovatio* e *reformatio* da cristandade imperial romana. Rienzo recebe o título de cavaleiro do Espírito Santo em honra da Santa Mãe, a Igreja Romana, o seu senhor supremo, o papa, e para a prosperidade da cidade santa de Roma, a *sacra Italia*, e toda a comunidade dos fiéis. A data da cerimônia, 1º de agosto, e a aceitação do título de *tribunus Augustus*, enfatiza ainda mais a renovação de um império espiritual sobre toda a humanidade cristã.

Neste papel do Augusto espiritual, Rienzo emite no mesmo dia a sua convocação aos imperadores alemães e aos eleitores (n. 17, p. 48 ss). A convocação regula três temas: (1) o povo romano reassume o poder, autoridade e jurisdição sobre o *orbis terrarum* de que fruiu outrora e são revogados todos os privilégios concedidos à custa da autoridade romana e jurisdição; (2) a cidade de Roma torna-se a cabeça do *orbis* e a base da fé cristã; todas as cidades italianas são declaradas livres, os povos das cidades e os cidadãos individualmente recebem a cidadania romana e desfrutam de todos os privilégios de romanos; (3) a eleição do imperador romano, a jurisdição e a monarquia do *sacrum imperium* pertencem a Roma e seu povo; os imperadores (Luís da Baviera e Carlos IV), os eleitores e todos os outros príncipes são convocados a Roma para o próximo Pentecostes, a fim de receber de Rienzo a decisão sobre a nova ordem imperial. Uma carta de 19 de setembro, finalmente, informa a comuna de Florença de que a eleição do imperador estará, a partir de então, nas mãos do povo italiano e revela a intenção de Rienzo de que, ao chegar o Pentecostes, ele terá eleito *aliquem Italicum* [um determinado italiano] como imperador.

d. Sentimentos nacionais e imperiais

A concepção política de Rienzo não está livre de contradições, e isso teve, obviamente, uma evolução entre maio e setembro de 1347; as dificuldades de interpretação são, além disso, aumentadas pelas suas explicações posteriores, que indicam que nem todos os seus pronunciamentos foram feitos a sério, mas que serviam fins ulteriores. Ainda assim, a *reformatio et renovatio* do estado de Roma (carta de Viterbo, 24 de maio) é um núcleo claro do sentimento. A *sacra Italia* está no centro da ideia; sua libertação e unificação são o objetivo principal. Mas os símbolos em torno deste centro não estão harmonizados. A nova dispensação do Espírito Santo seria, em princípio, um reino tanto espiritual como temporal, mas Rienzo foi cuidadoso ao enfatizar, em todas as ocasiões, a sua lealdade à Igreja e ao papa. A *sacra Italia* é o novo *corpus mysticum*; mas, por outro lado, Roma vai retomar a posição de cabeça de toda a cristandade. O peso da convocação, além disso, foi bastante prejudicado pela posterior declaração de Cola no memorando ao arcebispo de Praga, de que nunca acreditou que os imperadores e príncipes alemães viessem a Roma para receber as suas ordens. Contudo, esperava induzir os tiranos da Itália a aparecer nesse sínodo, e quando estivessem reunidos, teria a oportunidade de enforcar os lobos "todos no mesmo dia, à luz do sol".[28] Se, além disso, considerarmos a confissão geral de Rienzo, no mesmo memorando, na qual afirma que agiu como tolo e digno, ardente e hesitante, simples e astuto, conforme a situação parecia exigir, sendo seu único propósito "abolir o erro da divisão e reduzir as pessoas à unidade", então todo o seu aparato de símbolos aparece a uma luz dúbia.[29] Rienzo parece entrar de vez em quando no mesmo tipo de malabarismo intelectual com símbolos que Dante praticou nas suas cartas políticas. O malabarismo avançou um passo; do contexto de manifestos para o contexto da ação política. Donde ser necessário insistir no único sentimento de Rienzo que não está em dúvida nesta fase inicial da sua política, o sentimento que se expressa na ideia de uma Itália renovada e unificada, uma Itália renovada através de Rienzo como o instrumento escolhido do Espírito.

As confissões de Rienzo mostram que ele não era de todo um sonhador e um romântico, mas que havia no seu caráter uma cepa de ator e técnico de política para o qual os símbolos

---

[28] *Verus tribuni libellus contra scismata et errores scriptus ad archepiscopum Pragensem*, agosto de 1350, *Epistolario* n. 35, p. 154: "Sperans de eo Deo iustissimo pro liberatione totius sui gregis fideliter complacere, si tot lupos, ad locum universalis iustitie, velut ad retia, concurrentes, suspendissem una die partier contra solem" (esperando assim fielmente ser agradável ao mais justo Deus para a libertação do seu rebanho inteiro, se, quando todos os lobos acorressem ao lugar da justiça universal como a uma armadilha, eu os enforcaria a todos igualmente em um dia à luz do sol).

[29] N. 35, p. 155: "Fateor attamen, quod, velut ebrius ex ardore cordis arenti, pro tollendis omnibus parcialitatis erroribus et ad unitatem populis reducendis, nunc fatuum, nunc hystrionem, nunc gravem, nuc simplicem, nunc astutum, nunc fervidum, nunc timidum, simulatorem et dissimulatorem ad hunc caritativum finem, quem dixi, constitui sepius memet ipsum" (Confesso, porém, que, como um bêbado no ardor do seu coração, a fim de eliminar o erro de divisão e para reduzir as pessoas à unidade, muitas vezes me portei ora como tolo, ora dramático, ora sério, ora simples, ora astuto, ora ansioso, ora com medo, ora fingidor e dissimulador para este fim de caridade que já mencionei).

são instrumentos nos seus planos. No entanto, em certa medida, a confissão invalida-se. Não sabemos até que ponto esta confissão de Cola é uma peça de representação, a fim de convencer o arcebispo e o imperador da sinceridade das suas novas intenções políticas. Podemos acreditar quando ele diz que o amor da república, em vez de o amor do império o levou a empreender a reforma da justiça (*Letter to Charles IV*, julho de 1350, *Epistolario* n. 30, p. 96), mas não precisamos assumir que a operação com símbolos imperiais tenha sido apenas tática política. Temos de reconhecer que na região imperial a transferência da ideia de *corpus mysticum* para os organismos nacionais não funcionou bem. Na Itália e na Alemanha, a ideia do corpo místico nacional estava sobrecarregada com tradições imperiais, romanas e alemãs. As experiências de renovação espiritual nestes países mostram frequentemente uma tendência a abraçar a renovação de toda a Europa. Como essa tendência é um sedimento da ideia imperial cristã, também estava presente nas nações ocidentais. Podemos reconhecê-la na ideia francesa da validade universal dos valores civilizacionais franceses, tanto quanto no mundo anglo-saxão na convicção da validade universal de formas políticas que evoluíram sob condições muito específicas na Inglaterra e na América. Mas havia uma diferença de dinâmica entre o Ocidente e a região imperial. No Ocidente, o sentimento imperial e a consciência missionária foram sobrepostos a um sentimento separatista nacional, que, em princípio, estava em oposição à construção tradicional do império, enquanto na Itália e na Alemanha, o sentimento imperial viveu em continuidade direta e afirmativa com a ideia medieval imperial. Como consequência, os pensadores políticos da região imperial não se recusaram a usar o simbolismo imperial para a expressão de seus sentimentos, e tal uso, então, facilmente induz a suposição de que o pensador em questão era "romântico", "conservador", ou "reacionário". Já notamos este problema por ocasião do contraste entre o plano hegemônico francês de Pierre Dubois para a organização da Europa e a concepção imperial de Dante. Essas aparências, no entanto, são enganosas. Temos que aceitar como um fato a diferença de dinâmica entre as nações ocidentais e os povos imperiais italiano e alemão. Começando com o século XIV, o simbolismo imperial na Itália e na Alemanha não pode mais ser entendido no sentido medieval; suas funções tornam-se subordinadas ao sentimento nacional. A fórmula anteriormente citada de Rienzo, segundo a qual o amor da república o moveu mais do que o amor do império, é a expressão perfeita desta relação.

e. O emissário dos fraticelli

Temos de ter estas reflexões em mente quando nos aproximamos da segunda fase política de Cola, após o colapso de sua *signoria* em Roma. Aposentou-se, em 1348, com os Fraticelli nos Abruzzi. Dois anos depois, em 1350, apareceu em Praga, na corte de Carlos IV. Os seus longos memorandos ao imperador e ao arcebispo Ernesto de Praga são as fontes para sabermos as motivações de sua retirada e do seu retorno à cena política. Nestes memorandos, Rienzo revela-se como um místico na tradição de Joaquim de Fiore e os espirituais franciscanos. A apresentação das suas experiências e ideias não é sistemática, e os vários documentos mostram variações mutuamente incompatíveis; mas precisamente esta variedade de variações conflitantes permite uma visão sobre a crise epocal de onde emergiram as atitudes pós-medievais, bem como as ideias da comunidade pós-imperial. Não seguimos nesta nossa apresentação a ordem cronológica dos memorandos, que tem pouca influência sobre os problemas, mas organizamo-los sistematicamente.

(1) Em primeiro lugar, deve-se considerar o novo programa político a respeito da Itália e do império.[30] Rienzo ainda é o instrumento escolhido do Espírito, mas as suas aspirações imperiais desapareceram. Ele relata a história de iluminação do processo de ruptura. No momento da sua ascensão ao tribunato comparou-se a Cristo: como Cristo, que havia ascendido à glória no 33º ano, ele, no seu 33º ano, ascendeu ao tribunato. Um monge que ouviu esta observação profetizou consequências terríveis para tal arrogância, e a perturbação da sua mente

---

[30] "Verus tribuni libellus". *Epistolario*, n. 35, p. 158-66.

através da profecia levou-o a cometer o erro que contribuiu para a sua queda. Então, resolveu retirar-se para os Fraticelli e fazer penitência durante 33 meses devido à blasfêmia dos 33 anos. Aos 15 de setembro de 1350, voltaria à vida política a fim de cumprir, com a ajuda de Cristo, o programa imperial. No seu retiro, teve uma revelação que o obrigou a renunciar a este ambicioso programa e a entregar-se nas mãos do imperador, para realizar a libertação e unificação da Itália como simples ferramenta do imperador (*operarius et mercenarius Cesaris*). Rienzo nada quer senão a permissão e ordem do imperador para completar a pacificação da Itália. Quando a obra estiver feita, entrega ao imperador *totam Italiam obsequentem Casari et pacificam*. Este *tota Italia* inclui toda a península, incluindo Veneza, mas não inclui a Sicília, Sardenha e Córsega. O programa político está agora definitivamente reduzido a uma Itália unida nacionalmente sob o domínio do imperador.

(2) Mesmo nesta forma reduzida, o programa de Rienzo não prevê simplesmente uma conquista militar da Itália e uma submissão pela força. A unificação será obra do Espírito através do seu instrumento, Rienzo. A delicada questão da intervenção do Espírito na história através de outros canais que não os da igreja sacramental é tratada com muito cuidado (*Memorandum to Charles IV*, agosto 1350, *Epistolario* n. 32, p. 131 ss). Rienzo defende-se da acusação de que o Espírito Santo está fazendo uma nova aparição; nunca afirmou que um novo Espírito Santo viria como um novo Deus. A defesa revela que, no mínimo, suspeitavam que Rienzo pretendesse ser o Paráclito. Ele defende-se contra essa suspeita, mas a sua própria confissão sobre o incidente dos 33 anos mostra que algumas de suas declarações se prestam a tal. A renovação do Espírito é agora definida como uma "amplificação" da primeira descida que irá iluminar e renovar toda a superfície da terra. Refere-se à oração *Veni, creator Spiritus*, e pergunta que sentido poderia ter se não esperamos o advento do Espírito. Este advento agora é devido: "Precisamos da renovação do Espírito, sempre que endurecemos e envelhecemos em pecados" (p. 132). Sobre a senescência do mundo em pecados, não pode haver dúvida, pelo que a *spiritualis renovatio*

é oportuna. A filosofia joaquimita da história é a base desta concepção; o *senescens saeculum* agostiniano será superado por uma renovação do Espírito na terra, e não só uma vez, mas, em princípio, sempre que a renovação for necessária.

(3) Apesar da repressão assídua do elemento pessoal,[31] Rienzo não pode evitar uma explicação e justificação do seu próprio papel no advento do Espírito. Na primeira carta a Carlos IV (n. 30), revela a profecia de frei Ângelo, um dos eremitas dos Abruzzi. Deus planeja uma reforma universal da Igreja. O fim da época presente já foi revelado no castigo da Igreja antes de São Francisco. A pedido de São Francisco e de São Domingos, a queda da Igreja foi adiada, mas agora é novamente iminente, considerando os males da residência em Avignon. As grandes revoluções virão em breve, resultando na restauração da Igreja ao seu antigo estado de santidade e na inclusão dos sarracenos na comunidade dos fiéis. Um *vir sanctus* [homem santo] será o instrumento dessas revoluções; juntamente com o imperador, ele vai reformar o *orbis terrarum*. Ele, Rienzo, é o "precursor", que vai ajudar o imperador em seu trabalho. Através da profecia de frei Ângelo, Rienzo é aliviado da carga de responsabilidade pessoal por seus projetos; e aparece como o emissário dos Fraticelli que lhe revelaram o plano de Deus e o enviaram no seu caminho. O conteúdo da profecia é, na substância, a visão de Dante de uma nova dispensação sob um Dux e um líder espiritual.

(4) A segunda carta a Carlos IV não é tão modesta.[32] A consciência epocal é a mesma que na profecia de frei Ângelo, mas agora Rienzo apresenta a profecia como a fonte da sua situação atual e projeta recuar para os bastidores. Os eventos do tribunato, antes do seu retiro com os Fraticelli, reaparecem

---

[31] A fim de evitar qualquer suspeita, ele até redefine a sua antiga autodenominação como o "eleito do Espírito"; com esta designação, não tinha a intenção de dizer que o Espírito o elegera devido a suas virtudes pessoais, mas sim – fracamente – "que a unidade do povo é criada através do espírito" (*Letter to the Archbishop of Prague*, novembro de 1350, *Epistolario*, n. 37, p. 183 ss.

[32] *Letter to Charles IV*, agosto de 1350, *Epistolario*, n. 31; para a análise que se segue ao texto, ver especialmente p. 107 ss.

como a fonte de autoridade para seu papel de precursor da era vindoura. Não foi o próprio Deus quem quis um homem batizado na capela de São João, na fonte imperial, aceito e desejado por todos os povos, a fim de ter um precursor do imperador, que vai lavar as manchas do império, como o Batista foi o precursor de Cristo? O próprio imperador tinha admitido, provavelmente em conversa com Rienzo, que o império não podia ser reformado sem um milagre divino. Certamente parece um milagre divino quando a ajuda chega ao cambaleante Império Romano através de um homem pobre e obscuro (*per virum pauperem et novum*), como chegou à cambaleante Igreja Romana através de São Francisco. A regra de São Francisco veio apoiar a igreja, o governo de Rienzo virá apoiar a obra do império "porque creio que a reforma do império não deve ser excluída da obra do Espírito [*opus spirituale*]" (p. 108). Rienzo completará o trabalho iniciado por São Francisco.

As passagens revelam bem as dificuldades que afligem a transição dos sentimentos imperiais para os nacionais, na região imperial. O contexto geral é formado pela consciência da época. A antiga unidade da humanidade cristã fora institucionalmente dividida durante os interregnos e a residência do papado em Avignon. O problema é: que novo corpo místico vai tomar o lugar do cristianismo imperial em desintegração? Na região imperial, a questão não tem resposta relativamente simples dos estados nacionais ocidentais porque as sombras da tradição imperial são muito fortes. A primeira e mais abrangente solução seria o aparecimento de uma figura paraclética, um Dux Joaquimita, como a cabeça de um novo *corpus mysticum* europeu. Há toques da ideia de Rienzo, mas permanece o conflito com a Igreja; a concepção do Terceiro Reino, e do *Evangelium Aeternum* dos espirituais, não pode ser renovada a sério. O advento do Espírito tem que ser uma "amplificação" da descida original, uma renovação que marca uma época dentro do éon cristão. Nas profecias de frei Ângelo, Rienzo ainda brinca com a ideia de uma grande reforma, apenas suspensa pela intervenção de São Francisco: os príncipes da igreja serão postos em fuga, o papa estará em perigo pessoal, e um *pastor angelicus* irá concluir a reforma e construir o Templo do Espírito Santo (n. 30, p. 92). Uma maior aproximação às condições da realidade histórica é alcançada no reconhecimento do sucesso da obra de São Francisco e na convicção de que ela deve ser complementada pela reforma do *imperium*. E, finalmente, a ideia concentra-se na reforma nacional e unificação da Itália. O ponto decisivo é que esses sentimentos e ideias não formam uma sequência cronológica, nem se harmonizam de forma sistemática. Apenas coexistem; e de acordo com as circunstâncias, cada uma delas pode ser acentuada.

f. Nacionalismo espiritual e unificação militar

Os projetos de Rienzo não se concretizaram. O imperador mandou-o para Avignon; em 1352, regressou à Itália com Albornoz e, sob os auspícios do papa, estabeleceu um novo regime em Roma; em 1354 foi morto pelos seus adversários. O fracasso político obscureceu a importância de Rienzo na evolução da ideia nacional italiana. Os elementos da concepção de Rienzo podem ser encontrados em Joaquim, nos espirituais franciscanos e em Dante, mas a ligação entre o espiritualismo franciscano e a ideia do *corpus mysticum* da *sacra Italia* numa tentativa política de traduzir a ideia em realidade é nova. É o problema de que ainda se vai ocupar Maquiavel. Este pensador posterior desespera que as forças espirituais sozinhas consigam renovar a nação, especialmente porque se lembra do fracasso de Savonarola em Florença. O profeta que unir o povo terá que ser um profeta armado. Mas Maquiavel não deixa dúvidas de que uma nação não pode ser criada apenas por uma ação militar. A renovação do espírito é necessária para ligar os membros num corpo; e o "espírito" que dará a coerência interna ainda é o espírito de Rienzo. Em Rienzo, Maquiavel vê o renascimento político na Itália; em São Francisco, ele vê, como Rienzo, a abertura do renascimento espiritual.[33]

---

[33] Machiavelli, *Discorsi* III.1. Sobre esta questão, ver Karl Borinski, *Die Weltwiedergeburtsidee*, p. 69.

Este problema é desconhecido nos estados nacionais ocidentais. Na Inglaterra, a nação cresceu sob a pressão de uma realeza forte. Na região imperial, as nações ganharam unidade política através do crescimento de um espírito nacional e, quando o espírito amadureceu suficientemente, através da ação militar que vence as resistências políticas particularistas.

22. O MOVIMENTO CONCILIAR

§ 1. O Cisma – Os concílios gerais

a. O Cisma

O movimento conciliar foi uma consequência direta do Grande Cisma de 1378-1417. A ideia de que um concílio geral deveria ter o poder de decidir em matéria de fé, sobretudo contra um papa herético, tinha sido desenvolvida por Marsílio de Pádua e Guilherme de Ockham durante a tensão entre o papado e Luís, o Bávaro, mas na época a ideia tinha ficado restrita à academia. A eleição, em 1378, de dois papas rivais, Urbano VI e Clemente VII, implicou de fato uma mudança na Constituição da Igreja; a partir de então, as igrejas regionais eram obrigadas a declarar qual dos papas reconheceriam como legítimo cabeça da Igreja. O reconhecimento do papa pelo clero regional, após sua eleição pelos cardeais, fatalmente introduziu um forte elemento de constitucionalismo na estrutura da Igreja. Este caráter revolucionário da situação foi ainda mais agravado pelos problemas da política nacional, embora a eleição de um papa francês rival de um italiano não fosse inteiramente uma questão nacional, como se tem suposto. O governo francês, pelo contrário, parece ter sido o único, além do espanhol, que investigou com cuidado as reivindicações dos papas rivais e chegou a uma decisão conscienciosa.¹ Não obstante, o reconhecimento francês de Clemente VII teve repercussões no âmbito da política nacional. A Inglaterra reconheceu automaticamente o papa italiano; a Escócia tomou o partido da França; o império reconheceu o italiano; os espanhóis, o avignonense; Portugal, o italiano. Quando a existência de dois papas exigiu o reconhecimento dos cleros nacionais, o elemento nacional fez com que fosse necessário superar o Cisma por meio de um concílio geral supranacional.

b. Conrado de Gelnhausen – Henrique de Langenstein

A primeira reação contra o Cisma foi uma série de tratados provenientes de membros da Universidade de Paris que sugeriam a convocação de um Concílio Geral para tratar da questão do Cisma. A Universidade de Paris tinha um interesse especial pelo problema porque era a principal instituição europeia de ensino: seu trabalho e suas matrículas ficariam ameaçados se os alemães e os italianos, obedientes ao papa romano, fossem obrigados a abandonar a universidade. O mais importante desses tratados foi a *Epistola Concordiae* de Conrado de Gelnhausen, de 1380, e o *Consilium Pacis*, de Henrique de Langenstein, de 1381.² Os autores às vezes são considerados os criadores da concepção constitucional

---

¹ Sobre este ponto, ver Mollat, "The Popes of Avignon and the Great Schism", p. 291 ss.

² Conradi de Geilenhusen, *Tractatus de Congregando Concilio Tempore Schismatis* (o título abreviado *Epistola Concordiae* é dado no final do tratado); texto em E. Martene e U. Durand, *Thesaurus Novus Anecdotorum*. Paris, 1712, vol. 2, p. 1200-26. Henry de Langenstein, *Consilium Pacis, de Unione ac Reformatione Ecclesiae*; texto em *Joannis Gersonii Opera Omnia*. Antuérpia, 1706, vol. 2, p. 809-40. Uma tradução abreviada de Langenstein está disponível em M. Spinka (ed.), *Advocates of Reform from Wyclif to Erasmus*. Filadélfia, Westminster, 1953. Em meio à volumosa bibliografia sobre o movimento conciliar, as seguintes obras são representativas: Walter Ullman, *Origins of the Great Schism*. Nova York, Burns and Oats, 1948; Brian Tierney, *Foundations of the Conciliar Theory*. Cambridge, Cambridge University Press, 1955; Anthony Black, *Council and Commune*. Londres, Burns and Oats, 1979; F. Oakley, *Natural Law, Conciliarism, and Consent in the Late Middle Ages*. Londres, Variorum Reprints, 1984; C. M. D. Crowder, *Unity, Heresy, and Reform, 1378-1460: The Conciliar Response to the Great Schism*. Nova York, Edward Arnold, 1977.

conciliarista do governo eclesiástico. Embora este julgamento seja perfeitamente justificável, na medida em que eles de fato foram os primeiros a sugerir uma solução conciliadora de emergência, não se deve omitir que a revolução constitucional da Igreja já tinha ocorrido com o Cisma. Os tratados mencionados não causaram uma revolução; antes, tentaram restaurar um estado normal através de um concílio como medida de emergência a ser empregada apenas nesta situação especial. São menos interessantes por sua realização teórica que por seu bom senso e perspicácia jurídica ao lidar com o problema extraordinário apresentado por dois papas rivais. A intenção é formulada claramente por Conrado de Gelnhausen:

> Tal como um concílio de bispos é chamado a tratar dos casos que emergem em uma província, assim também um concílio geral deve ser chamado para tratar dos casos novos e difíceis que interessam ao mundo inteiro. Os novos e perigosos casos que emergem em uma província são resolvidos, corrigidos e reduzidos a seu estado apropriado por um concílio provincial. (...) No caso de necessidade iminente, é preciso recorrer a um concílio".[3]

A solução de emergência é apoiada por argumentos teóricos. A infalibilidade da *ecclesia universalis* reside na congregação dos fiéis, ou de seus representantes, no concílio, uma vez que o papa e os cardeais podem errar. "Não existe na face da terra salvação [*salus*] fora da Igreja Católica, mas pode existir fora do colégio do papa e de seus cardeais."[4] Assim, o concílio é superior ao papa, e pode se reunir por intimação dos governantes seculares, se o papa o deixar de convocar.[5]

---

[3] *Epistola Concordiae*, cap. 1, p. 1207. Henrique de Langenstein discute a situação de emergência no cap. 14 do seu tratado. Ver, além deste, a fórmula de Henrique no *Consilium Pacis*, cap. 15, p. 832, que em *casu tali necessitatis* o concílio age diretamente sob a autoridade de Cristo.

[4] Conrad of Gelnhausen, *Epistola Concordiae*, cap. 1, p. 1208; Henry of Langenstein, *Consilium Pacis*, cap. 3.

[5] Henry of Langenstein, *Consilium Pacis*, capítulos 5-6. Sobre este ponto, ver também *Parisiensis, Oxoniensis, Pragensis et Romane Universitatum Epistola de Auctoritate Imperatoris in Schismate Paparum Tollendo, et Vera Ecclesiae Libertate Adservanda*, 1380; o último é dirigido a Urbano VI e ao imperador

O concílio pode ouvir as declarações dos papas rivais e decidir em favor de um deles ou eleger um novo.[6] Foram empregados diferentes métodos para a eleição de papas em diversos períodos da Igreja; o método da eleição conciliar, portanto, não é uma revolução contrária a uma tradição contínua.[7]

c. O decreto Frequens

A ideia de que a medida de emergência para superar o Cisma poderia se transformar em parte permanente da Constituição da Igreja amadureceu lentamente. Esta, na verdade, somente alcançou seu clímax no momento em que o Cisma terminou com a eleição de Martinho V, em 1417. Em 9 de outubro de 1417, na 39ª sessão do Concílio de Constança, o decreto *Frequens* foi publicado, transformando o Concílio Geral numa instituição permanente. O decreto estabelecia que concílios periódicos fossem convocados. O primeiro deveria se reunir cinco anos após o Concílio de Constança; o segundo, sete anos depois do primeiro; e, a partir daí, passariam a se reunir a cada dez anos. Um mês antes do fim de cada concílio, o papa faria o anúncio do local do seguinte; caso não o fizesse, o direito a determinar este lugar seria devolvido ao concílio. Datas e locais para as reuniões, portanto, eram permanentemente regulados. A intenção dessas medidas estava claramente formulada: tratava-se da garantia de "um tipo de continuidade, de modo que sempre houvesse ou um concílio em andamento ou por vir".[8] A duração da reunião podia ser

---

Venceslau; texto em Goldast, *Monarchia S. Romani Imperii*, vol. 1, p. 229-32.
Ver, ademais, Conrad of Gelnhausen, *Epistola Concordiae*, cap. 3, p. 1216; Conrado realça novamente o caráter de emergência: *in casu necessitatis extremae* o concílio pode reunir-se sem autorização papal. O assunto ainda é um problema 25 anos mais tarde. Ver Franciscus de Zabarellis, *De Schismatibus Authoritate Imperatoris Tollendis, 1406* (texto em Schardius, *De jurisdictione*. Basileia, 1566, p. 688-711): "Quis habebit congregare Concilium? Respondeo, quod olim Imperator congregabat Concilium" (Quem tem autoridade para convocar um Concílio? Respondo: outrora, o Imperador convocava o Concílio; p. 689).

[6] Henry of Langenstein, *Consilium Pacis*, cap. 14, p. 828 ss.

[7] Ibidem, p. 826 ss.

[8] *Decretum Frequens*. In: J. D. Mansi, *Sacrorum Conciliorum Nova, et Amplissima*

abreviada pelo papa, mas não prolongada. No caso de um novo cisma, havia um procedimento detalhado para uma reunião conciliar. A partir do dia em que os dois papas estivessem em atividade, o prazo para o próximo concílio seria reduzido para um ano. Todas as pessoas que haveriam de participar do concílio reunir-se-iam no local determinado pelo concílio anterior, um ano depois a partir a data do cisma, sem convocações especiais. Outras medidas requeriam que um papa recém-eleito fizesse um Juramento de Fé Católica, proibindo a transferência de prelados contra sua vontade. Às reformas do decreto *Frequens* deve-se acrescentar, por fim, o decreto *De decimis et aliis oneribus ecclesiasticis* do recém-eleito papa Martinho V. Este decreto restringe o poder papal de taxação a situações de emergência, enquanto normalmente os reinos e províncias têm de consentir com novas exações.[9]

d. Nominalismo e jurisdicionalismo

As medidas do decreto *Frequens* revelam o elevado nível de constitucionalismo consciente que se tinha desenvolvido durante as sessões do Concílio de Constança. Mais uma vez, tal como no começo do Cisma, ocorrera uma revolução de fato antes que esta encontrasse expressão formal. O pano de fundo para a revolução foi a resolução da quinta sessão de 6 de abril de 1415, pela qual o concílio definiu seu *status* e autoridade. De acordo com este decreto, a autoridade do concílio deriva diretamente de Cristo; todos, inclusive o papa, devem obedecê-la em matéria de fé, assuntos relacionados à extinção do Cisma e à reforma da Igreja *in capite at membris*.[10] O decreto não apresenta nada de revolucionário; no que diz respeito à origem da autoridade e à extinção do Cisma, as medidas são

---

Collectio. Veneza, 1784, vol. 27, p. 1159-63. A citação no texto prossegue: "ut sic per quamdam continuationen semper aut concilium vigeat aut per terminipendentiam expectetur".

[9] Quadragésima terceira sessão do Concílio de Constança. In: Mansi, *Sacrorum Conciliorum*, vol. 27, p. 1175 ss.

[10] O decreto *Haec sancta*, de 6 de abril de 1415. In: ibidem, vol. 27, p. 590 ss.

o mínimo inevitável para estabelecer a jurisdição conciliar. Contudo, o concílio se desenvolveu inesperadamente sob esta autoridade por causa das práticas processuais introduzidas ao mesmo tempo. O concílio se organizava, por assim dizer, em "nações"; as quatro primeiras "nações" organizadas eram a italiana (incluindo Creta e Chipre), a francesa, a inglesa (incluindo a Escandinávia) e a alemã (incluindo o Leste Eslavo); quando chegaram os hispânicos, a "nação" espanhola organizou-se como a quinta.[11] Esta organização em "nações" teve a finalidade primária de reduzir a influência dos italianos, que dominariam o concílio pelo número se os votos fossem contados por maioria simples; a organização em nações foi usada para que se tomassem os votos na sessão plenária por nações, em vez de pela maioria, bem como para compor as comissões com o mesmo número de delegados das demais nações. Em consequência deste arranjo processual, o peso político do concílio tinha uma tendência a deslocar-se para as reuniões das nações que determinaram o procedimento das comissões por meio de seus delegados; a estrutura hierárquica tradicional da política foi seriamente perturbada porque os cardeais foram colocados num grupo à parte, fora das nações, e só poderiam fazer sua influência ser sentida de maneira formal, com os três votos que lhes foram facultados nas comissões das nações. A situação ficou séria no verão de 1415, quando os negócios começaram a diminuir o ritmo e o concílio começou a interferir em matérias sob jurisdição papal. O executivo oligárquico corria o risco de se tornar democratizado, com os males que inevitavelmente acompanham o desempenho de questões executivas efetivadas por assembleias revolucionárias.[12] O termo *democratizado* usado há pouco não pretende dar a

---

[11] Sobre a votação das nações, ver Rev. George C. Powers, *Nationalism at the Council of Constance, 1414-1418*. Washington, D. C., Catholic University of America Press, 1927, especialmente o cap. 2. Sobre a "nação" espanhola, ver Bernhard Fromme, *Die Spanische Nation und das Konstanzer Konzil*. Münster, 1896.

[12] Sobre a posição dos cardeais, ver Heinrich Finke, *Forschungen und Quellen zur Geschichte des Konstanzer Konzils*. Paderborn, 1889, cap. 6, sobre o "Schriften gegen und fur das Kardinalskolleg". Esta obra de Finke contém como apêndice um importante diário do concílio, registrado pelo cardeal Fillastre.

impressão de que a atmosfera do concílio era particularmente democrática em sentido populista. Pelo contrário: os homens que assumiam a autoridade contra a oligarquia dos cardeais eram em sua maioria nomeados pelo rei; como grupo, representavam as forças das monarquias absolutas e das burocracias dos reinos nacionais.[13]

A partir desta evolução esboçada, fica claro que o zelo reformador do concílio foi menos absorvido por uma reforma do espírito do que pela corrida por posições jurisdicionais. O nominalismo do tipo ockhamista tornara-se agora uma prática institucional. A realidade espiritual do *corpus mysticum* estava se dissolvendo em posições e direitos de facções – isto é, papas, cardeais, concílios gerais, as "nações" do concílio e os concílios nacionais – e diluíam-se em jurisdições comuns e em medidas de emergência. A história dos concílios mostra claramente essa desintegração jurisdicional e facciosa. O primeiro dos concílios, o de Pisa, foi convocado em 1409 pelos cardeais de ambas as obediências a fim de abolir o Cisma; resultou na adição de um terceiro papa, porque os dois existentes se recusaram a renunciar em favor do papa eleito pelo concílio. Quando se alcançou a abolição do Cisma em 1417 em Constança, a utilidade dos concílios tornou-se duvidosa. Não obstante, apesar das hesitações do papado, foram convocados de acordo com o decreto *Frequens*: cinco anos depois, o concílio de Pisa/Siena em 1423-1424; e depois de mais sete anos, o concílio de Basileia em 1431. O papa Eugênio IV, contudo, dividiu o Concílio de Basileia com a questão da união com a Igreja Grega e convocou, por iniciativa própria, um concílio em Ferrara/Florença em 1438-1445. O concílio ilegítimo de Basileia continuou as sessões e elegeu um novo papa, Félix V. Que uma instituição convocada para a abolição do Cisma causasse um novo cisma era um severo golpe no prestígio do Concílio de Basileia bem como na ideia conciliar em geral. A situação em Basileia tornou-se insustentável quando o papa, em detrimento de medidas moderadas de reforma, chegou a

---

[13] A este respeito, ver Powers, *Nationalism at the Council*, p. 45 ss.

um acordo com os príncipes alemães através da Concordata de Viena, de 1448. Em 1449, o Concílio de Basileia se dissolveu; no ano do Jubileu, 1450, o papado podia comemorar a vitória do governo monárquico da Igreja sobre o movimento conciliar. A obrigação de convocar concílios a cada dez anos continuou sendo uma ameaça ao papado e foi usada por oponentes como pretexto para pressão política, mas nenhum outro concílio foi convocado nesse século. Somente em 1511, Luís XII, da França, convocou um concílio em Pisa a fim de contrariar a expansão militar de Júlio II; o papa foi compelido a opor-se com o Concílio do Latrão, de 1512. As reformas empreendidas pelo Concílio do Latrão tiveram pouca relevância. Em 1517, Lutero afixou as suas 95 teses à porta da igreja, em Wittenberg, e teve início a Grande Reforma.

A literatura do período de Constança reflete um modo de pensar, em linhas gerais, nominalista. Só é interessante pelos assuntos característicos; as realizações teóricas individuais são insignificantes, apesar da elevação intelectual e moral de alguns dos autores. Basta mencionar, neste contexto, os tratados de Pierre d'Ailly e Jean Gerson.[14] A geração do Concílio de Basileia apresenta um quadro diferente. A situação intelectual era dominada por um grupo de humanistas cristãos em torno do jovem e brilhante cardeal Giuliano Cesarini, o comandante da Cruzada contra os hussitas e presidente do Concílio de Basileia, na fase

---

[14] Petri de Alliaco, *Tractatus de Ecclesiae, Concilii Generalis, Romani Pontificis et Cardinalium Auctoritate*, 1417; Texto em Jean Gerson, *Opera Omnia*, vol. 2, p. 925-60. O título indica a abordagem jurisdicional de d'Ailly. Jean Gerson, *De Unitate Ecclesiastica et de Origine Juris et Legum*, 1417. In: *Opera Omnia*, vol. 2, p. 225-56. Para uma breve introdução à abordagem de Gerson, ver seu *Proppositiones Utiles ad Exterminationem Praesentis Schismatis, per viam Concilii Generalis*, 1408. *Opera Omnia*, vol. 2, p. 112-13. De acordo com *Propositiones Utiles*, os argumentos jurisdicionais *debent civiliter intelligi*. O governo eclesiástico tradicional regula sobre casos normais; numa emergência, deve-se proceder de acordo com as leis da equidade, a *epikeia* em sentido aristotélico. Edição recente de Gerson: *Oeuvres Complètes*. Ed. P. Glorieux, 9 vols. Paris, 1961. Ver também L. B. Pascoe, *Jean Gerson: Principles of Church Reform*. The Hague, Brill, 1973; A. Black, *Monarchy and Community: Political Ideas in the Later Conciliar Controversy*. Cambridge, Cambridge University Press, 1970; Joachim Stieber, *Pope Eugenius IV, the Council of Basel, and the Secular and Ecclesiastical Authorities in the Empire*. Leiden, Brill, 1978.

inicial. Outros membros proeminentes eram Enea Sílvio Piccolomini, o futuro Pio II, e Nicolau de Cusa. Todos eram, a princípio, conciliaristas fervorosos, atestando a força revolucionária do movimento conciliar; mas o espetáculo do Concílio de Basileia convenceu os mais importantes – Cesarini, Enea Silvio e Cusa – das vantagens de um governo monárquico da Igreja. Dempf fala destes novos monarquistas como os *Monarchioptants*, a fim de relacionar sua importância com a dos *Monarchioptants* do século XVI. Seu monarquismo eclesiástico constitui o pano de fundo do monarquismo secular da geração seguinte, de Filipe de Commynes, Maquiavel e de Thomas More.[15]

§ 2. Galicanismo – As concordatas nacionais

O movimento conciliar não era simplesmente um movimento pela reconstrução "democrática" do governo da Igreja. A questão do Concílio Geral, que em si seria um assunto relacionado à constituição da igreja universal, foi complicada pela questão nacional. Em paralelo com o movimento a favor do Concílio Geral, corria um movimento em prol da independência das igrejas nacionais. O mais importante destes movimentos, em estreita relação com o Grande Cisma, foi o movimento galicano.

a. O concílio nacional francês de 1398

Em fevereiro de 1395, o rei da França, Carlos VI, convocou o primeiro Concílio Nacional do clero francês. O concílio votou pela cessão, ou seja, a renúncia comum de ambos os papas e a eleição de um novo. Mas os papas se recusaram a renunciar.

---

[15] Sobre a obra literária deste grupo, ver o levantamento de Dempf, *Sacrum Imperium*, p. 554-56. Os autores mais relevantes e suas obras são: Andreas of Escobar, *Gubernaculum Conciliorum*. In: Van der Hardt, *Rerum Omnium Concilii Constantiensis Tomus VI*. Frankfurt e Leipzig, 1700; John of Segovia, *Historia Gestorum Generalis Concilii Basiliensis*; Enea Silvio, *De Ortu et Auctoritate Imperii Romani*; Nicolaus Cusanus, *Concordantia Catholica* – sobre o qual muito falaremos mais adiante neste capítulo.

Em 1398, a situação tinha se agravado o bastante para permitir passos mais radicais. O terceiro Concílio Nacional, entre maio e agosto de 1398, discutiu a negação da obediência ao papa de Avignon como medida que aboliria o Cisma. Os argumentos aventados nesta ocasião são altamente reveladores do grau em que a ideia do *corpus mysticum* tinha sido destruída e substituída pelo relacionismo técnico-político. Simon Cramaut, por exemplo, solicita, nas suas *Proposições*, o fim da obediência a Avignon como medida que rapidamente restauraria a união da Igreja. Cramaut argumenta que o papa não tem muitos rendimentos independentes. O fim da obediência é a chave para a união, pois o rendimento papal provém principalmente da França; o rendimento francês é a razão de o papa apegar-se tão obstinadamente ao cargo; aqui está a fonte de seu poder. A Igreja da França deve retirar, portanto, *emolumenta illa, seu obeoedientiam*; obediência aqui quer dizer pagamento de impostos; uma vez retirados os impostos, o papa perderá o interesse pelo cargo.[16]

Um pouco menos grosseiro na forma é o argumento de Pierre Leroy, abade de Saint-Michel, embora, em substância, não seja muito diferente do de Cramaut. Leroy sugere uma alternativa à negação total, à *subtractio totalis*. Se não total, a negação deve ser pelo menos parcial (*subtractio particularis*). Negação parcial da obediência consistiria na recusa a pagar pela colação de prebendas e promoções, ou a pagar *annates* e outros impostos. A confirmação dos bispos na igreja primitiva cabia aos arcebispos, e a colação dos benefícios a bispos e a diocesanos. Esta tradição de longa duração foi abolida pela usurpação papal, uma usurpação que era *contra bonam et debitam politiam*. O estado anterior teria de ser restaurado porque o povo cristão é demasiado grande para ser governado por uma autoridade central. As funções do papa devem ser reduzidas às questões doutrinais, a conversão dos infiéis e outros difíceis assuntos gerais da igreja.[17] As proposições de Leroy mostram

---

[16] *Acta Tertii Concilii Regis et Ecclesiae Gallicanae;* texto em *Preuves* de Bourgeois de Chastenet, *Nouvelle Histoire du Concile de Constance*. Paris, 1718. A nota de Simon Cramant está na p. 27.

[17] Bourgeois de Chastenet, *Nouvelle Histoire*, p. 34.

que a negação da obediência tem implicações muito além da abolição do Cisma. A concepção de uma *subtractio particularis* visa a uma constituição eclesiástica permanente com um grau elevado de independência para as igrejas regionais e um papado privado de todas as funções ordinárias dentro da Igreja e mais ou menos limitado a agir em casos de emergência.

A recusa total da França à obediência a Avignon foi decidida por uma ordem régia de 27 julho de 1398. Sua prescrição mais importante foi a restituição da colação de prebendas, conquistada por Clemente V para o papado, aos ordenadores comuns. A negação, entretanto, não funcionou tão bem quanto esperava o clero francês. O efeito imediato foi esmagador. Bento XIII foi abandonado por seus cardeais, e o povo de Avignon sitiou-o em seu palácio. Mas a Igreja Galicana não obtivera muita liberdade, pois as exações papais foram substituídas pelas régias. As Cartas Régias de 1400 organizaram de modo detalhado o sistema de espoliação; os ordenadores tinham de sustentar os protegidos (a) do rei, (b) da rainha, (c) do irmão do rei ou seus tios, e (d) a Universidade de Paris. Os bispos relutantes foram disciplinados com severidade. Quando Bento XIII fugiu em 1403, os cardeais e Avignon retornaram à obediência ao papa; em maio desse mesmo ano, a França regressou.[18]

b. O concílio nacional francês de 1406

A crise seguinte veio em 1406. O Concílio Nacional deste ano deu a Pierre Leroy a oportunidade de elaborar em detalhe sua concepção das liberdades galicanas. Ele argumentou que se conhece melhor o *estat de l'église* localmente que centralmente; as nomeações feitas por Roma frequentemente designam pessoas inadequadas; tais intervenções causaram cismas, perturbação e confusão; deste modo, elas vão de encontro ao

---

[18] *Subtractio Totalis Oboedientiae*, de 1398, em Bourgeois de Chastenet, *Nouvelle Histoire*, p. 79-84; a *Restitutio Oboedientiae*, de 28 de maio de 1403, *Preuves*, p. 84-86.

droit commun e à vontade dos fundadores. Para remediar estes males, a Igreja, e particularmente a Igreja da França, terá de ter restituída a sua velha liberdade e costumes.[19] As exações financeiras do papado são tão pesadas que destroem a propriedade das igrejas locais. Assim, o rei, como o protetor dos oprimidos, tem de agir a favor da Igreja oprimida. Não se podia esperar nenhuma ajuda do papado quanto a esta questão porque uma mudança seria contra o seu interesse; o Concílio Geral é igualmente inútil, pois o procedimento vagaroso impede sua convocação. Leroy propõe que a Igreja Galicana cesse sua obediência no que diz respeito às prebendas; o contra-argumento de que o papa morreria de fome não é válido porque, de fato, o *Patrimonium Petri* é suficiente para a manutenção do papado se gerido corretamente. Com relação às obrigações financeiras além das prebendas, Leroy propõe um orçamento-legal do prelado. Os subsídios somente devem ser arrecadados com o consentimento dos prelados; as imposições têm de ser necessárias e não podem exceder às necessidades reais; nenhuma igreja deve pagar mais do que é capaz; deve-se ter cuidado particular com as igrejas que passam por dificuldades financeiras devido às frequentes desocupações.[20] Recusou-se novamente a obediência, de modo completo, em 1406; e em 1408, no quinto Concílio Nacional, foi organizada a Igreja Galicana autônoma em distritos e primazias.[21]

A reação galicana contra o papado de Avignon é o exemplo mais interessante do processo em que as igrejas regionais conquistaram uma autonomia relativa e, ao mesmo tempo, submeteram-se ao controle régio, uma vez que o movimento francês foi acompanhado pela elaboração teórica da ideia galicana. O movimento em direção à autonomia institucional também pode ser encontrado noutras regiões. Num capítulo anterior, discutimos a legislação inglesa do século XIV, que,

---

[19] "... que l'Eglise soit ramenée, et especialement l'Eglise de France, à la liberté et manière anciennes" (*Nouvelle Histoire*, p. 172).

[20] As *Propositions de Pierre Leroy, Nouvelle Histoire*, p. 172-75.

[21] Sobre os detalhes da organização de 1408, ver Mollat, "The Popes of Avignon and the Great Schism".

na prática, resultou na *subtractio particularis* que Leroy exigia para a Igreja Galicana. Mas também observamos que o desenvolvimento inglês, embora tenha precedido o francês, não produziu uma teoria da Igreja Anglicana.

c. As concordatas

Este movimento pela autonomia eclesiástica nacional se tornou uma importante corrente no movimento conciliar geral. As reformas que, em última análise, foram conquistadas pelo Concílio de Constança tiveram de ser expressas como "concordatas nacionais", ou seja, acordos entre o papado e as igrejas nacionais controladas pelos príncipes e reis. As concordatas eram, de fato, uma inovação revolucionária. A ideia do *sacrum imperium*, que contém os poderes espiritual e temporal como *ordines* no seu corpo místico, foi definitivamente destruída. A Igreja aparece como uma sociedade autônoma que participa de relações contratuais com os reinos seculares. O reconhecimento deste novo relacionamento entre a Igreja e os poderes seculares, pode-se dizer, foi o resultado permanente mais relevante do período conciliar. O novo nacionalismo penetrou a organização da Igreja até ao topo da hierarquia, pois a primeira medida das concordatas de Constança foi a promessa do papa de restringir o colégio de cardeais a 24 membros, a serem recrutados "indiferentemente" em todas as nações.[22]

As concordatas de Constança foram firmadas por apenas cinco anos. Após a expiração, em 1423, a situação ficou tensa novamente. Em 1425, Martinho V emitiu uma constituição unilateral para a França, a qual foi substituída pela concordata de Genzano em 1426. Em 1438, o Concílio da Igreja francesa de Orleans/Bourges deu origem à sanção pragmática de Burges. O título *Pragmática* é uma inovação jurídica, destinada

---

[22] As concordatas de 1418 são encontradas em Mansi, *Sacrorum Conciliorum*, vol. 27: o decreto geral, p. 1177 ss; a concordata francesa, p. 1184 ss; a alemã, p. 1189 ss; a inglesa, p. 1193 ss.

a significar uma Constituição da Igreja aclamada pelo rei. Com essas medidas, os direitos papais restringiam-se às nomeações para prebendas na cúria romana. Estava constituída finalmente a Igreja Galicana sob a liderança do monarca nacional. Só depois da morte de Carlos VII, em 1461, o papado conseguiu retomar as negociações. À sanção pragmática francesa seguiu-se, em 1439, a *Acceptatio* alemã da Dieta de Mainz. Esta aceitou as partes dos decretos da reforma do Concílio de Basileia que serviam aos príncipes, com alguns acréscimos. Esta *Acceptatio*, na prática, tornou-se nada mais que um manifesto dos príncipes. O grande acordo alemão surgiu em 1448 com a Concordata de Viena. Sua relevância reside no fato de que a "reforma" tomou a forma de uma partilha de despojos entre o papado e os príncipes territoriais. O papado ganha com a vitória contra o movimento conciliar, e os príncipes recebem uma ampla fatia dos impostos e do controle episcopal sobre as igrejas territoriais. Este acordo, que na época oferecia certa vantagem ao papado porque os príncipes tinham negado seu apoio ao concílio, teve no século XVI uma consequência importante: a reforma luterana pôde ser localmente bem-sucedida, de modo relativamente tranquilo, quando os príncipes exerceram o controle da igreja a seu favor.

§ 3. Concordantia Catholica

a. Nicolau de Cusa

Na *Concordantia Catholica* de Nicolau de Cusa, o movimento conciliar produziu a única obra situada num nível acima das discussões nominalistas e jurisdicionais.[23] A razão da

---

[23] Nicholas of Cusa, *De Concordantia Catholica Libri res.* Paris, 1514; Edição fac-similar: Bonn, 1928, com prefácio de Gerhard Kallen. *De Concordantia Catholica.* Ed. G. Kallen. In: *Nicolai Cusani Opera Omnia.* Berlim, Meiner, 1959, vol. 7. A *Concordantia* foi escrita em 1433. Tradução: Cusa, *The Concordance of the Catholic Faith.* Ed. e trad. Paul E. Sigmund. Cambridge, 1991; ver também Sigmund, *Nicholas of Cusa and Medieval Political Thought.* Cambridge, Harvard University Press, 1963.

qualidade do trabalho resulta da personalidade do autor. Este era humanista e místico, com um grande temperamento metafísico. Como humanista, tinha à sua disposição o *instrumentarium* filosófico dos antigos, bem como dos padres da igreja e dos escolásticos; e para expressão de seu pensamento poderia recorrer a Platão e Aristóteles, assim como a Santo Ambrósio e Santo Agostinho, Dionísio Areopagita e Santo Tomás. Como místico, tinha suas raízes na *theologia negativa*; o uso da palavra *concordantia* no título indica a vontade de ver o cosmos social como análogo da concórdia mística das três pessoas divinas; é notável em sua obra a influência de Meister Eckhart. Foi este misticismo que o impediu de se tornar um dogmático e tomar partido na luta entre facções. Em virtude de seu temperamento metafísico, ele pôde abordar com seriedade os problemas resultantes da combinação das imagens helênica e cristã do homem. Neste aspecto, ele foi mais bem-sucedido do que Santo Tomás, em cuja obra o naturalismo aristotélico e o espiritualismo cristão coexistem lado a lado sem formar um sistema teórico coerente. A combinação desses três elementos – humanismo, misticismo e temperamento metafísico – torna Cusa o primeiro grande filósofo pós-escolástico. Sua obra é a primeira que tem uma clara atmosfera renascentista. O sintoma externo deste "modernismo" é a forte presença das ciências naturais nos hábitos de pensamento de Cusa; com seus símiles, como veremos, ele aborda questões decisivas da matemática, da fisiologia e da medicina.

b. Harmonia espiritual

Na exposição da *Concordantia* abordaremos sistematicamente, em primeiro lugar, os conceitos centrais e, depois, examinaremos brevemente a elaboração institucional.

Concordantia é "a razão pela qual a *ecclesia catholica* está em concórdia entre um Senhor e muitos súditos". A *concordantia* é a harmonia espiritual que flui, por graus e etapas, do rei da Paz para todos os súditos e membros unidos "de modo a que haja um Deus, que é tudo em todos". Desde o princípio (*ab initio*), estamos predestinados a esta harmonia pela adoção como filhos de Deus através de Cristo (*Concordantia* I.1). É assim que Cusa abre seu tratado e define a substância espiritual da sociedade, a substância subjacente à concórdia dos membros. Esta posição fundamental deve ser bem compreendida; se a negligenciarmos, chegaremos a uma interpretação de Cusa – como às vezes se encontra – que isola sua teoria da representação e consentimento e negligencia o fato de que, para Cusa, a institucionalização do consentimento pressupõe a substância espiritual que permeia todos os membros da comunidade e possibilita o consentimento. Aqui reside a diferença entre Cusa e os nominalistas. Ele não acredita que a resposta aos males políticos se encontre em reformas institucionais. Para ele, a ideia de governo representativo não é um dogma, mas um instrumento pragmático para a realização da harmonia. Quando a experiência do Concílio de Basileia o convenceu de que as assembleias representativas não são necessariamente o melhor instrumento para a criação da harmonia, ele pôde tornar-se um monarquista quanto ao governo eclesiástico sem abdicar de suas posições metafísicas e místicas. A substância espiritual da *concordantia* é fundamental; as instituições não são mais do que meios para sua concretização na prática política.

c. Infinita e gradualis Concordantia

A finalidade da vida humana é, para Cusa, a união eterna com o espírito e a carne de Cristo. Para possibilitar ao homem alcançar esta *concordantissima unio* pela fé, Deus ordenou a *gradualis concordantia* do corpo místico da Igreja. A *gradualis concordantia* da sociedade é o análogo terreno da *summa et infinita concordantia* na divindade triúna (I.1). Nesta construção analógica, Cusa concebe a realidade finita mediante o símbolo matemático de uma aproximação à infinidade divina. Um simbolismo que será plenamente elaborado somente em obras posteriores. Em *Docta Ignorantia*, de 1440, Cusa conseguiu o feito singular de escrever uma *theologia negativa* em notação matemática – se o termo musical for permitido. Deus é o máximo absoluto. A divindade infinita aparece como *coincidentia oppositorum*, o ponto onde o máximo e o mínimo de uma série infinita coincidem como o ponto onde as extremidades de uma linha reta infinita se encontram num círculo. Metafisicamente falando, o máximo "que acreditamos ser Deus pela fé inquestionável de todas as nações"[24] é o *realissimum* em que o conflito finito das diferenças é transposto numa harmonia infinita de diferenças; é o absoluto em que o desdobrar da realidade é *aufgehoben* [superado], no sentido hegeliano do termo. Consequentemente, a realidade social empírica não é, para Cusa, nem uma anarquia de conflitos nem uma harmonia perfeita de interesses; é, antes, segundo a ordem divina, uma harmonia aproximada em que nenhuma posição particular pode legitimamente ser erigida em absoluto. Cooperação e consentimento são as formas em que esta harmonia aproximada incessantemente tem de ser efetivada; e esta tarefa não é desesperada, pois, por predestinação divina, o Espírito permeia a sociedade e fornece a substância homogênea que inclina as forças opostas para a unidade. "O Pai é a fonte da vida, que reconhece no Filho o vaso sanguíneo, por onde o fluxo do Espírito penetra todos os homens."[25]

d. Ordem hierárquica

O corpo místico é hierarquicamente ordenado. A categoria de ordem hierárquica é usada por Cusa geralmente como o grande princípio de interpretação do universo; é a categoria de Dionísio Areopagita que já tinha uma função decisiva em

---

[24] Nicolai de Cusa, *De Docta Ignorantia*. Ed. E. Hoffmann e E. Klibanski. In: *Opera Omnia*, Jussu et auctoritate Academiae Litterarum Heidelbergensis, vol. I. Leipzig, 1932, I.2, p. 7. Tradução: Cusa, *Of Learned Ignorance*. Trad. Germain Heron. Londres, 1954.

[25] *Concordantia*, I.1. Esta similitude psicológica deve ser comparada com o simbolismo da natureza em *Docta Ignorantia*, II.13. A respeito da analogia orgânica, ver especialmente p. 111, a concepção da terra como um animal. A fonte de tais semelhanças é Hipócrates; a respeito de sua influência sobre Leonardo da Vinci, ver p. 111 n.

Santo Tomás de Aquino. A criação flui de Deus hierarquicamente; desce das criaturas mais próximas da imagem de Deus para as configurações inferiores da natureza. Cada classe mais baixa é, como num símile platônico, a sombra da superior, até à mais baixa de todas, que é uma sombra que não alumia nenhuma etapa adicional. A série desde o esplendor da luz eterna até à sombra absoluta é mais uma vez expressa no símbolo matemático de uma série que se estende *ab infinito usque ad nihil* (*Concordantia* I.2). Esta concepção de hierarquia é depois usada na interpretação do corpo místico. O corpo, ou a *ecclesia Christi*, consiste nos sacramentos, no sacerdócio e nos fiéis. Os sacramentos são o espírito; o sacerdócio, a alma; os fiéis, o corpo. Os três juntos se unem no corpo místico. As duas *ordines* do corpo – sacerdotes e fiéis – estão ordenadas hierarquicamente, a começar dos cabeças papal e imperial, passando pelas hierarquias eclesiástica e feudal, até chegar aos simples *laici* (III.1).

e. *O crescimento do* corpus mysticum

Até aqui, a estrutura geral do corpo místico corresponde a uma ideia corrente desde o século IX: é a hierarquia de São Paulo ampliada pelas fileiras dos governantes seculares. Mas Cusa acrescenta, de modo revolucionário, os tipos incluídos no *corpus mysticum* para o fazer corresponder à estrutura pós-feudal de seu tempo. Os instrumentos que usa para este propósito são a *caritas* paulina e a ideia platônico-aristotélica de sociedade perfeita.

Para Cusa, a *caritas* de São Paulo implica um crescimento do *corpus mysticum* para além dos *charismata* enumerados. A *caritas*, os laços de amor, que para São Paulo mantêm unidas a comunidade e sua ordem hierárquica, transforma-se em princípio geral que pretende conferir a cada fiel um estatuto no corpo místico, de modo que nenhum se separe de Cristo. O corpo não abrange somente os que são santos, mas todos os fiéis e mesmo as virtudes racionais e os poderes superiores. Toda *natura rationabilis* deveria aderir a Cristo como seu cabeça.²⁶ Se a *caritas* paulina for interpretada dessa maneira, a *ecclesia* já não é a comunidade dos santos num ambiente pagão; já não é sequer a *ecclesia* dilatada pelo imperador e pela hierarquia feudal; transformou-se na *societas perfecta* no sentido aristotélico, permitindo o desdobramento de todas as potencialidades da natureza humana, particularmente as racionais. Torna-se possível, agora, introduzir como novas fileiras no *corpus mysticum* os *sapientes et heroes*, isto é, os filósofos e os tutores platônicos, bem como a hierarquia política aristotélica dos livres e dos escravos (prefácio ao livro III).

Esta introdução dos tipos platônicos e aristotélicos é mais do que uma reflexão de interesses humanísticos: serve à finalidade muito prática de conferir *status* no corpo místico, e um *status* muito distinto, aos *sapientes*, como homens verdadeiramente livres. Com a criação deste *status* para os *sapientes*, atinge seu clímax uma tendência que vinha sendo notada há dois séculos. Vimos no século XIII, com Sigério de Brabante e Santo Tomás, a emergência do intelectual como um novo tipo na sociedade ocidental. Os filósofos, os teólogos treinados, os advogados régios e eclesiásticos, os funcionários das burocracias governamentais – eclesiástica e secular – representam um modo de vida que não era sustentado pelo padrão feudal de sociedade. No *Defensor Pacis*, de Marsílio de Pádua, pode-se sentir, de forma intensa, a autoconsciência e o *pathos* do perito

---

²⁶ Concordantia, I.1: "Augmentum enim corporis facit aedificationem sui in charitate: ut assurgat unum templum... In quo non solum sanctorum hominum, sed omnium credentium, omnium etiam superiorum rationabilium virtutum atque potestatum connexionem fidei spiritusque accipiendam arbitror: ut per harmoniam quamdam virtutum ac ministeriorum, corpus unum ex omnibus rationabilis naturae spiritibus adhaereat capiti suo Christo". A passagem completa diz: "Dele, um só corpo de fiéis, unido e ligado em harmonia racional com a Palavra em todos os ramos do ministério, contribui para o crescimento de seu corpo proporcionalmente em caridade de modo a construir uma morada espiritual e um templo para todos. Aqui penso que devemos entender que existe uma união na fé e no espírito, não só dos santos, mas de todos os fiéis e de todos os poderes e legiões celestiais de modo que, por certa concordância de poderes e ministérios, um corpo formado por todos os espíritos de natureza racional adere a Cristo, sua cabeça, formando a estrutura do edifício da igreja de tal forma que os elos entre os adeptos individuais não é perceptível sensorialmente". Trata-se da citação de uma carta de Santo Ambrósio; *The Catholic Concordance*, 6.

burocrático que sabe que tem de operar no governo e conceder os benefícios de seu governo ao povo ignaro. Na ampliação do *corpus mysticum* proposta por Cusa pelas novas fileiras de *sapiens*, temos de ver a afirmação do intelectual de maneira comparável à afirmação do burguês no calvinismo e do proletário no marxismo.

A recepção das fileiras aristotélicas de *sapientes* livres e de *insipientes* escravos criou um problema formidável, pois a ideia helênica de um escravo por natureza é incompatível com a ideia cristã do homem espiritual livre. Cusa resolve o problema pela fórmula "não é a natureza que torna o homem um escravo, mas sua insensatez [*insipientia*]; tampouco a *manumissio* [alforria] torna o homem livre, mas a disciplina" (prefácio ao livro III). Insensatez e sabedoria são tipos caracteriológicos. O insensato é um escravo da cupidez, da avareza, da malícia, da ira. O sábio não se dobrará ao medo, nem será mudado pelo poder, nem afastado pela prosperidade, nem submerso pelo pesar. O sábio tem uma mente estável; não ficará deprimido nem empolgado com a mudança das coisas, e não será como menino, levado em roda por todo vento de doutrina. O homem livre viverá segundo a lei, que não está gravada em tábuas, mas impressa em sua mente. O sábio pode governar a si mesmo; o insensato será governado por suas volições (prefácio ao livro III). Se um homem pertence ao tipo sábio ou insensato pode afetar seu lugar na hierarquia social, mas não afeta sua pertença ao corpo místico. A diferenciação entre livres e escravos não cria, como na teoria helênica, uma linha divisória na comunidade, separando os cidadãos e a classe apolítica dos escravos.

f. Natureza e graça

A distinção entre tipos caracterológicos e a mera afirmação de que *insipientia* não afeta a pertença ao corpo místico não seriam suficientes para superar o naturalismo aristotélico. O principal obstáculo à integração da teoria política helênica na cristã é constituído pela ideia helênica de natureza: a natureza helênica é uma natureza sem graça. A diferenciação dos tipos é um fato bruto. Na *Politeia* [República], Platão teve de apresentar o mito do metal para convencer as fileiras inferiores a acreditar que têm de submeter-se ao governo dos sábios; embora em *Nomoi* [Leis] tenha de certa forma suavizado a dureza das diferenças, ele ainda não pode fazer nada melhor do que orar aos deuses para que evitem o pior quando os homens inferiores participarem do governo. No sistema cristão, a própria natureza tem de ser penetrada espiritualmente, a fim de tornar as diferenças naturais psicologicamente suportáveis e compatíveis com a ideia fundamental de liberdade espiritual. É impossível para o pensador sistemático consciencioso considerar o *status* do homem determinado, por um lado, pela filiação ao pai divino e, por outro, por um fato cego da natureza. Cusa chega à análise de que o Deus onipotente deu aos insensatos um traço de caráter que lhes permite confiar nos *sapientes* de modo que aqueles podem ser governados com o auxílio destes (*ipsorum adjutorio*). "Assim, por uma espécie de instinto natural, a presidência dos *sapientes* e a sujeição dos *insipientes* entram em acordo, e podem existir sob leis comuns, das quais os *sapientes* são os autores, guardiães e executores" (prefácio ao livro III).

Essa "espécie de instinto natural", *naturalis quidam instinctus*, não é a natureza helênica cega nem a natureza psicológica que aparece mais tarde na especulação sobre o direito natural no século XVII, como, por exemplo, em Hugo Grócio. É uma natureza iluminada pela ordem divina e orientada para a razão. O instinto de Cusa não é um instinto de obediência ou submissão a qualquer governante que tome o poder, nem um instinto gregário que obriga os homens a juntar-se em comunidade; é, antes, uma variante da razão. O *sapiens* pode governar a si mesmo pela razão; os *insipiens* têm a "confiança" que os induz a aceitar no governo dos *sapiens* a disciplina da razão que não conseguem exercer por si mesmos. Sem o governo dos *sapiens*, os *insipiens* são escravos das volições; sob o governo dos sábios, e através dele, conseguem a liberdade. A "confiança" que induz a obediência assegura ao *insipiens*, socialmente, o governo da razão, para o qual ele é, pessoalmente, incapaz. A "confiança" é a condição que possibilita um governo da razão por consentimento. Sem ela, o governo representativo seria apenas uma questão de jurisdição e poder, e o governo pelo consentimento degeneraria na tirania de uma maioria que se entregasse a suas emoções e volições. A confiança e o primado da lei, como formulados por Cusa, são os princípios em virtude dos quais se tornam razoáveis a ideia de governo democrático por liderança e consentimento.

g. A elaboração institucional

A concepção de Cusa pressupõe a fé em que Deus, de fato, está com seu povo: que os governantes têm a lei impressa em suas mentes e que os governados são induzidos pela confiança a consentir com a liderança da razão. Cusa tinha bem forte esta fé religiosa na *concordantia* da sociedade. Esta convicção profunda inspirou-o a detalhar as formas institucionais de governo pelo consentimento; o seu tratado é praticamente um manual de procedimento parlamentar. Neste aspecto, não tem paralelo no seu tempo, e somente poderia ter sido escrito pelo único homem para quem o governo por deliberação e consentimento era uma matéria de fé substantiva.[27]

Para serem válidas, as leis positivas têm de ser feitas de acordo com a lei natural. Para garantir este acordo, os *sapientiores et praestantiores* têm de ser eleitos como legisladores. Os *ratione vigentes* são governantes naturais dos demais. Governam pela razão, não pela lei coerciva ou por decisões impostas aos que não as querem. "Por natureza todos os homens são livres" (*natura omnes sunt liberi*); a posição governante só pode ser justificada pela adesão ao primado da lei. A autoridade governamental deriva da *concordantia* e do consentimento do súdito.

---

[27] Dempf sugere (*Sacrum Imperium*, p. 558) que as convicções de Cusa estavam enraizadas na experiência da democracia camponesa e do governo eclesiástico eletivo da região da Moselle. O orgulho nativo desempenha seu papel na obra de Cusa. No *praefatio* ao livro 3, não se furta de mencionar o mito de Treverus, que foi expulso da Babilônia e, em suas perambulações, encontrou a cidade por ele denominada Treves, "a mais antiga cidade da Europa", "in campe quodam amoenissimo interluente eum Mosella" (num campo idílico com Moselle fluindo sobre ele).

"Pois, uma vez que, por natureza, os homens são igualmente fortes e livres, o verdadeiro e ordenado poder de um, que não é por natureza mais forte que o outro, só pode ser constituído por eleição e consentimento" (II.14). Para validar um artigo de legislação positiva, requerem-se *usus et acceptatio*; uma lei que não penetre na sociedade pela observação e sanção é inválida. Para a plena validade de um estatuto, três coisas são necessárias: (1) poder legítimo do legislador; (2) aprovação do estatuto com o uso; e (3) promulgação (II.11). As decisões em casos individuais podem ser dadas numa província da igreja pelo prelado metropolitano; mas as regras gerais têm de ser aprovadas em sínodos provinciais. "Pois nesta concórdia O Mais Elevado tem Sua alegria (...) Deus é o oficial que preside [*primas*] onde se alcança uma concórdia sem corrupção" (II.10).

No caso de um Concílio Geral todos os líderes da igreja universal têm de estar presentes para que as decisões sejam válidas; um concílio ilegítimo não é representativo (II.2-3). Nas sessões, deve-se garantir total liberdade de expressão: um concílio não é importante pela quantidade de membros, mas pelo grau de liberdade e unanimidade atingidos. Não deve haver negociações secretas, e a audiência pública tem de ser aberta a todos. Se um acordo for alcançado mediante uma sentença concordante, supõe-se que a decisão foi inspirada pelo Espírito e por Cristo, que preside à congregação reunida em seu nome (II.3). Quando uma decisão provém da *concordantia*, então procede do Espírito, que é a fonte da *concordantia*. Não é humano, mas divino, quando uma multidão de homens em assembleia, com plena liberdade de expressão, chega a uma decisão em *concordantia* (II.4).

h. A Concordantia *da humanidade*

Para resumir, podemos dizer que a *Concordantia* é uma tentativa magnífica de formular os princípios sobre os quais o governo por consentimento repousa numa sociedade cristã. O livro II da *Concordantia*, como dissemos, tem a distinção de ser o primeiro manual de procedimento parlamentar, enquanto o livro III tem uma crítica dos resquícios feudais na constituição do império (III.25-31) e sugestões para a reforma constitucional (III.32-41); disse-se que o povo alemão teria evitado muita miséria política se as tivesse adotado. O aparato conceitual usado nesta tarefa é helênico, patrístico e escolástico, e o *momentum* da elaboração é distinto do movimento conciliar. A energia de uma instituição renovada e revolucionária, a autoconfiança dos *sapiens* e certo otimismo no que diz respeito à natureza humana determinam a atmosfera.

Há, entretanto, algo mais na *Concordantia* do que o caráter da época: o caráter da época era predominantemente nominalista, enquanto o trabalho de Cusa é singular no seu tempo em virtude de seu realismo metafísico. Trata-se de um regresso ao século XIII pré-nominalista? A *Concordantia* deve ser considerada uma obra de reação? A resposta é negativa. O realismo de Cusa encontra suas raízes no seu misticismo, e seu misticismo é aquele do grande movimento iniciado com Eckhart. A fé de Cusa não é fideísta como a de Ockham, e seu eclesiasticismo não é jurisdicional nem relacional. Abriu-se uma nova fonte de fé substantiva para a regeneração espiritual da cristandade através dos movimentos místicos do século XIV.

Se a experiência mística da *concordantia infinita* na divinidade triúna, e sua interpretação intelectual, for elaborada metafisicamente numa fórmula para a interpretação da sociedade, a comunidade da humanidade é evocada como o corpo, em acordo místico por virtude do espírito que o permeia, crescendo em fé e caridade rumo ao infinito sem o alcançar durante a peregrinação por esta terra (*Docta Ignorantia*, III.I2, p. 159). A perspectiva da história cristã de Cusa não é nem a do *saeculum senescens* de Santo Agostinho nem uma nova dispensação, como o terceiro reino de Fiore ou de Dante; é o horizonte aberto de uma humanidade que cresce na fé e na penetração intelectual da fé. O intelecto e a fé determinam um ao outro. "A fé implica em si tudo que é inteligível, e o intelecto é a explicação da fé. O intelecto é dirigido pela fé, e a fé é aumentada pelo intelecto. Onde não há fé sadia, não há intelecto verdadeiro" (III.11, p. 152). A vida do místico intelectual extrai sua substância da visão de Deus[28] e, portanto, pode ser vivida historicamente em uma humanidade harmoniosa, movendo-se gradualmente para a *unio concordantissima*.

Segundo o nosso intelecto, desejamos viver intelectualmente, ou seja, penetrar cada vez mais profundamente na vida e na alegria. E como a vida é infinita, os bem-aventurados são levados a ela continuamente por seu desejo. Aqueles que bebem da fonte da Vida estão sedentos enquanto sua sede é aplacada; e uma vez que esta bebida não cai no passado – porque é bebida da eternidade – os bem-aventurados sempre beberão e saciarão sua sede, e nunca ficarão ébrios nem saturados.[29]

Precisamente no momento em que o *sacrum imperium* medieval se dissolvia nas *societates perfectae* da igreja e das nações, precisamente nesse tempo em que a categoria do corpo místico foi transferida da cristandade universal para os corpos nacionais particulares, a nova *concordantia* da humanidade é evocada pelo cusano a partir das forças do novo misticismo intelectual. As nações que emergem do *sacrum imperium* não se tornaram uma pluralidade de fatos brutos de poder sem a graça: a fé mística na *concordantia* da humanidade ainda se estendia sobre elas como o arco eterno, por cima da discórdia dos tempos.

---

[28] Ver Cusa, *The Vision of God*. Trad. E. G. Salter. Introdução de Evelyn Underhill. Nova York, Ungar, 1960.

[29] *Docta Ignorantia* III.12, p. 160: "Desiderium autem nostrum intellectuale est intellectualiter vivere, hoc est continue plus in vitam et gaudium intrare. Et quoniam illa infinita est, continue in ipsam beati cum desiderio ferunter. Satiantur itaque quasi sitientes de fonte vitae potantes; et quia ista potatio non transit in praeteritum, cum sit in aeternitate, semper sunt beati potantes et semper satiantur, et nunquam biberunt aut saturati fuerunt". (Mas o desejo de nosso intelecto é viver pelo intelecto, isto é, adentrar cada vez mais na vida e na alegria. E como a vida e a alegria são infinitas, os bem-aventurados seguem na vida e na alegria com um desejo ardente. Saciam-se aqueles que bebem da fonte da vida, embora permaneçam sedentos; mas, como esta bebida nunca se torna passada, pois é eterna, sempre serão bem-aventurados os que bebem e os sedentos, pois nunca passarão nem a sede nem a saciedade; *Of Learned Ignorance*, p. 168.)

ÍNDICE REMISSIVO

A

Abastecimento, 259-60
Ab infinito usque nihil, 304
Ab initio, 302
Abraão, 215
Accepatio, 300
Acciaiuoli, Niccolò, 261
Acéfalo, 187
Acre, queda de, 47
Ad jussum imperatoris (pela ordem do imperador), 61n
Ad nutum [ao arbítrio], 60, 61n
Adalberto de Bremen, 238
Adamitas, 206
Adão, 215
Adolfo de Nassau, 269
Adolfo de Schaumburg, 238
Aequitatis naturales, 140-01n14
Afonso de Castela, 235
África, 48-49, 72
Agostinho, Santo, 62, 97, 187, 223, 301, 310
Alano, 66
Alberto, o Urso, 238
Albigenses, 203, 205-06
Albornoz, cardeal, 195
Alemanha
  autoridade ilimitada da elite dominante na, 110
  "caráter nacional" da, 194, 230, 265-66
  cidades-estados na, 254-55, 264-68
  classes média e baixa na, 167
  complexo de cercamento da, 191n
  concentração do poder real na, 232-36
  criatividade institucional na, 170
  desenvolvimento constitucional na, 99-100
  e a Bula de Ouro, 235, 241-55,
  e a colonização do leste, 236-40
  e a Confederação Suíça, 268-70
  e a teoria jurídica de Leopoldo de Babemberg, 252-55
  e interregnos, 232-36
  eleição do rei-imperador na, 247, 251
  e Maximiliano I, 82
  e nacionalismo, 206, 230-32
  e o Concílio de Constança, 290
  e o particularismo, 230-31, 235, 237, 255, 265
  e Rienzo, 274-78
  Hansa na, 264-68
  historiografia do século XIX, 230
  Igreja na, 229, 233 287
  império na, 48, 100, 231, 194, 239
  Ligas Alemãs do Sudoeste, 268
  Nacional-Socialismo na, 70n8
  obstáculos à unidade política na, 230
  oligarquia de príncipes na, 251-52
  poeta como voz divina da nação na, 88

política subimperial na, 229-255
realeza na, 229, 235, 244
Reforma na, 155
Reino franco Oriental e Itália, 231-32
República de Weimar, 172
Aliquem Italicum, 278
Alma: Aristóteles sobre, 90
hierarquia das almas na *Divina Commedia*, 94
Marsílio de Pádua sobre, 104-05
Tomás sobre, 81n
Alsácia-Lorena, 257
Alta Idade Média. *Ver* Idade Média
Ambrósio, Santo, 301, 305n
América, 48-49, 280
Amor, 211-12, 214, 304
Ana, rainha, 71n9
Anagni, caso, 46, 50
Analogias animais, 104-06, 303n25
Analogias orgânicas, 104-05, 186-87, 303n25
Ancilla et famula, 61
Andreas de Escobar, 295n
Angelo, Frei, 283-84
Anglicanismo, 153, 199, 299
Anima animi, 14
Anima intellectiva, 119
Annates, 296
Anônimo de York, 154, 224
Anselmo de Cantuária, 154
Anticristo, 214, 216, 227
Areté, 25, 103
Aristocracia, 144-45
Aristóteles, 25, 68, 90-1, 102-08, 111-13, 116n, 121, 144, 224, 301
Arnaldo de Brescia, 274
Arti, 271
Articulação, 163-66, 179-82, 193, 271-72
Artigos dos Barões, 157
Ascetismo, 142
Ásia, 48
Atenas, 261-62, 264, 272
Ato das Nomeações Eclesiásticas, em 1534, 199
Ato de Supremacia, 199
Aufgehoben, 303

Áustria, 196n, 240
Autobiographical Reflections (Voegelin), 12
Autodeterminação, 17
Autoridade
autoridade governamental baseada na *concordantia*, 308-09
autoridade política universal do papado, 24, 195
autoridade representativa, 79, 105
da elite dominante germânica, 110
símbolos de Dante, 86-88
Auxilium, 161-62, 166, 170
Averróis, 90
Averroísmo, 89-90, 102, 119
Avignon, papado em, 24, 28, 50, 73, 95, 135, 145, 194-97, 215-17, 284-85

B

Babemberg, Leopoldo de. *Ver* Leopoldo de Babemberg
Balduíno de Trier, arcebispo, 253
Balduíno II, 72
Balduíno, imperador, 72
Barker, professor, 179
Baronato, 163, 182
Basileia, Concílio de, 39, 293-95, 300, 302
Bassermann, Albert, 95-96n9
Belarmino, cardeal, 133
Bélgica, 257
Benevento, batalha de, 48, 72
Bento XI, Papa, 194
Bento XIII, Papa, 297
Bernardo de Claraval, 60n
Bertrand de Bayonne, 54
Bertrand de Got, 194
Bíblia
Novo Testamento, 216
preparação da Bíblia Inglesa por Wycliffe, 201
Velho Testamento, 88, 189, 215-16
Bios theoretikos, 120
Bismarck, Otto von, 100
Bloch, Marc, 71n9
Boaventura, 81n

Bodin, Jean, 67, 83
Boécio Dácio, 102, 125
Boêmia, 22, 203-04
Bona spiritualia, 211
Bona temporalia, 211
Bonifácio IX, Papa, 205
Bonifácio VIII, Papa, 24, 46, 50-53, 57n, 67, 71, 74n15, 124, 194-96, 248
Borgonha, 242, 244-45, 263-64, 268, 270
Bradwardine, doutrinas de, 222
Brandenburgo, 238, 240
Brutus, 189, 189n
Buergertum, 165
Bula de Ouro, 235, 241-44, 247-48, 250, 252, 254-55, 268
Bulgária, 57
Burdach, Konrad, 275, 277
Burguesia, 165, 166, 271

C

Cabo da Boa Esperança, 48
Calvinismo, 306
Calvino, João, 21, 50, 82, 142, 200, 204, 206, 221, 223
Camera apostolica, 197
Capeto, Hugo, 70n8
Caput Christus, 221
Caput Populi Christiani, 247
Caráter nacional, 230, 237, 266
Caridade, 213-16, 279, 305, 310
Caríntia, 240
Caritas, 304-05
Carlisle, Estatuto de, 198-99, 205
Carlos de Basse-Lorena, 70n8
Carlos de Anjou, 48, 58n7, 71-73, 125
Carlos IV, imperador, 241-42, 248, 278, 281, 283
Carlos IV, rei de França, 242
Carlos Magno, 69, 70n8, 231-32, 242, 254
Carlos VI, rei de França, 295
Carlos VII, rei de França, 300
Carlos, o Temerário, 263-64
Carlyle, R. W. e A. J., 58n6
Carolíngios, 69, 70n8, 195, 231
Carta dos Padres, 269
Cartas (Dante), 86-87, 88-89, 97, 279

Catarina de Valois, 261
Catarismo Albigense, 206
Cativeiro Babilônio, 193-94
Causa prima, 130
Causae formales, 113
Causae materiales, 113
Causae, 130
Censuarii, 60
Caesar, 243
Cesarini, cardeal Giuliano, 294-95
Chambres des Comptes, 264
Champagne, conde de, 70n8
Charismata, 54
Chelcicky, Peter, 207
Chioggia, Guerra de, 259
Chipre, 245, 261
Chrimes, S. B., 184, 184, 185n
Christianum imperium, 243
Cidades-estados área das, 255-57
   Borgonha, 263-64
   Confederação Suíça, 268-70
   Constituição de Veneza, 273-74
   e a Quarta Cruzada, 260-62
   e Hansa, 264-67
   estrutura interna das cidades, 270-72
   Ligas Alemãs do Sudoeste, 268
   mundo feudal e cidades, 257-59
   na Alemanha, 257-59, 264-68
   na Itália, 22, 258, 260, 270, 273
   organização da conquista veneziana, 273
   rotas comerciais e abastecimento, 259-60
Cidades
   e o mundo feudal, 257-59
   estrutura interna das, 270-72
   na Inglaterra e na França, 161, 256
   política das cidades mediterrâneas, 111-12
   rotas comerciais e abastecimento, 259-60. *Ver também* Cidades-estados
Ciências e matemáticas, 61, 125-26, 131-32, 301-302
Ciompi, 272
Cisma. *Ver* Grande Cisma

Civil Dominion (Wycliffe), 219, 221-22
Civitas Dei, 97
Civitas, 103-04, 111, 113-14
Civium universitas, 106
Classe média, 165, 166, 169, 271
Clemens, 276
Clemente IV, Papa, 72
Clemente V, Papa, 194, 297
Clemente VI, Papa, 195, 198, 218, 277
Clemente VII, Papa, 287-88
Clericis Laicos, 51-52, 164
Clóvis, 69
Codex Justinianus, 177
Cola di Rienzo. *Ver* Rienzo, Cola di
Cole, G. D. H., 169
Colégio Eleitoral, 248-51
Collegio, 273
Collegium, 254
Colonização, 236-240
Colonna, cardeal, 46, 59
Comentário (Pedro Lombardo), 208
Commune consilium regni, 162
Communitas civitatis, 176
Communitas comitatus, 176
Communitas perfecta, 68, 103-04
Communitas, 252
Compacta de 1433, 50
Compagnies d'Ordonnance, 264
Companhia de Jesus, 133
Comunas, 151, 237, 240, 252, 258
Comunismo, 132, 136
Concílio da Igreja Francesa de Orléans/Bourges, 299
Concílio de Basileia, 39, 50, 293-95, 300, 302
Concílio de Constança, 290-91, 293, 299
Concílio de Ferrara/Florença, 293
Concílio de Pisa, 293
Concílio de Pisa/Siena, 293
Concílio de Trento, 133
Concílio Vaticano de 1869-1870, 133
Concílio Vaticano II, 134n
Concílios de Latrão, 206, 294
Concives (concidadãos), 177
Concordantia (harmonia espiritual), 31, 39-40, 295, 300-02, 308-11

Concordantia Catholica (Nicolau de Cusa), 39, 295n, 300-01
Concordantia Infinita, 310
Concordantissima Unio, 302
Concordata de Genzano, 299
Concordata de Viena, 294, 300
Concordata de Worms, 244
Concordatas de Constança, 299
Concordatas Nacionais, 295
Concordatas, 299, 300
Concordia, 249
Concorditer, 249
Confederação de Estados europeus soberanos, 75
Confederação Suíça, 268-70
Confiança, 307
Coningsby (Disraeli), 169
Conjurationes, 258
Conquista Normanda, 154, 191n
Conrado de Gelnhausen, 288-90
Consciência Comunitária, 36, 170
Considerata Quantitate, 170
Consilium (parlamento de barões), 162, 166, 181
Consilium Pacis (Henrique de Langenstein), 288, 288n2
Consistorium, 276
Consorterie, 271
Conspirações, 252
Constança, Concílio de, 50, 290-91, 293
Constança, concordatas de, 299
Constança, paz de, 234
Constantino, imperador, 277
Constantinopla, 47-48, 261
Constitucionalismo
análise de Voegelin do processo do, 33-35
como símbolo, 34, 170-72
Constituição de Veneza, 273-74
crescimento do, 33
definição de, 167
e consciência comunitária, 36-40
e hierarquia dos poderes, 54
e o Concílio de Constança, 291-92
e representação, 37
fontes do, 34

mundo medieval como prenúncio
  do, 17, 35
 na Alemanha, 99-100
 na Inglaterra, 36-38, 152-54, 159,
  167-72, 177
 Nicolau de Cusa sobre, 31-32,
  300-01
 síntese filosófico-cristã e, 33-34,
  35-36, 49-50, 67-68
Constituições de Melfi, 243
Contra Bonam et Debitam Politiam, 296
Contrato Social (Rousseau), 111
Controvérsia das Investiduras, 28, 49,
  79, 95, 109, 123, 138, 230
Cordon sanitaire, 38
Coríntios, Epístola aos, 88
Corpo místico. *Ver Corpus mysticum*
  (corpo místico)
Corpus diaboli, 218
Corpus mysticum (corpo místico), 23, 39,
  49, 54, 131, 135, 143, 188, 192, 276,
  278, 280, 284-85, 293, 296, 304-06
Córsega, 282
Costa do Báltico, 238, 256-57
Courtenay, 72
Coutumes, 154
Cramaut, Simon, 296
Créci, batalha de, 82
Creta, 261, 262
Cristianismo
 "Cristianismo Paroquial", 28, 204
 conversão de Clóvis ao, 69
 corrupção do, 215-17
 de Guilherme de Ockham, 124-25
 e a Pré-Reforma, 9, 15, 69, 119-20,
  126, 130, 172, 174, 192, 251, 256
 e amor, 211-12, 214, 304
 e o *corpus mysticum*, 23, 39, 49, 54,
  131, 135, 143, 188, 192, 276, 278,
  280, 284-85, 293, 296, 304-06
 e ordem, 24-25
 e *Piers Plowman*, 210-17
 e representação, 180-81
 e Wycliffe, 26, 200-02, 204-07, 218-27
 literalismo histórico do, 131
 Marsílio de Pádua sobre, 116-20, 125

movimentos espirituais regionais,
  202-07
 na Boêmia, 239-40. *Ver também*
  Cristo; Deus; Igreja; Papas; Trindade
Cristo
 como Cabeça da Igreja Invisível,
  221-22
 Cristo Histórico, 131
 e a Infalibilidade da Igreja, 148
 e os papas, 150, 223-24, 226
 e os reis, 190
 em *Piers Plowman*, 224-25
 Guilherme de Ockham sobre, 128-
  30, 140-41, 148-49
 Imitação de, por São Francisco,
  129, 144
 Joaquim de Fiore sobre, 26
 julgamento de, pelo Tribunal
  Romano, 78
 Marsílio de Pádua sobre, 117, 119-20
 Nicolau de Cusa sobre, 295, 300-01
 pobreza de Jesus, 218, 226
 recusa do *dominium* sobre o mundo,
  140
 Rienzo comparado com, 281-82
 Wycliffe sobre, 221-22, 226-27.
  Ver também corpus mysticum;
  Cristianismo; Deus; Trindade
Cruzadas, 47-49, 52, 157, 196, 202, 205
Cusa, Nicolau de. *Ver* Nicolau de Cusa

D

D'Ailly, Pierre, 294n
Idade Média até Tomás de Aquino
  (Voegelin), 16
Dante
 Cartas de, 86-89, 97 279
 como conservador, 85
 como figura medieval, 46
 como figura renascentista, 46
 como idealista, 83-84
 como romântico, 85
 comparado com Nicolau de Cusa,
  310-11
 comparado com *Piers Plowman*,
  211, 214, 216-17

comparado com Rienzo, 275, 279, 283-84
Divina Commedia de, 87, 95, 217
e a *Lingua Volgare*, 87
e a separação de espírito e política, 82-83
e a tradição joaquimita, 81n, 83-84, 87, 94-97
e averroísmo, 89-90
e controvérsia Siger-Tomás, 80
e o Intelecto Universal, 89-90
e o isolamento do pensador político, 79-81
e o realismo espiritual, 83-86
e os símbolos de autoridade, 72, 73-74
formas literárias de, e os símbolos da autoridade, 86-88
hierarquia das almas na *Divina Commedia*, 94
Inferno de, 211
Monarchia de, 89-94
Purgatorio de, 94-98, 211, 214
sobre a monarquia mundial, 85, 90-92 119
sobre a monarquia temporal, 85, 89, 94
sobre a organização intelectual e hegemônica do mundo, 91-92
sobre o mito da *Italianità*, 92-94
visão geral de, 21-22
Davidsohn, Robert, 96n
De Anima (Aristóteles), 90
De Christo et suo Adversario Antichristo (Wycliffe), 227
De Consideratione Libri V ad Eugenium Tertium (Bernardo de Claraval), 60-61n
De Contrarietate Duorum Dominorum (Wycliffe), 222
De decimis et aliis oneribus ecclesiasticis, 248
De Dominio Civili (Wycliffe), 219
De Dominio Divino (Wycliffe), 218
De Ecclesia (Wycliffe), 222
De Ecclesiastica Potestate (Egídio Romano), 55-56, 59, 66, 55, 84, 97
De Haeretico Comburendo, 205
De Imperatorum et Pontificum Potestate (Guilherme de Ockham), 137n, 143
De juribus regni et imperii Romani (Leopoldo de Babemberg), 253
De juribus romani imperii (Guilherme de Ockham), 145
De Monarchia (Dante), 87n4, 89-94
De Natura Legis Naturae, 185
De Officio Regis (Wycliffe), 201, 224
De Ortu et Auctoritate Imperii Romani (Enea Silvio), 295n
De Pauperie Salvatoris (Fitzralph), 200, 218
De Potestate Papae (Wycliffe), 137n, 224-26
De potestate summi pontificis in rebus temporalibus (cardeal Belarmino), 133
De Recuperatione Terre Sancte (Dubois), 22, 73
De Regimine Principum (Egídio Romano), 57
De Sacramentis Fidei Christiana (Hugo de São Vitor), 56
Debent Civiliter Intelligi, 294n
Decretum Frequens, 290
Defensor Pacis (Marsílio de Pádua e João de Jandun), 25, 100-04, 108-09, 111, 114, 116, 118-20, 125, 305
Democracia, 173-74
Dempf, Alois, 16, 97, 101n2, 142n16 e 17, 253n, 295, 308n
Deus
  Dante sobre a concessão da autoridade imperial por, 93
  e Predestinação, 223
  em *Piers Plowman*, 215
  Guilherme de Ockham sobre, 128, 132-33, 142n16, 150
  Nicolau de Cusa sobre, 302-03, 308-09, 310-11
  Wycliffe sobre, 218-20, 225-26. *Ver também* Cristo; Trindade
Dêutero-Isaías, 88

Devotio moderna, 30
Diabo. *Ver* Satanás
Dialogus (Guilherme de Ockham), 137-38, 141n15, 143, 144-45, 147-48
Dieta de Frankfurt, 99
Dieta de Mainz, 300
Dieta de Metz, 242
Dieta de Nuremberg, 205
Dignus est operarius cibo suo (o servo é digno de seu sustento), 192
Dinamarca, 238, 267
Ding an Sich, 128
Dionis Hid Divinite, 208
Dionísio Areopagita, 308
Direito Canônico, 246
Direito Comum, 155
Direito natural, 25, 120, 139-41, 185, 188, 187, 219-20, 307
Direito Romano, 155, 177n12, 246
Direito
   definição de, 97
   Direito canônico, 246; Direito comum inglês, 154; Direito natural, 25, 120, 139-41, 185, 188, 187, 219-20, 307; Direito Romano, 130, 149, 149n12, 209; e a Bula de Ouro, 235, 241-44, 247-48, 250, 252, 254-55, 268
   Marsílio sobre, 115-16
   teoria do Direito Canônico de Guilherme de Ockham, 139-41;
   teoria jurídica de Leopoldo de Babemberg, 252-55
Direitos de propriedade, 62-63, 140, 190
Discordia, 254
Disraeli, Benjamin, 169
Divi Romanorum Imperatores et Reges, 244
Divina Commedia (Dante), 87n, 95n, 217
Divine Afflante Spiritus, 134n
Divisio Regnorum (divisão de reinos), 67-68
Do Iluminismo à Revolução (*From Enlightenment to Revolution* (Voegelin)), 14
Doação de Constantino, 69, 226

Docta Ignorantia (Nicolau de Cusa), 302-03, 310, 311n29
Domina Scienciarum, 61
Domingos, São, 283
Domínio da doutrina pela graça, 218
Dominium Generale, 143
Dominium Particulare, 60
Dominium Politicum et Regale, 38, 184
Dominium Regale, 38, 184-85
Dominium, 140-42, 200
Dominus Mundi, 245
Doutrina da boa vida, 112
Doutrinas ticonianas, 222
Droit Commun, 298
Dualismo maniqueísta, 222
Dubois, Pierre, 22n9, 48, 67, 71-78, 86, 92 127, 280
Ducatus Romanus, 195
Duce, 95n8
Duns Scot, 127, 130, 200, 214n14
Durant, Guillaume, 67n3
Dux, 95, 216, 283-84

E

Ecclesia Christi, 304
Ecclesia Universalis, 289
Ecclesia, 49, 305
Eckhart, Meister, 200, 301, 310
Éclogas (Virgílio), 88
Eduardo I, rei de Inglaterra, 161, 164, 174, 177, 179, 189
Egídio de Colonna. *Ver* Egídio Romano
Egídio Romano
   absolutismo de, 55-63, 132
   como fascista, 58-59
   De Ecclesiastica Potestate, 55-56, 59, 66
   De Regimine Principum, 57
   e a vontade de poder do intelectual, 57-59
   e o misticismo de Hugo de São Vitor, 55-57
   e o *Sacrificium Intellectus*, 61-62
   e o totalitarismo eclesiástico, 62-63
   teoria do poder de, 59-60, 65
   visão geral de, 24
Egito, 261

Electus in imperatorem, 246
Eneida (Virgílio), 88
Engel-Janosi, Friedrich von, 116n
Entwuerfe, 248n
Epikeia, 294n
Epistola Concordiae (Conrado de Gelnhausen), 288-90
Equilíbrio gelasiano de poderes, 54
Ernesto, arcebispo de Praga, 281
Escolástica, 130, 200, 213
Escravos, 305-06
Espanha, 36, 82, 174
Espírito Santo, 215, 276-78, 282, 285
Espírito, separação entre política e, 82-83
Espiritualismo franciscano, 126, 134-36, 208, 213-14, 285
Espiritualismo
 de Rienzo, 280-84
 de Wycliffe, 218
 espiritualismo inglês e *Piers Plowman*, 175-84
 franciscano, 125-26, 134-37, 143, 207-18
 movimentos regionais, 203-04
Estado secular. *Ver* Estado
Estado
 Marsílio sobre a pluralidade dos estados em guerra, 115, 119
 Marsílio sobre o Estado secular, 24-25, 103-04
Estados Papais, 24, 195
Estat de l'Église, 297
Estatuto de 1220, 235
Estatuto de 1231, 235
Estatuto de Carlisle, 198-99, 205
Estatuto de Praemunire de 1353, 198-99
Estatutos dos Provisores, 198-99
Estatuto dos Provisores de 1351, 198
Estatuto dos Trabalhadores, 207
Estatutos, validade dos, 309
Estíria, 240
Estônia, 238, 256
Ética (Aristóteles), 116n
Eudaimonia, 103
Eugênio IV, Papa, 293

Evangelium Aeternum, 143, 284
Ex Populo Erumpit Regnum, 187
Executiva, 114
Explorações, 48

F

Falkenhausen, F. Frh. von, 96n9
Falsa Cognitio, 116
Fascismo, 93
Fé
 afastada da razão na modernidade, 19-20, 31
 "cisma civilizacional" entre razão e, 19, 31-35
 Guilherme de Ockham sobre, 18-19, 30, 40, 128-33
 Marsílio sobre, 97-98
 Nicolau de Cusa sobre, 32, 300-02
 Tomás de Aquino sobre, 32, 34, 115
 unidade entre razão e, 32
Félix V, Papa, 293
Fernando de Aragão, 82
Ferrara, 264, 293
Ferrara/Florença, Concílio de, 293
Feudalismo, 154, 156-62, 164-67, 179, 181, 183, 190, 193, 197, 207, 219, 233, 239-240, 245, 254-55, 257-64, 268-69, 271, 304-05, 310
Figuratur (simbolizado), 86
Filipe Augusto, 70n8
Filipe da Suábia, 245
Filipe de Commynes, 295
Filipe I, 70
Filipe II, 263
Filipe III, 67, 72
Filipe, o Temerário (Filipe III), 67n3
Filipe, o Belo, 24, 57, 71
Filipe, o Bom, 263
Filosofia, 52
Filósofos árabes, 120
Fiore, Joaquim de. *Ver* Joaquim de Fiore
Fitzralph, Ricardo, bispo de Armagh, 200, 218
Flandres, 256-57; conde de, 72
Florença, 271-72, 276-78, 285, 293
Flotte, Pierre, 74

Forma Securitas, 163
Forma Securitatis, 157
Fortescue, Sir. John, 38, 183-92
França
  reis capetíngios na, 70
  Igreja na, 295-99
  e *Clericis Laicos*, 51-52, 164
  comunas na, 151
  comparada com a Inglaterra, 166-67
  conflito com Bonifácio VIII, 46, 50-53, 67, 71, 74, 196, 248
  constitucionalismo na, 36
  e o Concílio de Constança, 290
  senhores feudais na, 154
  e a Quarta Cruzada, 260-62
  e o galicanismo, 295-300
  e o poder de curar do rei, 69-70
  e a Guerra dos Cem Anos, 48, 74, 153, 167, 248
  política imperial da, 48, 52-53
  e a independência do poder imperial, 66-67
  desordem interna na, durante os séculos XIV e XV, 82
  Jacquerie de 1358, 208
  Concílio Nacional de 1398, 295-97
  Concílio Nacional de 1406, 297-99
  e o nacionalismo, 231-32, 236-38, 248-49, 254-55, 279-81
  período anterior à queda da, 172
  articulação política na, 166-67
  reino da, 189
  Reforma na, 154-55
  assembleias regionais de *villes* na, 161
  representação na, 174
  e a monarquia taumatúrgica, 69-71, 151
  terceiro estamento na, 165-67
  e Carlos de Anjou, 48, 58n7, 71-73
  e Dubois, 22n8, 67-72, 73-78, 86, 92, 125, 280
  monarquia na, 30-31, 47-48, 65, 82-83, 111, 151-52
Francisco, São, 21, 27, 49, 80, 86, 124, 129, 143-44, 283-85
Franciscus de Zabarellis, 290n5

Francos, 69, 189, 231-32, 253
Fraticelli, 281-83
Frederico Barba Ruiva 70n8
Frederico I, imperador, 233, 235, 238-39, 241, 245
Frederico II, imperador, 47, 71, 124, 174, 234-35, 243, 245, 269
Frederico, o Grande, 192n
Fronde, 183
Fruitio Dei, 83
Fundamentalismo, 21
Fundamentum, 243
Futurus Imperator, 243, 246

G

Gabriel, Ralph H., 170n
Gália, 231, 253
Galicanismo, 153, 199, 295-300
Gaudium et Spes (Constituição Pastoral Sobre a Igreja no Mundo Moderno), 134n
Gelnhausen, Conrado de. *Ver* Conrado de Gelnhausen
Gênesis, livro do, 218
Gênova, 259-60
Gens Germanica, 210n
Genzano, Concordata de, 299
Gérard de Abbeville, 54
Gerson, Jean, 294
Gibelinos, 231, 232
Gnosticismo, 13-14
Godfort de Beaulieau, 71
Godofredo de Monmouth, 189n
Governantes
  governante poderoso *versus* súditos impotentes, 59-60
  governantes naturais pela razão, 308
  Marsílio de Pádua sobre, 109-112
  Wycliffe sobre, 219-20. *Ver também* Política e poder imperial Realeza
Governantes sagrados, 69-71
Governo soviético, 168
Grabmann, Martin, 80n
Graça, 213, 215-16, 218; domínio pela, 200, 219

Gradualis Concordantia, 302
Grande Cisma, 50, 194, 287, 295
Grandi, 271, 273
Gregório VII, Papa, 46, 66, 195, 233
Gregos, 189, 253
Grey, conde, 169
Grócio, Hugo, 307
Grosseteste, Robert, 208
Grundmann, Herbert, 80n
Gubernaculum Conciliorum (Andreas de Escobar), 295n
Guelfos, 233
Guerra das Rosas, 82
Guerra de Chioggia, 259
Guerra dos Cem Anos, 48, 74, 153, 167, 248
Guerra
  gastos do papado com a, 197
  Marsílio sobre a, 115, 119. *Ver também* as guerras específicas
Guilherme da Holanda, 235
Guilherme de Ockham
  ceticismo de, 130
  "cisma civilizacional" nos escritos de, 19-20, 31-32
  civilização secular e o retraimento da Igreja, 131-34
  como influência sobre *Piers Plowman*, 214n14
  comparado com Tomás de Aquino, 19-20, 135-36
  comparado com Wycliffe, 199-100
  cristianismo de, 128-30
  De Imperatorum et Pontificum Potestate, 137, 143
  De juribus romani imperii, 145
  Dialogus, 137-38, 141, 143-48
  e a Infalibilidade do Papa, 148-50
  e a redução da substância a relações, 147
  e o espiritualismo franciscano, 126, 134-36, 208, 213-14, 285
  e o poder do concílio, 148-50
  método político de, 137-39
  na corte de Luís, o Bávaro, 135-36
  nominalismo de, 126-31

Opus Nonaginta Dierum, 137, 140, 142
  panò de fundo de, 123-26
  prisão de, 135
  sobre a fé, 18-19, 30, 40, 128-33
  sobre a ordem do século e a ordem da pobreza, 141-43
  sobre o Direito, 140-41, 149-50
  sobre o império, 145-46
  sobre o Papa e a Igreja, 143-45
  sobre papas hereges, 287-88
  visão geral da filosofia de, 19, 149-50
Guilherme II, rei de Inglaterra, 71n9, 158
Guilherme de Nogaret, 46-47, 74

H

Habsburgos, 230, 235, 270
Hactenus, 248n
Hainaut, conde de, 70n8
Hanc Potestatem a Populo Effluxam (este poder que flui do povo), 187
Hansa, 265
Harmonia espiritual, 301-02
Harmonia, 257-58
Hausmacht, política de, 230, 235, 241
Haute Bourgeoisie, 165, 168
Hegel, G. W. F., 169, 303
Henrique de Langenstein, 288-89
Henrique de Luxemburgo, 269
Henrique I, rei de França, 70,
Henrique I, rei de Inglaterra, 158
Henrique II, rei de Inglaterra, 70n9
Henrique III, imperador, 233
Henrique III, rei de Inglaterra, 162
Henrique IV, imperador, 70n8, 233
Henrique V, imperador, 233
Henrique VI, imperador, 234-35, 245
Henrique VII, imperador, 48, 87-88, 94, 272
Henrique VII, rei de Inglaterra, 258
Henrique VIII, rei de Inglaterra, 199
Henrique, o Leão, 234, 238
Henrique, príncipe de Portugal, 48
Heráclito, 82
Heresia, 132-33, 149
Hierarquia

das almas na *Divina Commedia*, 94
das ciências, 61-62
de poderes, 53-55
hierarquia paulina, 304
hierarquia política aristotélica, 305
Marsílio sobre a hierarquia dos grupos de prestígio, 128
Nicolau de Cusa sobre, 303-04; teoria do pseudo-Dionísio, 56, 303-04
Hilton, Walter, 209
Hipócrates, 303n25
"História das ideias", abordagem da teoria política à maneira da, 12-13
História das Ideias Políticas (Voegelin)
decisão por parte de Voegelin de não publicá-la, 13-14
falsas impressões da, 14
imputação de falhas por Voegelin, 13-15
objetivo da, 11
preparação do manuscrito pelo editor, 40-41
relevância da, 11-15
visão geral da Alta Idade Média na, 11-32. *Ver também* Idade Média
Historia Gestorum Generalis Concilii Basiliensis (João de Segóvia), 295n
História
especulação trinitária sobre, 26
filosofia joaquimita da, 283
história crítica, 131
perspectiva de Nicolau de Cusa sobre, 302-03
Histórias Florentinas (Maquiavel), 274
Hitler, Adolf, 96n9
Hobbes, Thomas, 25, 63, 83, 84, 188
Hohenstaufen, 48, 125, 193, 230, 233-34, 236, 241
Holanda, 256-57, 263
Hölderlin, Friedrich, 88
Hugo de São Vítor, 55-57, 62
Humana Natura, 215
Humanismo, 301
Humberto, cardeal, 125
Hungria, 237
Hus, Jan, 204-05

Hussitas, 205-07, 294

I

Idade Média tardia. *Ver* Idade Média
Idade Média
caráter da Alta Idade Média, 45-50
incerteza entre Renascimento e, 45-47
luta entre a Igreja e as nações, 49-50
e a desintegração do *Sacrum Imperium*, 26, 29-30, 40, 150
e a hierarquia de poder, 55, 57n
política imperial e política externa na, 52-53
visão geral da Alta Idade Média, 26
construções políticas seculares na, 30
deslocamento da política para o Ocidente, 47-49
e a espiritualização do mundo, 30-31
"outono" ou "ocaso" da, 81
como precursora da modernidade, 17, 37-38
"cisma civilizacional" entre fé e razão na, 19-20, 31-32
e o *Sacrum Imperium*, 16-20, 22-23, 26, 40, 49, 54, 79, 89, 142, 147, 229, 245, 253
autoridades papal e imperial numa única ordem pública, 17-18
fonte de unidade como fonte filosófica, 18-19
Ideais, 84
Ideias, 11-15
"Ideias evocativas", 14
Igreja Católica. *Ver* Igreja
Igreja da Inglaterra, 198-99
Igreja Grega, 293
Igreja Militante, 222
Igreja Romana. *Ver* Igreja; Papas
Igreja
asserção hildebrandista da autoridade política universal do papado, 24, 195
civilização secular e recuo da, 131-34
como organização de poder, 49
corrupção da, 217

Cristo como cabeça da Igreja
invisível, 221
cúria na, 195, 197, 199, 247
e a Bula de Ouro, 235, 240-43
e a Controvérsia hussita, 50
e a Controvérsia das Investiduras,
28, 49, 79, 95, 109, 123, 138, 230
e a Doação de Constantino, 69
e a Inquisição Universal, 133
e a Pré-Reforma, 200, 203
e a Reforma, 21, 28, 63, 142-43, 150,
155, 181, 202-04, 206, 209, 227, 275-76, 294, 300
e a *Unam Sanctam*, 51-56, 80, 196
e nacionalismo, 49-50, 299-300
e o cativeiro babilônio, 193-94
e o *corpus mysticum*, 23, 39, 49, 54,
131, 135, 143, 188, 192, 276, 278,
280, 284-85, 293, 296, 304-06
e o Grande Cisma, 50, 194, 287, 295
e o *Index Prohibitorum Librorum*, 133
e o Jubileu de 1450, 50
e o Movimento Conciliar, 24, 39 50,
134, 149, 287-88
e o totalitarismo eclesiástico, 62-63
e os *Clericis Laicos*, 51-52, 164
e representação, 172
e Rienzo, 274-78
e Wycliffe, 26, 192, 199-202
Egídio Romano sobre o poder papal,
51-52
governo monarquista para a, 295, 302
Guilherme de Ockham sobre, 143-45
Igreja Grega, 293
infalibilidade da, 133, 148, 155
interferência papal no reinado de
Luís IV, 99
luta entre nações e a, 49-51
Marsílio de Pádua sobre, 115-120
movimentos espirituais regionais
da, 202-207
na Alemanha, 234-35, 299-300
na França, 296-300
na Inglaterra, 153-54, 161-62, 169, 298
Nicolau de Cusa sobre o governo
da, 308-11

papado em Avignon, 24, 28, 50, 73,
95, 145, 194-97, 202, 284
papel do Papa na, 18, 60-61, 191-92
poder temporal da, 49, 52, 144, 195,
221 276
transformação organizacional da,
194-98. *Ver também* Cristianismo;
Papas
Imaculada Conceição, 133
Imitatio Christi, 209
Imperadores e império. *Ver* Política e
poder imperial
Imperator futurus, 243-44, 246
Imperator in Regno Suo, 255
Imperator Vel Rex Romanorum, 243
Imperator, 243-44, 246, 254
Imperatorem promovendus, 243-44
Imperatura, 245
Imperaturam Romani solii, 245
Império Bizantino, 231
Império Otomano, 196n,
Império Romano, 93, 145, 180, 182,
232, 264, 284
Imperium-Estado e *Imperium*-Mundo,
243-48, 255
Imperium-Mundo e *Imperium*-Estado,
243-48, 255
Imperium, 49, 69, 149, 183, 243-48, 255,
285, 243
In capite at membris, 291
In imperatorem promovendus, 243-44
Incolae (habitantes), 177
Index Prohibitorum Librorum, 133
Indiferentismo, 132
Indocti (indouto), 108
Infalibilidade, 133, 148, 150, 289
Inferno (Dante), 211
Infinita (infinidade), 311
Inglaterra
articulação e integração política na,
163-66
baronato na, 157
cidades na, 161, 256
classe média na, 165
clero na, 224
comparada com o desenvolvimento

continental, 166-67
Constitucionalismo na, 167-170
desordem interna na, durante os séculos XIV e XV, 81-82
Direito Comum na, 154-55
e a Conquista Normanda, 154
e a Guerra dos Cem Anos, 48, 74, 153, 167, 248
e a Igreja Romana, 154
e a Magna Carta, 155-60
e *Clericis Laicos*, 51-52
e nacionalismo, 151-52
e o Concílio de Constança, 290
e o estamento do rei, 189-92
e o poder de curar do rei, 69-70
e o reino, 182-83
e seu quinhão no equilíbrio de poder europeu, 144
espiritualismo na, e *Piers Plowman*, 207-18
exército na, 154-55
"experiência de Lancaster" na, 184
feudalismo na, 161
Fortescue sobre a estrutura política do reino da, 183-92
Guerra Civil na, 164
Guerra das Rosas na, 82
Igreja na, 129, 130, 138-39, 143, 167-70, 255
Instituições da, 160-67
insularidade da, e ausência de fatores perturbadores, 152-54
monarquia na, 23-24, 69, 111, 151-52
mandados citatórios na, 175-79
mercadores na, 178-79
monarquia dos Tudor na, 82, 168
Parlamento na, 171, 175, 166-67
Projeto de Reforma de 1831 na, 169
Reforma de 1832 na, 165
representação na, 172
Revolta Camponesa na, 208
serviço público na, 155-56
símbolos da, 1705
trabalho e movimento trabalhista na, 169-70
Inocêncio III, Papa, 244

Inquisição Universal, 133
Inquisição, 133
Insensatez, 306
Insipientes, 306-07
Instinto Natural, 307
Instinto, 307
Instituições Embrionárias, 152
Intelecto Universal, 89
Intelecto
  intelecto Universal, 89
  Nicolau de Cusa sobre, 310
  Sacrificium Intellectus, 61-62, 132
  Vossler sobre, 90-91n
Intelectuais, 62, 77, 85, 155
Intellectus, 213
Intentio Populi, 188
Internacional Protestante, 204
Interregnos, 232-33, 240, 266, 284
Invidiosi, 80
Ipsorum Adjutorio, 307
Irmãos da Livônia, 238
Isabel de Castela, 82
Isaías, 215
Islã, 120
Isolamento do pensador político, 79-81
Itália
  cidades-estados na, 22, 258, 260, 270, 273
  comuna de Roma na, 274
  conquista lombarda da, 231
  controle germânico da, 231-34, 237
  criatividade institucional na, 169-70
  Dante sobre, 93
  e a Quarta Cruzada, 260-62
  e Cola di Rienzo, 274-75
  e Marsílio de Pádua acerca do governo limitado, 109-11
  e nacionalismo, 93, 278-81
  e o Concílio de Constança, 290
  e o mito da *Italianità*, 92-94
  estrutura social nas cidades da, 271-72
  Maquiavel sobre, 93-94
  movimentos religiosos comunais na, 108-09
  nacionalismo espiritual e unificação

militar na, 285-86
nas *Cartas* de Dante, 88-89
política das cidades da, 111-12
Regnum na, 22
Rienzo e a *Reformatio et Renovatio* na, 23
Roma na, 284-85
tecnicismo político acerca da, 121-22
unificação da, 23
Veneza na, 259-60, 268-70
Italianità, mito da, 92-94
Ius Gentium, 67, 116n
Ius Naturale, 116n
Ivan, o Grande, 82

J

Jaime II, rei, 71n9
Jean de Jandun. *Ver* João de Jandun
Jerônimo de Praga, 205
Jesus. *Ver* Cristo
João Batista, 215
João de Jandun, 100-02, 154
João de Paris, 66-69, 123-24
João de Salisbúria, 105, 110, 124, 186
João de Segóvia, 295n
João II, rei de França, 263
João II, rei de Portugal, 82
João XXII, Papa, 136, 138, 197
João, Primeira Carta de, 211
João, rei de Inglaterra, 156-58
Joaquim de Fiore, 26, 46, 79, 81n, 86, 124, 214, 281
Jubileu de 1450, 50
Judicialis et Consiliativa, 114
Júlio II, Papa, 294
Jurisdicionalismo, 291-95
Jurisprudência. *Ver* Direito
Jus Fori, 140
Jus Gentium, 140-41, 145-46, 254-55
Jus Poli, 140

K

Kaempf, Hellmut, 67n3
Kampers, Fritz, 96n9
Kant, Immanuel, 32, 128, 130
Kantorowicz, Ernst, 67n3
Kurverein de Rense, 99

L

La Roches, 72
Laband, Paul, 100
Laici, 304
Lancasters, 82
Landfriedensbünde (Ligas de Paz), 252
Langenstein, Henrique de. *Ver* Henrique de Langenstein
Langland, Guilherme, 210, 212-13
Langton, Stephen. *Ver* Stephen Langton, arcebispo de Cantuária
Laski, Harold J., 169
Legibus Solutus, 146
Legislação, validade da, 309
Legislator Humanus, 25
Legislator, 106-11, 114-15, 118, 186
Legnano, batalha de, 234
Leicester, conde de, 164
Lênin, V. I., 86
Leonardo da Vinci, 303n25
Leopoldo de Babemberg, 252-55
Leroy, Pierre, 296-99
Leviatã (Hobbes), 63, 188
Lex Christiana, 143
Lex regia, 276
Liberdade, 61, 297
Licet juris, 246-47, 255
Liga das Nações, 76
Liga Suábica, 228
Ligas de Paz (*Landfriedensbünde*), 252
Ligas Alemãs do Sudoeste, 268
Lingua Volgare, 87
Lituânia, 239, 267
Livônia, 238
Livre arbítrio, 214n14
Locke, John, 188
Lollardos, 205-06
Lombardia, 183, 232, 234
Lombardo, Pedro, 208
Lombardos, 231, 232
Lotário II, imperador, 233
Luís IV, imperador, 48, 99
Luís IX, rei de França (São Luís), 67, 71

Luís VI, rei de França, 70
Luís VII, rei de França, 70n8
Luís VIII, rei de França, 70n8
Luís XI, rei de França, 82, 198, 258
Luís XII, rei de França, 294
Luís, o Bávaro, 136, 241, 246, 248n, 278, 287
Lutero, Martinho, 21, 50, 63, 83-84, 142, 200, 204, 206, 223, 294
Luxemburgo, 263

M

Magna Carta, 38, 155-60, 162-64, 182
Magna Latrocinia, 62
Maioria, problema da, 248-51
Monarquia francesa, visão geral da, 30
Majestas Genii, 79
Mandados Citatórios, 36
Manfredo de Sicília, 72
Mântua, 277
Manumissio, 306
Maquiavel, Nicolau, 21, 23, 25, 83-84, 93, 121, 260, 274, 285, 295
Maria, 215
Marsílio de Pádua
  analogia orgânica por, 104-06
  Defensor Pacis, 25, 100-04, 108-09, 111, 114, 116, 118-20, 125, 305
  dificuldades de interpretação, 100-03
  e as teorias aristotélicas, 103-04
  e o averroísmo, 104-05, 112
  e o naturalismo, 112-13
  e o problema da autoridade representativa intramundana, 105-09
  esoterismo de, 118-120
  na corte de Luís, o Bávaro, 129
  sobre a hierarquia dos grupos de prestígio, 128
  sobre a *Pars principans*, 105, 110, 113-15
  sobre a pluralidade dos estados em guerra, 115, 119
  sobre o cristianismo e a Igreja, 116-18
  sobre o Direito, 116
  sobre o Estado secular, 24-25, 103-04
  sobre o governante, 109-112
  sobre o governo limitado e o italianismo, 109-112
  sobre o *Legislator*, 24, 106-11, 114
  sobre papas hereges, 287-88
  tecnicismo político de, 121
  visão geral de, 24
Martinho V, Papa, 50, 290-91, 299
Marx, Karl, 83
Marxismo, 306
Matemática. *Ver* Ciências e matemática
Maximiliano I, 82
McIlwain, C. H., 58n7, 67n3, 69n, 101n2, 162-63, 180
Mercatores, 267
Merovíngios, 69
Metanoia, 129
Miguel de Cesena, 27, 135-38, 154
Miguel II de Épiro, 72
Milagres, 70
Milão, 264
Milic, Jan, 206
Misticismo
  de Hugo de São Vitor, 55-57
  de Nicolau de Cusa, 301-302, 309-11.
  Ver também Espiritualismo
Modernidade, 17-18, 20, 31, 35, 134
Mollat, Guillaume, 196
Monarchia (Dante), 67, 85, 87, 89
Monarchia temporalis, 85
Monarchioptants, 295
Monarquia absoluta, 49, 57, 111, 191, 197, 272
Monarquia taumatúrgica, 69-71, 146, 151
Monarquia temporal, 85, 89, 94
Monarquia. *Ver* Realeza
Monasticismo, 21, 142
Mongóis, 76n, 80n8
More, Thomas, 295
Morosini, cardeal, 261
Mosca, Gaetano, 121
Movimento conciliar
  e a *Concordantia Catholica*, 300-11
  e as concordatas, 295-96
  e as concordatas nacionais, 295-300

e Conrado de Gelnhausen, 288-90
e Henrique de Langenstein, 288
e Nicolau de Cusa, 39, 300-11
e o Concílio Nacional Francês de 1398, 295-97
e o Concílio Nacional Francês de 1406, 297-99
e o decreto *Frequens*, 290-91
e o galicanismo, 295
e o Grande Cisma, 295
impacto do, 25-25
nominalismo e jurisdicionalismo no, 291-95
objetivos do, 49-50
precursores do, 135-36, 149
Movimento romântico, 236
Movimentos quiliásticos, 206
Mussolini, Benito, 95n8

N

Nacional-socialismo, 58n8, 142, 218
Nacionalismo
e a Alemanha, 230-31, 248-49
e a França, 230-31, 236-240
e a Igreja, 49-50, 299-300
e a Inglaterra, 151-55, 280-81
e a Itália, 94, 278-79
e o papado, 131-32
nacionalismo espiritual na Itália, 285-86
nacionalismo tcheco, 206
"Nações" e o Concílio de Constança, 249, 250
Nápoles, 262, 272
Natura omnes sunt liberi, 308
Natura rationabilis, 304
Naturalis quidam instinctus, 307
Naturalismo, 112, 121, 126, 132, 139, 301, 306
Natureza, 112-13, 303-04
Newman, cardeal, 155
New Science of Politics, The (Voegelin), 15n
Nicolau de Cusa, 31-32, 39-40, 295, 300-01
Nicolau de Dresden, 206
Nicolaus Severus et Slemens, 276

Nietzsche, Friedrich, 83-85
Niilismo, 83
Nimrod, 185, 189
Nisi per Commune Consilium Regni Nostri, 162
Nominalismo, 126-31, 137-39, 150, 291-95
Nomoi, 307
Nomothetes, 106
Nous, 34
Novo Testamento, 216
Nuvem do Desconhecimento, 28, 209

O

Ockham, Guilherme de. *Ver* Guilherme de Ockham
Officia, 114
Oldcastle, Sir John, 205
Oligarquia de príncipes, 251-52
Olivi, Peter, 135
Operarius et Mercenarius Cesaris, 282
Opus Nonaginta Dierum (Guilherme de Ockham), 137, 140, 142
Opus Spirituale, 284
Orbis Terrarum, 183, 277, 283
Ordem Cisterciense, 79
Ordem de Santo Agostinho, 62
Ordem do mundo, 126, 146
Ordem do Tosão de Ouro, 264
Ordem Dominicana, 34, 68, 80, 179, 181, 203
Ordem dos Florenciana, 80
"Ordem" de poderes, 54
Ordem e cristianismo, 25
Ordem e História (Voegelin), 13-15
Ordem franciscana, 27, 80, 91n, 94, 125, 134-35, 202-03
Ordem Jesuíta, 133
Ordem Terceira, 203
Ordem Teutônica, 238
Ordens mendicantes, 202-03
Ordens militares, 202
Ordines, 299, 304
Ordo Renascendi, 274
Organização mundial, 91-92, 119, 144-45

Otão, o Grande, 232
Otokar II, 239

P

Padres pobres, 174
Pádua, Marsílio de. *Ver* Marsílio de Pádua
Pagãos, 53, 73
Palatino, 213
Papado. *Ver* Papas
Papas
   aprovação dos imperadores-reis germânicos pelos, 245-48
   bases territoriais dos, 23-24
   Bonifácio IX e o Estatuto de Carlisle, 205
   Bonifácio VIII e o conflito com a França, 46, 50-53, 196, 248
   Clemente IV e as Cruzadas, 72
   como anticristos, 227
   conflito entre franciscanos e, 134-35
   Cramaut sobre, 296
   Dubois sobre o poder dos, 75-76
   e a Bula de Ouro, 235
   e a Concordata de Viena, 294
   e a Doação de Constantino, 69
   e a Imitação de Cristo, 141
   e a Magna Carta, 155
   e a rendimento francês, 296
   e a sucessão petrina, 225-26
   e a *Unam Sanctam*, 51-55
   e as concordatas nacionais, 295-300
   e infalibilidade, 133, 148, 150, 289
   e o cativeiro babilônico, 193-64
   e o Grande Cisma, 50, 194, 287, 295
   e o Jubileu de 1450, 50
   e os *Clericis Laicos*, 51, 52
   e Rienzo, 274-75
   eleição dos, 47, 226 244, 246
   em Avignon, 24, 28, 50, 73, 95, 135, 145
   excomunhão de João Sem-Terra por Inocêncio III, 156
   funções dos, 143, 296
   Guilherme de Ockham sobre, 143-44
   interferência no reinado de Luís IV, 99
   João XXII e *Quia Vir Reprobus*, 136
   Leroy sobre, 296
   papas germânicos, 233
   papas hereges, 287-88
   papas rivais, 233, 287, 289
   Per Venerabilem, de Inocêncio III, 66
   Pio IX e o *Syllabus Errorum* de 1864, 131
   Pio XII e o *Divine Afflante Spiritus*, 134n
   poder dos, 60, 143-44, 223
   recusa a obedecer aos, 296, 298
   reforma cluniacense do papado, 233
   Wycliffe sobre, 226-27. *Ver também* Igreja; os papas específicos
Pareto, Vilfredo, 121
Parlamento inglês, 162, 166, 171
Parlamentos, 171
Pars Principans, 105, 110, 113-15
Pars Valentior, 107
Particularismo, 230-31, 235, 237, 248, 255, 265
Pastor Angelicus, 285
Patria Germania, 253
Patrimonium Petri, 298
Paulo, São, 129, 304
Pax Romana, 88
Paz de 1411, 239
Paz de Constança, 234
Paz de Thorn, 239
Pecados, 224, 282
Pedro, 144, 225-26
Pennington, K., 67n3
Pensadores políticos, isolamento dos, 79-81
Pentecostes, 276, 278
Per Venerabilem (Inocêncio III), 66
Per Virum Pauperem et Novum, 284
Período medieval. *Ver* Idade Média
Peste Negra, 207
Pfalburgerii (não residentes), 252
Piers Plowman, 26, 28, 200, 207-17
Pio II, Papa, 295
Pio IX, Papa, 131, 133
Pio XII, Papa, 134

Pisa, 272
Pisa, Concílio de, 50, 293
Pisa/Siena, Concílio de, 293
Pistis, 128
Platão, 301, 307
Plenitudo potestatis, 137, 143
Pobreza, 135-36, 141-43, 168, 203, 213, 218, 226
Poder
    "ordem" de poderes, 54
    definição de, por Egídio Romano, 57-61
    dos papas, 61, 65, 100, 109, 143-44, 225, 291
    equilíbrio gelasiano de poderes, 54, 61n
    espada como símbolo do, 51-52
    governante poderoso *versus* súditos impotentes, 59-60
    hierarquia de poderes, 53-55
    independência francesa do poder imperial, 67
    Paulo sobre, 53
    poder civil, 62
    poder imperial, 65
    poder secular *versus* poder papal, 60-61
    problema do poder régio, 65-66
    teoria absolutista de Egídio Romano, 55
    teoria medieval da doutrina dos poderes, 59
    tipos de, por Egídio Romano, 59
    totalitarismo eclesiástico, 62-63
    vontade de poder do intelectual, 57-58
Podestà, 263
Poitiers, batalha de, 82
Policraticus (João de Salisbury), 105
Pólis, 68, 90, 102-05, 111, 113, 171, 174, 182-83
Politeia (Platão), 307
Política (Aristóteles), 102-07
Política e poder imperial
    da França, 47-48, 71-72 e a Bula Dourada, 235, 241-55
    e a teoria jurídica de Leopoldo de Babemberg, 252-55
    e as cidades-estados, 183
    e Dante, 92-97
    e Rienzo, 274-75
    eleição do imperador-rei germânico, 243-46
    eliminação do imperador após os Hohenstaufen, 233-34
    Guilherme de Ockham sobre o império, 145-46
    Império Otomano, 196n
    Império Romano, 93, 145, 180-82
    Imperium Estatal e *Imperium*-Mundial, 243-48
    independência da, e a França, 66-67
    na Alemanha, 100, 231 239
    na Idade Média em geral, 11-12, 52-53
    papéis do imperador-rei germânico, 245-46
    política subimperial, 229-230. *Ver também* Reino
Política externa, 52-53. *Ver também* Política e poder imperial
Política subimperial
    e colonização do Leste, 236-240
    e interregnos, 232-236
    na Alemanha, 193-203
    política imperial *versus*, 229-30
    Reino Franco Oriental Itália, 231-32
Política
    abordagem da teoria política à maneira da "história das ideias", 11-12 método de Guilherme de Ockham, 137-39
    política subimperial, 229-240
    separação entre espírito e, 81-82. *Ver também* Política e poder imperial
Polônia, 239, 267
Pomerânia, 238
Popolani, 271, 274
Popolo Grasso, 270
Popolo Minuto, 270
Populus Romanus, 93
Populus, 93, 106
Portugal, 48

Postilla in Apocalypsim (Pedro Olivi), 135
Potentia coactiva, 116
Potentia intellectiva (intelecto universal), 90
Potestas absoluta, 127-28, 129, 142n16, 150
Potestas artificialis, 59
Potestas coactiva, 117
Praecipere, 114
Praemunire, Estatuto de, 198-99
Sanção Pragmática de Burges, 299
Pré-Reforma, 200, 203
Predestinação, 200
Previte-Orton, C. W., 108
Primas, 309
Primeira Guerra Mundial, 169
Princeps in Regno Suo, 67n3
Príncipes, oligarquia de, 251-52
Principii, 274
Procedimento parlamentar, 308-09
Professio Fidei Tridentina, 133
Proletário, 83
Promissione ducale, 273
Proposições (Cramaut), 296
Proppositiones Utiles (Gerson), 294n
Protestantismo. *Ver* Reforma
Provincia Romana, 277
Provinciae, 183
Prússia, 238-40
Pseudo-Dionísio
  escritos, 208
  teoria da hierarquia, 54
Psicologia, 137-38
Ptolomeu, 48
Purgatorio (Dante), 86, 94-98, 211
Puritanismo, 206

Q

Quaestiones de Anima (Siger de Brabante), 81n
Quia Vis reprobus, 136

R

Racionalismo, 21
Ratio aeterna, 127
Ratio, 213
Razão
  "cisma civilizacional" entre fé e, 19-20, 31-32
  Nicolau de Cusa sobre, 300-01
  separada da fé na modernidade, 19-20, 31
  Tomás de Aquino sobre, 34, 117, 126
  unidade entre fé e, 33-34
Realeza
  aprovação papal dos imperadores-reis, 245-46
  Carlos de Anjou sobre, 71-73
  Dante sobre a monarquia mundial, 89-92
  Dante sobre a monarquia temporal, 85-86
  direitos de propriedade do rei, 190-92
  eleição do imperador-rei germânico, 244-46, 248-51
  Fortescue sobre o estamento do rei, 183-92
  Guilherme de Ockham sobre, 144-45
  independência diante do poder imperial, 66-67
  João de Paris sobre, 67-69
  Marsílio de Pádua sobre, 109-110, 115
  monarquia universal, 115, 146
  na Alemanha, 154-55, 229, 230-31, 243-55
  na França, 30, 47-48, 65-78, 82, 111
  na Inglaterra, 30, 68-69, 82, 111, 151-53, 160-63
  papeis do imperador-rei germânico, 245-46, 253-54
  papel de servo do rei, 191-92
  poder restaurador dos reis, 69-70
  problema do poder real, 65-66; monarquia taumatúrgica, 69-71, 151
  Tomás de Aquino sobre o papel do rei, 191-92
  Wycliffe sobre, 199-202. *Ver também* Governantes
Realismo, 130, 139, 200, 212, 310
Realismo espiritual, 83-86

Realismo metafísico, 310
Realissimum, 303
Reforma, 21, 28, 63, 142-43, 150, 155, 181, 202-04, 206, 209, 227, 275-76, 294, 300
Reformas cluniacense, 202, 233, 196, 197
Reformatio et renovatio, 23, 278
Refugiados de Picard, 206
Reges Christianissimi, 70
Regnum Particulare (reino particular), 90
Regnum Politice regulatum, 186
Regnum Politicum, 189
Regnum Teutonicum, 244-45
Regnum, 56, 65, 68-69, 90, 103-04, 111, 176
Reguli, 245
Reino franco do Leste, 231
Reino franco, 231-32
Reino lotaríngio, 257
Reino
    como análogo à Trindade Divina, 243
    da França, 189
    definição de, 182-83
    Fortescue sobre a estrutura política do reino da Inglaterra, 183-92
    na Bula de Ouro, 241-51
    origem e crescimento do, 182-83
    terminologia aplicada ao chefe do, 244
    terminologia aplicada ao, 243-44. *Ver também* Política e poder imperial
Reis capetíngios, 70
Renascimento, 45, 112, 188, 277
Renovatio Evangélica, 95
Renovatio Vitae Evangelicae, 135
Renovatio, 277-78
Repgow, Eike von, 250n12
Repraesentantes Populi, 254
Representação
    colégio eleitoral e o problema da maioria, 248-51
    definição de, 172-75
    e a organização cluniacense, 180
    e articulação, 179-82
    e cristianismo, 179-82
    e o reino, 182-83
    e os mandados citatórios na Inglaterra, 175-79
    Leopoldo de Babemberg sobre, 252, 255
    Marsílio de Pádua sobre, 106-09
    na Inglaterra, 172-75
    Nicolau de Cusa sobre, 302-03, 308
    origem da, 173-74
    visão geral da, 37-39
República de Weimar, 33, 172
Res Vestra Máxime Agitur, 178
Rettore, 263
Revolta camponesa, 208
Rex Christianissimus, 73
Rex Electus, 244
Rex Erectus est, 187
Rex et Sacerdos, 70
Rex Romanorum Futurus Imperator, 243
Rex Romanorum in Caesarem Promovendus, 247
Rex Romanorum, 243-44, 247, 251, 254-55
Rense, declaração de, 248
Ricardo da Cornualha, 235
Ricardo I, rei, 157
Ricardo II, rei, 69, 82
Rienzo, Cola di, 23, 274-75, 276n
Rivière, Jean, 58n7
Roberto II, 70
Roberto, rei de Nápoles, 272
Rodolfo de Habsburgo (Rodolfo da Germânia), 269
Rodolfo de Habsburgo, 234
Rodolfo I, imperador, 47
Rolle, Richard, 208-09
Roma, 243-48, 264, 274
Romanos, epístola aos, 53-54, 220
Romênia, 237
Rotas comerciais, 256, 259-60
Rousseau, Jean-Jacques, 111
Rudis homo, 212
Rússia, 82, 110, 170, 236

S

Sabedoria, 306. *Ver também* Intelecto; Intelectuais
Sacerdotium, 56, 65, 103, 149

Sachsenspiegel, 250
Sacra Italia, 277-78, 285
Sacri Romani Celsitudo Imperii, 243
Sacrificium Intellectus, 61-62, 132
Sacro-sanctum imperium Romanum, 243
Sacrum edificium, 243
Sacrum imperium Romanum, 243
Sacrum imperium, 16-20, 22 23n9, 26, 29, 40, 49, 54, 79, 89, 95, 97, 101n, 142n, 147, 150, 229, 243, 253, 278, 295
Saecularia, 143
Saeculum aeternum, 117
Saeculum senescens, 97, 283
Saint-Denis, Suger de, 70
Salisbury, João de. *Ver* João de Salisbury
Samogitia, 239
Samuel, 88, 215
Santayana, George, 132
Sapientes et Heroes, 305
Sapientiores et Praestantiores, 308
Sapienza, batalha de, 259
Sardenha, 282
Satanás, 216
Saul, 88
Savonarola, Girolamo, 23, 285
Saxônia, 232-33
Scale of Perfection (Hilton), 209
Science, Politics, and Gnosticism: Two Essays (Voegelin), 15n5
Scutagium, 162
Secularismo, 17, 132
Segundo Estatuto dos Provisores, 198
Sêneca, 140
Senescens Saeculum, 283
Sentimentos, 84
Serrata, 262
Servi Ascripticii, 60
Servi Empticii, 60
Sérvia, 47
Servitus (servidão), 60
Servus Servorum Dei (servo dos servos de Deus), 192
Sestieri, 262, 273
Severus, 276
Shepard, Max. A., 139, 146

Sicília, 36, 48, 72, 75, 174, 234
Siger de Brabante, 80, 90, 97, 102, 119, 263, 305
Signoria, 264, 271-72, 281
Silésia, 238
Silvio Piccolomini, Enca, 295
Símbolos
constitucionalismo como, 36, 170-72
da Inglaterra, 170-73
de Dante, 86-89 279-80
de Rienzo, 277-78
experiências religiosas expressas por, 32-33, 130-31
simbolismo renascentista, 277-78
Skinner, Quentin, 12n3, 22n8
Socialismo, 110
Socialistas, Plano de Corporações, 169
Sociedade perfeita (*Societas Perfecta*), 90, 112-13, 304
Sociedade, filosofia naturalista da, 112-13
Societas Perfecta (sociedade perfeita), 90, 265, 305
Speculum Judiciale (Durant), 67n3
Spengler, Oswald, 163n
Espinosa, Baruch, 83, 84
Spiritualis Renovatio, 282
Stammesherzogtumer, 231
Stephen Langton, arcebispo de Cantuária, 158
Stitny, Tomas, 207
Stralsund, Tratado de, 267
Suárez, Francisco, 188n29
Subscripta, 247n
Subtractio Particularis, 296, 297
Subtractio Totalis, 296
Sucessão petrina, 225
Suíça, 256-57, 268-69
Sully, 92
Summa et Infinita Concordantia, 302
Syllabus Errorum de 1864, 131, 133
Syndici, 277

T

Tagliacozzo, batalha de, 48, 72
Tannenberg, batalha de, 239

Tantum Regale, 187, 189
Taylor, Charles, 12n4
Tchecoslováquia, 173, 237
Tebas, 262
Templários, 75, 135, 202
Temporale Caput Mundi seu Populi Christiani, 244
Temporalia, 140
Tempus Acceptabile, 88
Teologia, 61
Teoria absolutista, 55
Territórios eslavos, 236
Theologia Mystica, 209, 212
Theologia Negativa, 301-02
Tomás Becket, Santo, 156
Tomás de Aquino
   como influência sobre João de Paris, 67
   como influência sobre Nicolau de Cusa, 300-01
   comparado com Dante, 89-91
   comparado com Guilherme de Ockham, 19-20, 126-27, 138-39
   comparado com *Piers Plowman*, 211-12
   comparado com Wycliffe, 199-200, 222-23
   e a ordem dominicana, 94-96
   e a síntese de fé e razão, 33-34, 123-24, 125
   e as teorias aristotélicas, 103-04
   e o "cisma civilizacional" entre fé e razão, 19, 31-35
   e o constitucionalismo e a síntese filosófico-cristã, 33-34, 49-50, 67-68, 123-24
   elementos populistas em, 108-109
   na *Divina Commedia* de Dante, 80
   relevância de, 45, 123-24
   sobre a alma, 80n
   sobre a liberdade e a independência do intelecto, 61-62
   sobre a realeza, 191-93; sobre o *Regnum* como sociedade perfeita, 89-90
Thorn, Paz de, 239

Tosão de Ouro, Ordem do, 264
Toscana, 232, 234
Tota Italia, 282
Totalitarismo eclesiástico, 62
Totalitarismo, 62
Totam Italia Obsequentem, 282
Toynbee, Arnold J., 170, 191n, 196, 207, 257
Trabalho e movimento trabalhista, 169
Tract Ninety (cardeal Newman), 155
Tractatus de Potestate Regia et Papali (João de Paris), 67-69
Tradição joaquimita, 84, 94-95, 283-84
Translatio Imperii, 69, 253
Tratado de Latrão de 1929, 196
Tratado de Stralsund, 267
Tratado de Verdun, 257
Treverus, 308n
Tribunus Augustus, 277
Tributarii, 60
Trindade, 39, 215, 243. *Ver também* Cristo; Deus; Espírito Santo
Troianos, 189, 253
Tudors, 82, 182, 198
Tully, James, 12n3
Turcos, 47-48, 196n, 261

U

Ullman, Walter, 17
Unam Sanctam, 51-56, 80, 196
União de Kalmar, 267
Unio concordantissima, 311
Universale dominium omnium rerum temporalium, 136
Universidade de Paris, 288, 297
Universitas civium, 106-07, 114
Universitas electorum, 222
Universitas hominum, 90, 92
Universitas, 110-11, 115, 186, 188
Urbano VI, Papa, 225, 287, 289n5
Usus et acceptatio, 309

V

Valdensianismo, 206
Valentior Pars, 107
Velho Testamento, 56

Veltro, 95
Vencesláu I, 239
Vencesláu, São, 242
Veneza, 231-32, 259-64, 267
Venturini, Domenico, 95n8
Vera cognitio, 116
Verdun, Tratado de, 257
Veri, 80
Verus imperator, 246-47
Vico, Giambattista, 93, 188
Viena, Concordata de, 294, 300
Villehardouins, 72
Vir Sanctus, 283
Virgílio, 88
Virtus Intellectiva, 90
Visio de Petro Plowman, 210
Vita Contemplativa, 208
Vita de Dowel, Dobet et Dobest, 210, 212
Vita nuova, 135
Viterbo, tratado de, 72
Voegelin, Eric. *Ver* título das obras
Vontade de poder do intelectual, 57-59
Vossler, Karl, 90-91n
Vulgus, 25

W

Walter de Brienne, 272
Weber, Max, 107
Wieruszowski, Helene, 91n
Workman, Herbert B., 201
Worms, Concordata de, 244
Wycliffe, John, 26, 199-202, 204-06,
    208, 218, 227

Y

York, Tratados de, 125, 130, 201, 224,
    189, 190

Z

Ziska, Jan, 207

Do mesmo autor, leia também:

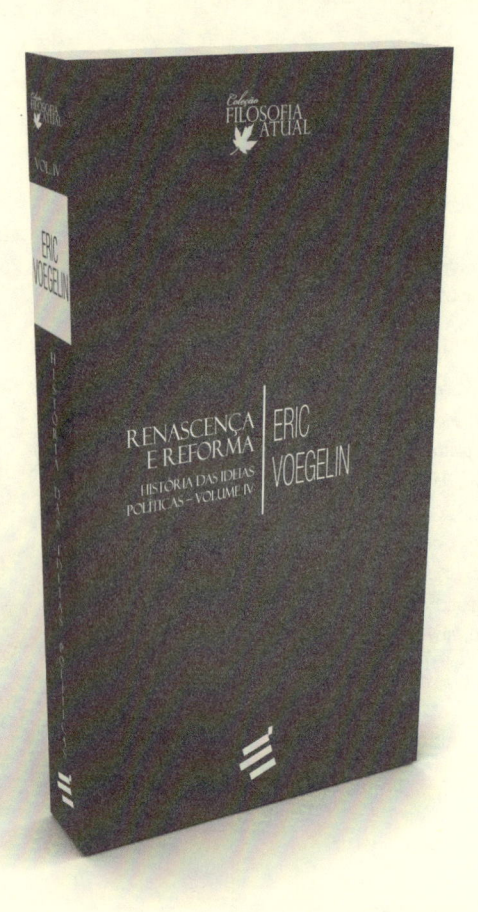

RENASCENÇA E REFORMA
HISTÓRIA DAS IDEIAS POLÍTICAS – VOLUME IV
ERIC VOEGELIN

Este volume da *História das Ideias Políticas* será considerado especialmente relevante pelos leitores interessados na crítica voegeliniana às ideologias políticas modernas. Nele, Voegelin analisa o colapso da unidade da Cristandade imperial, que levou à ascensão da razão autônoma e das revoltas sectárias, tendências que chegaram ao pleno desenvolvimento nos séculos XIX e XX.

facebook.com/erealizacoeseditora
twitter.com/erealizacoes
instagram.com/erealizacoes
youtube.com/editorae
issuu.com/editora_e
erealizacoes.com.br
atendimento@erealizacoes.com.br